管理会计实战工具

李守武　主编

中国财政经济出版社

图书在版编目（CIP）数据

管理会计实战工具／李守武主编．—北京：中国财政经济出版社，2015.3
ISBN 978－7－5095－6080－8

Ⅰ．①管…　Ⅱ．①李…　Ⅲ．①管理会计　Ⅳ．①F234.3

中国版本图书馆CIP数据核字（2015）第052114号

责任编辑：陈志伟　　　　责任校对：王　英
封面设计：陈宇琰　　　　版式设计：兰　波

中国财政经济出版社出版

URL：http：//www.cfeph.cn

E－mail：jiaoyu@cfeph.cn

社址：北京市海淀区阜成路甲28号　邮政编码：100142

营销中心电话：010－88190406　编辑部门电话：010－88190683

北京财经印刷厂印刷　各地新华书店经销

787×1092毫米　16开　25印张　590000字

2015年5月第1版　2015年5月北京第1次印刷

定价：55.00元

ISBN 978－7－5095－6080－8/F·4897

（图书出现印装问题，本社负责调换）

本社质量投诉电话：010－88190744

编 委 会

序 言

Preface

管理会计主要是利用有关信息预测前景、参与决策、规划未来、控制和评价经济活动，为企业和行政事业单位内部管理服务。21 世纪以来，随着我国加入 WTO，在经济全球化以及互联网技术快速发展的背景下，向管理要效益、着力挖掘财务信息中价值创造的潜力成为我国企业的迫切任务，逐步形成了以价值管理为核心的管理会计理念。在我国，无论是管理会计的实践应用还是理论研究都需要跟上当前经济社会发展的节奏。加快发展中国特色的管理会计，无论对公共部门还是对企业都非常必要，不仅有利于增强市场主体的活力和创新能力，促进经济转型和产业升级，也有利于单位在保证经济社会效益的前提下，最大限度地提高资金使用效益，为建立现代财政制度提供基础保障。

2014 年，管理会计更成为财务管理年度热词，管理会计“大热”是在党的十八大，特别是十八届三中全会对全面深化改革做出了总体部署的背景下出现的。要实现中国经济的可持续发展，就必须摆脱过度依赖物质消耗的经济增长模式，实施管理提升，用管理创新驱动经济转型升级。全面推进管理会计体系建设有助于推动企业建立、完善现代企业制度，有助于激发企业管理活力，增强企业价值创造力，实现企业转型升级。

当前，理论体系尚不完善、技术方法应用不广、理财专业人才匮乏、信息化支撑不足等问题，影响了我国管理会计的发展。正如财政部楼继伟部长所言：尽管国内对管理会计做了不少成功探索和有益尝试，但总体上发展滞后。我国单位运用管理会计大致有四种状态，即：“已知在做”、“已知未做”、“不知在做”、“不知未做”。结合我国管理会计理论与实践经验，大力推广运用管理会计并取得实效，是企业管理者、相关政府部门、学术界、行业协会、学会等各方面的共同使命。因此，财政部对管理会计发展非常重视，最近又发布了《关于全面推进管理会计体系建设的指导意见》，以期推动管理会计在国内运用，推进会计升级。

中国兵器装备集团公司是“已知在做”的典型代表之一。兵装集团提出了以“服务战略、配置资源、管控风险、创造价值”为主要内容的“SRRV”财务集团化管控模式，以价值创造为导向大力推动管理会计的实践运用。经过三年多的时间，兵装集团将其成功的推进方法和经验结集成册：《管理会计实战工具》和《管理会计实战案例》两本书，为我国管理会计在实务界的推进提供了宝贵的经验。这两本书是兵装集团在管理会计推进实践过程中，总结的一套很实用的操作方法，既有理论论述也有实践运用案例，具有很强的参考价值。

加快发展中国特色管理会计任重道远。不论 2014 年是否真能称作中国管理会计“元年”，但不可否认中国管理会计的“春天”真的来临了。

财政部原部长助理
中国总会计师协会会长

前　言

Foreword

“转变方式，开创科学发展新局面”是国家“十二五”规划纲要的第一篇，转型升级成为中国经济的首要任务。增长速度换挡期、结构调整阵痛期和前期刺激政策消化期“三期”叠加是当前我国经济的阶段性特征。作为全球第二大经济体和最大的发展中国家，在这种形势下，我国要跨越“中等收入陷阱”，就必须转变经济发展方式，实现经济转型升级。

经济转型升级关键在于推动产业转型升级，推动企业经济发展质量、效益和技术创新能力、核心竞争力的持续提升。管理会计作为一种以价值创造为最终目的的管理信息系统，在企业发展实践中大量推广应用，在加强企业内部管理，提高决策能力和管理水平，提升企业价值等方面，正发挥越来越大的作用。

2014 年 2 月，财政部楼继伟部长指出，当前和今后一个时期，要着力建立起与我国社会主义市场经济体制相适应的管理会计体系。争取在 3 - 5 年内，在全国培养出一批管理会计师，推动加快管理会计人才能力框架、资格认证制度和评价体系等方面建设，为全面提升单位经济效益和资金使用效益服务。力争通过 5 - 10 年左右的努力，中国特色管理会计理论体系基本形成，管理会计指引体系基本建成。2014 年 10 月，财政部正式发布了《关于全面推进管理会计体系建设的指导意见》。

作为中央管理的国有重点骨干企业、军工集团，中国兵器装备集团公司（以下简称“兵装集团”或“集团公司”）伴随财务管理模式的持续改善和创新，不断尝试、探索、推进和实践管理会计工具应用，在“服务战略，创造价值”过程中，取得了显著成效。

兵装集团成立于 1999 年 7 月，是国防科技工业的核心力量，肩负着“保军报国、强企富民”的神圣使命，其前身可以追溯到第五机械部、兵器工业部、国家机械工业委员会。作为由中央部委机关改制而来的特大型国有企业，兵装集团的不断发展，一直离不开对“变革、改革、转型”的探索与实践。

成立之初，兵装集团面临行政色彩浓厚、资源分散、产业布局散乱、亏损面达 81%、人均亏损居军工集团首位的困境，为改变现状，兵装集团结合自身实际，坚持深化改革，大力调整结构，到 2003 年底，实现了扭亏为盈，开始了由求生存向求发展的战略转型。从

2004 年起，兵装集团先后实施了“622”战略和“211”战略。所谓“622”战略，简要讲就是在 2004 - 2009 年，实现“六年两步走翻两番”的战略目标，即通过六年的努力，实现集团公司工业销售收入翻两番，在兵装集团成立 10 周年的时候进入世界 500 强。“622”战略的实施，使兵装集团经济规模和效益发生了质的变化：2004 - 2009 年，兵装集团营业收入、利润总额、资产总额年均增速分别达到 25.6%、70.5% 和 16.1%；2009 年，兵装集团首次进入世界财富 500 强。所谓“211”战略，简要讲就是在 2010 - 2015 年，兵装集团在 2009 年的基础上实现“利润翻两番、职工收入翻一番、营业收入翻一番”，即通过新的六年的努力，到 2015 年，将在 2009 年的基础上实现利润翻两番，达到 200 亿，职工年人均收入翻一番，营业收入翻一番，着力构建先进军工和现代产业体系，全力打造具有国际竞争力军民结合的创新型企业集团。

通过十多年的努力，兵装集团面貌发生了翻天覆地的变化。2014 年，兵装集团实现利润 169 亿元，收入 4260 亿元，已跻身世界 500 强第 169 位，连续八年获得国资委中央企业负责人经营业绩考核 A 级。现拥有长安、天威、嘉陵、建设等 50 多家企业和研发机构，拥有特种产品、车辆、装备制造等主业板块，已经成为产业多元、军民融合，多产业共同发展的企业集团。

兵装集团管理会计的探索与实践，就是顺应集团公司发展战略需求和财务战略安排而不断深入的。2004 年，我们开始着手构建以“服务战略，配置资源，管理风险，创造价值”为主要内容的“SRRV”财务管控模式；2011 年，提出建设“价值创造型财务管理体系”。“SRRV”集团化财务管控模式，即以集团公司发展战略（Strategy）为牵引，以优化配置资源（Resources）为核心，以有效管理风险（Risks）为重点，以持续创造价值（Value）为目标。主要内容包括：围绕资金、人才、信息、政策等资源优化配置这一核心任务，兵装集团建立了以资金集中管理为核心的资金管理体系、以财务信息化为核心的管理信息化体系、以总会计师委派制度为核心的高级财务人才管理体系和以风险管理为导向的内部控制体系，而贯穿“SRRV”整个管控链条的关键工作是建立了从“战略规划——全面预算——运营监控——业绩评价”一体化的经济运行管理体制。

价值创造型财务管理体系是“SRRV”管控模式的升华和深化，是兵装集团构建先进军工和现代产业体系，实施转型升级在财务管理方面的具体要求。2011 年，集团公司面临的外部环境、自身发展要求均发生了重大变化，集团公司致力于以价值创造、产业升级和管理提升为核心的转型升级，对财务管控提出了新要求，为此，集团公司提出建设“价值创造型财务管理体系”，包括不断深化财务会计体系、系统导入管理会计体系和建立健全内部控制体系三个方面的内容，三项内容相互支撑且融为一体，而系统导入管理会计体系是其核心任务。

2011 年底，兵装集团通过调查问卷、实地调研、管理诊断、专家论证等多种方式，制定了《管理会计体系建设实施方案》，从工作目标、工作内容、工作机制、推进步骤、保障措施等方面对 2012 - 2015 年管理会计体系建设工作进行了全面部署。我们计划用四年时间，分导入准备期、逐步推广期、分类实施期和完善总结期四个阶段系统推进。

在导入准备期，我们考虑兵装集团以制造业为主、民用产业竞争激烈的特点与既有的实施基础，按照规范化、标准化和信息化要求，以成本管理、预算管理、管理决策和绩效评价为主要内容，选取了全面预算、经营预测、内部管理报告、投资决策、标准成本、价值链成本管理、EVA 体系、平衡记分卡、客户盈利能力管理和作业基础管理等十项管理会计工具，其中前七项工具作为各单位必须推行的内容。以这十项工具为抓手，推进兵装集团管理会计体系化建设。为了加强对管理会计推进的指导，编制了《管理会计运用手册》，为成员单位运用管理会计工具提供操作方法和工具指南。《管理会计运用手册》更多的是提供大量的表单、流程图、分析模板等“半成品”，使成员单位能在短时间内将管理会计工具真正用起来。通过三年的积累，我们又将成员单位推进管理会计经验进行系统总结、概括提炼，进一步修订完善《管理会计运用手册》，形成了《管理会计实战工具》，呈献给读者。

在分类实施期，兵装集团根据成员单位的不同业务特征和管理状况，建立了子集团管控型（资金集中型、运营管控型、一体化管理型）、批量生产型、项目管理型、资源再配置型等不同版本的管理会计推进方案，突出了不同版本管理会计应用的重点领域，增强了管理会计运用的针对性和有效性。同时通过部分单位的成功实践，积累和输出一些好的做法和经验，供其他单位学习借鉴，促进兵装集团整体管理会计工具的应用。2014 年 7 月，在兵装集团举办的管理会计工具运用成功案例分享交流会上，全面预算管理、工序成本、标准成本、作业成本、面向成本的设计、基于价值链的成本控制、平衡积分卡、内部管理报告等管理会计工具具体运用案例精彩纷呈。我们编制的《管理会计实战案例》就是以兵装集团内部有代表性企业的这些典型案例为基础，通过案例分析、点评，系统阐述其具体做法、适用类型、适用条件。尽管这些实战案例只是近几年兵装集团管理会计实践大量成功案例的缩影，是其中一小部分，但具有代表性，有借鉴意义。

目前，经过几年的努力，兵装集团管理会计体系基本搭建，企业各种关系相对理顺，在管理会计实践基础上，实现了四个“联动”。一是业务与财务联动，业务在推动财务发展，财务又反过来引导业务发展；二是全面与试点联动，实现由易到难、由点到面、有单一运用到整合运用的突破，管理会计框架体系基本搭建；三是在推进管理会计体系化建设中，集团的顶层设计和企业的实践相互支撑、相互印证，实效明显；四是管理层与员工互动：一方面是管理层的重视和推进，使管理会计推进成为企业行为，另一方面是员工的认可和认同，使管理会计推进成为员工行为。

兵装集团的管理会计实践虽然在国内开展较早，但相比国外先进企业依然有相当差距。这次，我们将这些年实践中应用有效的一些管理会计工具和成功案例编订成册，希望在兵装集团内部能够进一步深入推广，也希望相关各界人士能够分享我们的经验和教训，为国内管理会计发展贡献一点自己的力量。

两本书的基础都是兵装集团的具体实践，仅是一家之言，难免有不当之处，恳请读者批评指正。

中国兵器装备集团公司副总经理、总会计师 李守武

2015 年 3 月 16 日

目　录

Contents

第一部分

全面预算管理手册

第七部分

价值链成本管理手册（操作篇）

第八部分

内部管理报告和管理模型手册

第一部分

全面预算管理手册

第一章 Chapter 1 全面预算管理理念简介

一、全面预算管理的概念

全面预算管理是科学、合理、分配企业财务资源和非财务资源，并全面控制企业生产经营管理活动，引导企业战略目标落地的重要工具[①]。对全面预算的理解应包括如下要点：

一是，全面预算是为数不多的几个能把组织（企业）所有关键问题融合于一个体系之中的管理控制方法之一（戴维·奥利）[②]。

二是，全面预算是业务系统而不仅是财务系统。

三是，全面预算是管理平台而不仅是管理工具。

四是，全面预算的本质作用在于控制运营过程而不仅是预计经营结果。

五是，全面预算的编制仅仅是预算控制的第一步而不是全部。

二、全面预算管理的主要功能

（一）全面预算管理是战略执行工具

全面预算系统是将战略和日常经营活动有机联系起来的桥梁，始终服从于企业战略的要求，成为企业战略目标实现的重要工具。预算对战略的支撑作用如图1－1－1所示。

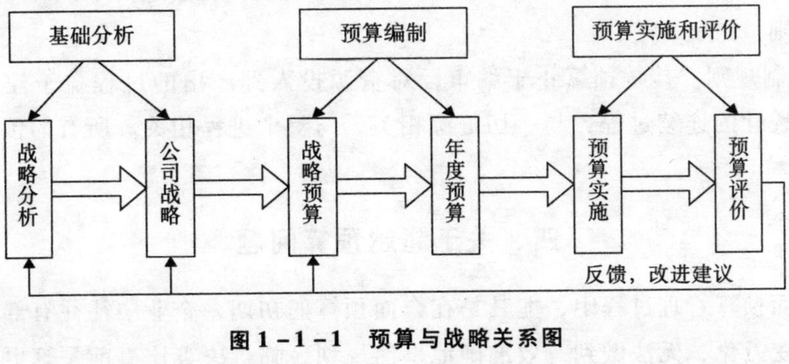

图1－1－1　预算与战略关系图

① 胡玉明：《管理会计》，北京大学出版社2006年版。

② 郭宇力：《股票期权制度在国企的运用》，清华大学硕士论文2004年。

（二）全面预算管理是高效配置资源的工具

全面预算是实现资源优化配置的工具和表现形式，其作用不仅体现在预算编制阶段，还表现在预算实施阶段，企业需要加强预算过程控制，发挥投入产出效益最大化。

（三）全面预算管理是经营过程监控的有力手段

全面预算管理的天然使命是过程控制，如果不能对经营过程进行控制，全面预算管理将失去存在的意义。其在过程控制方面作用主要体现在：一是预算执行过程中管理人员要注意经营活动是否偏离目标，背离的行为是否允许，如何纠偏，使经营活动继续朝着既定的目标前进；二是通过执行过程中的信息反馈，了解差异发生的原因，然后对症下药解决问题；三是促进各单位通过经济运行分析监控，不断总结经济运行特征，增强企业对经济运行规律的把握和预见能力，有效指导经营决策。

（四）全面预算管理是绩效评价考核的科学依据

全面预算首先是各级单位经营层对出资人的经营业绩承诺，是完善法人治理结构的重要环节；全面预算又是全员参与，精心筹划的产物，预算是考核评价各责任中心与员工经营成果的重要“标杆”。

三、预算控制的规则

基于全面预算的特点，全面预算管理需要遵守如下5项规则：

1. 全面控制规则。全员、全程、全方位进行预算控制一是使预算控制的资源对象最大化，控制对象范围越大，控制越有效，控制活动的投入产出效率越高；二是为预算控制的对象和效果提供了最大的可能空间。

2. 权威控制规则。全面预算应该是企业资源配置的权威工具，甚至是唯一工具。企业中的任何组织或个人对资源的获取都不应绕预算环节。

3. 事前控制规则。所有进入运作的资源和行为必须事先接受程度不同的预算审核。传统预算一般终止于编审。

4. 重要性控制规则。控制的规则和方式设定应该充分考虑成本与效率，遵循分类控制，抓大放小的原则。

5. 过程控制规则。传统预算止于编审，对资源投入到产出的过程疏于控制。预算控制是全流程、渗透性的连续过程，与一切资源相关，与整个进程相关。所有的预算投入前均需进行审批。

四、关于超越预算问题

在推进全面预算管理过程中，尤其是在全面预算的初期，企业中往往有部分管理人员认为经营活动千变万化，无法做到有效准确地事前规划，临机决策比事前预算更有利。应该引进国外的“超越预算”理念，实行类似GE公司（美国通用）的分权管理，即取消预算目标的刚性控制，将目标制定和调整的权力下放成员单位以激励其更好地完成目标。

通过对预算理论和实践的深入研究，我们认为，在集团公司内“超越预算”的运用应有比较清楚的前提：一是企业已经借助全面预算等工具经历了管理标准化和规范化建设的过程，企业靠数据说话，靠流程决策已成为常态化；二是上下级主体之间，即集团与下属企业间，企业管理层与下属部门间应信息完全对称。从集团公司的现实情况看，上述两个前提尚不完全具备，取消预算目标的刚性控制实行分权管理在目前而言是不切实际的。但集团公司强调预算管理中的“刚性”绝不等同于“僵化”，集团公司要求成员单位根据市场形势变化实行滚动预算控制，以确保年度预算目标的实现。当企业生产经营环境发生重大变化而导致预算编制基础失效时，可以申请预算调整，预算调整由集团公司预算管理办公室报请全面预算管理委员会审议，审议通过后报请集团总经理办公会审批，重大调整事项须报董事会批准。

五、全面预算管理的定位

（一）预算管理和价值管理

预算管理是事前进行价值管理的关键路径之一；预算是企业价值增值得以实现的保障；预算是优化部门和个人行为的工具。

（二）预算管理和企业战略

全面预算管理是企业战略目标达成的重要工具。成熟健全的预算体系应起于战略，止于业绩评价和反馈改进，构成一个完整的预算管理闭环。实践证明，不能体现企业战略的预算可能会将企业发展导入歧途，离开全面预算这一有效工具，企业战略意图难以贯彻实施。

（三）预算管理和计划

预算并不是要完全取代计划，本书强调的是要将预算管理和计划管理有机结合起来，不能成为两张皮。计划更加偏重对业务活动本身的功能、机理、步骤及行动结果的定性判断和解释；预算更加偏重对业务所需资源投入、业务运行过程和结果中涉及的各种数据的定量描述。从管理过程的逻辑来说，通常情况下计划在前，预算在后。

第二章 Chapter 2 预算管理的基础和起点

一、全面预算管理制度建设

每个企业应该有一个全面预算管理的“根本大法”，即全面预算管理办法，该办法作为一个总体性制度，主要是对全面预算管理的总体流程进行固化。全面预算管理中至少应包括：预算管理组织机构设置、预算编制管理、预算执行控制、预算分析管理、预算调整管理、预算考核管理等。全面预算办法中至少应包括的重点内容如表1－2－1。

表1－2－1　　全面预算管理办法重点内容表

序号	项目	重点内容	备注
1	组织机构设置	预算管理权限设置	
		预算管理委员会构成及职责	
		预算管理办公室构成及职责	
		专业预算归口管理部门及职责	
2	预算编制管理	编制流程和时间节点	
		编制模块及相应表格模板设定	
		业务计划编制责任单位规定	
		业务计划编制格式和方法	
3	预算执行控制	预算执行审批规定	
		预算控制点设置	
		预算控制岗位职责	
4	预算分析管理	预算分析流程及时间节点	
		预算分析责任部门界定	
		预算分析模板	
		预算分析方法规定	
		预算分析报告内容	
5	预算调整管理	预算调整和调剂界定	
		预算调整（调剂）审批流程和权限	
		预算调整（调剂）审批档案管理	
		预算调整（调剂）考核规定	

续表

序号	项目	重点内容	备注
6	预算考核管理	预算指标作为绩效考核指标的原则说明	
		预算考核的流程和原则	
		预算考核结果的反馈	

二、全面预算管理的组织准备

（一）全面预算管理权责安排

预算权限表见表1－2－2。

表1－2－2　　**预算权限表**

集团公司	成员单位董事会	经营者及下属授权的经营单位
审批权	决策管理权	决策控制权
（1）最终审批权 （2）监督权	（1）最终决策权 （2）监督权	（1）提议权 （2）执行权
预算最终审批权	（1）战略、预算目标最终决策权 （2）决算权与监督权等	（1）预算方案形成、预算执行 （2）预算自我监控权

（二）预算组织体系框架

在预算组织体系中，预算管理办公室和专业预算归口管理部门是两个不可缺少的机构。预算管理办公室主要负责全面预算管理的日常编制、业务过程控制、运行分析及反馈改进落实等工作，归口管理部门主要以其某方面的专业技能负责具体预算项目的资源统筹、分配、调整、业务过程控制等工作，具体可见图1－2－1。

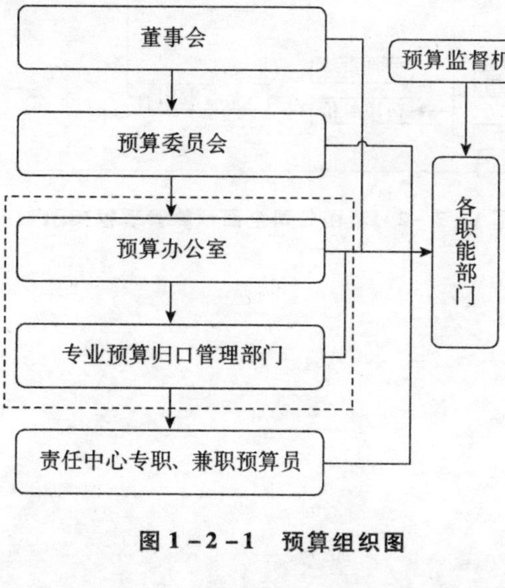

图1－2－1　预算组织图

（三）全面预算管理框架

集团公司全面预算管理框架主要由三个部分组成：一是全面预算体系由业务预算、资本预算（含研发投资预算）、薪酬预算、财务预算四大模块组成；二是在四大模块中根据业务流程构成不同的业务预算模型；三是各成员单位根据自身情况构建的业务明细和预算项目明细。框架示意图如图 1－2－2。

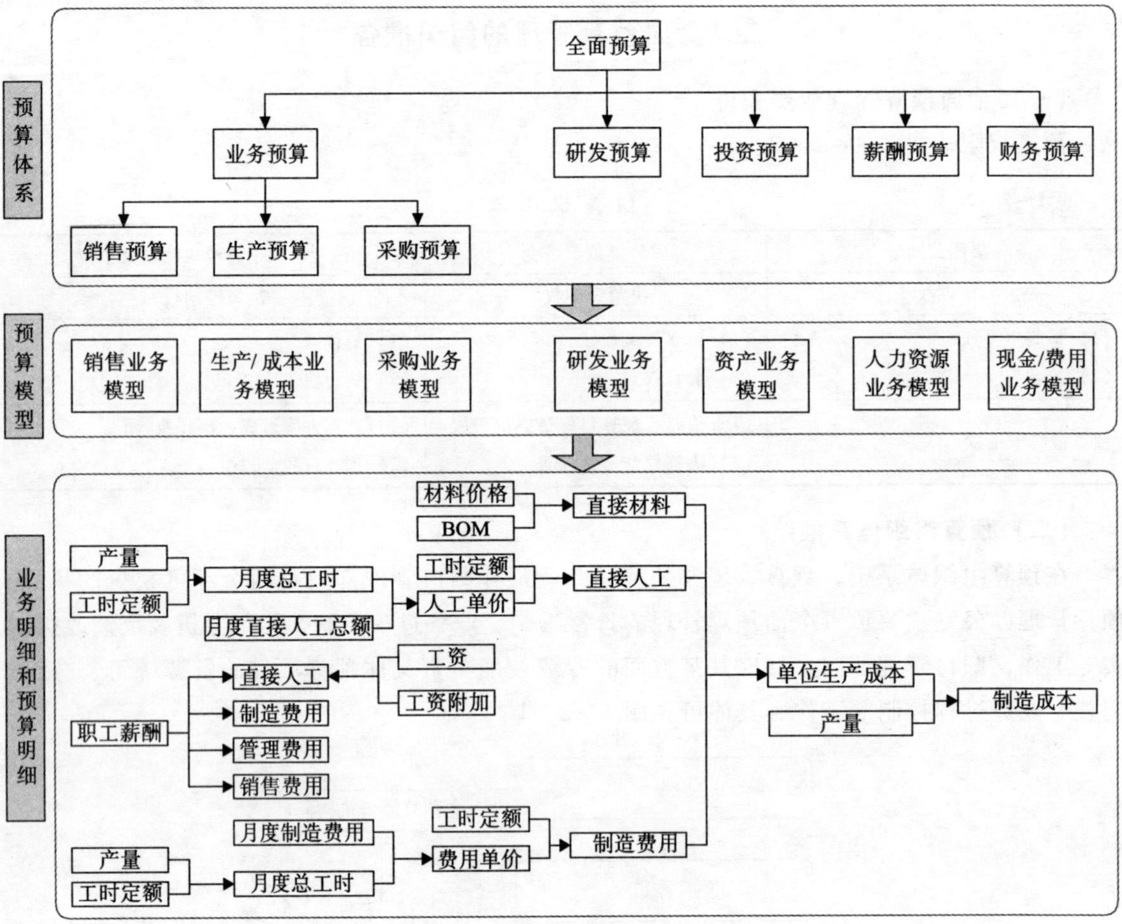

图 1－2－2　集团公司全面预算管理框架图

第三章 Chapter 3 年度全面预算编制

一、战略目标确定

每年编制全面预算初始，企业应确定年度战略目标，战略目标的确定应该基于客观的预测信息，使所确定的目标具有可实现性，避免过高或过低的定位导致无法切实发挥战略目标的导向性作用；同时战略目标应该尽量有几套备选方案，供决策者根据不同的竞争态势进行选择。

通常情况下，集团公司的战略目标体现在三年滚动预算中，成员单位应根据中长期业务规划合理编制三年滚动预算，使战略目标数据化。

二、业务计划

（一）业务计划概述

1. 业务计划概念。业务计划是连接战略目标和预算间的桥梁，是对业务活动的具体描述，业务计划具有承上启下的作用。通过业务计划的制定，可以明确地将战略层面的目标反映在年度的工作中。通过制定业务计划，年度经营目标与战略目标达成一致，经营工作的实施路径清晰呈现。业务计划与预算的关系如图 1－3－1。

2. 业务计划制定原则。

（1）业务计划必须由相应业务部门制定，不能由财务部门包打包唱。“有业务才有预算”是集团公司全面预算管理坚持的一贯原则，业务计划用以反映各部门（单位）的业务活动，必须由业务部门根据自身工作予以制定，作为整个预算管理的基础。

（2）业务计划必须详细制定，达到“可操作、可检查、可分析”的要求，不能以目标性描述替代行动计划。

（3）业务计划可以有归口管理部门，各归口管理单位要认真分析分管板块的业务计划，要尽量避免各单位（部门）业务计划相互冲突或重叠的情况。

（二）业务计划的构成

建议业务计划结构如图 1－3－2。

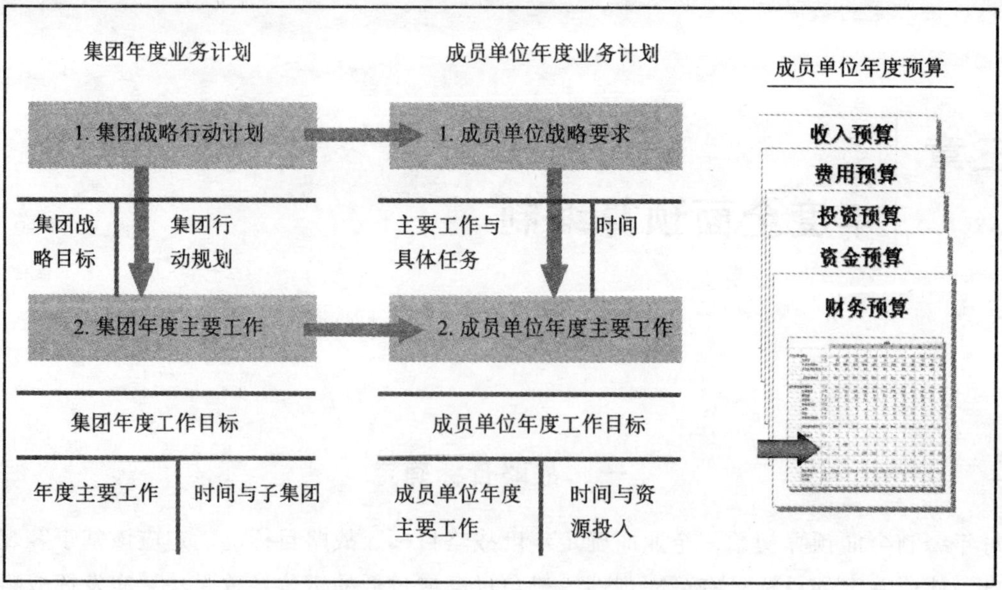

图 1-3-1 业务计划与预算关系图

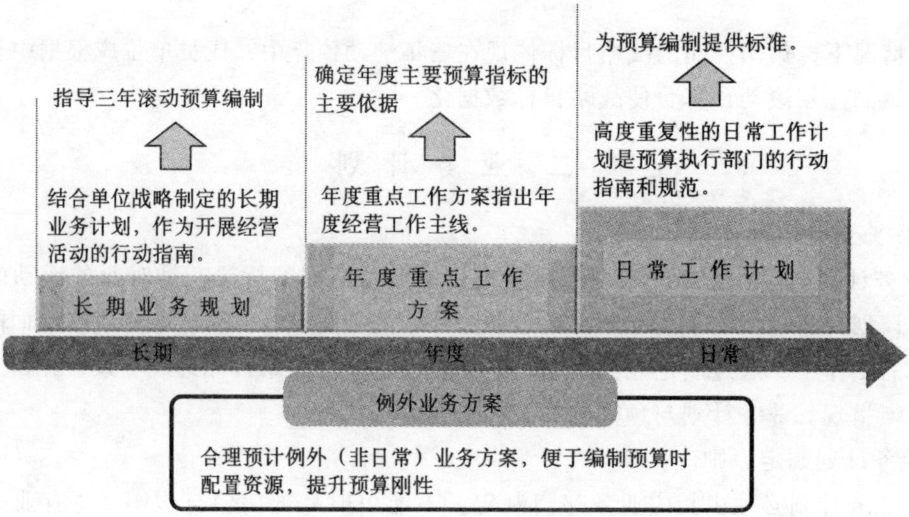

图 1-3-2 业务计划结构图

按照图 1-3-2，业务计划至少应该包括四个层次，一是反映和解释企业战略目标的中长期业务规划，用于指导三年滚动预算的编制；二是依据公司年度战略目标确定的“年度重点工作方案”，说明公司在预算年度的经营方针和工作重点，用于预计年度预算主要指标；三是日常业务计划，即各单位（部门）根据“年度重点工作”制定的本单位（部门）在预算年度的业务行动计划，主要表述高度重复性的日常工作，用于编制和控制明细预算项目；四是应合理制定例外（非日常）业务方案（如各种突发事件处理），为预算资源分配留有余地，提升预算管理的刚性。

编制业务计划阶段需要解决的主要问题：一是分解、落实公司的经营目标和经营方针；

二是确定各单位（部门）在预算年度的业务量；三是明确单位（部门）业务工作之间的协调配合内容及程序；四是为业务预算和财务预算提供参考依据。

（三）业务计划职责及制定流程

通常情况下，建议集团公司成员单位发展规划部门（战略规划部门）负责组织业务计划的编制工作：

1. 发展规划部负责组织各单位（部门）业务计划的编制工作，并负责对业务计划汇总。

2. 各归口管理部门（含）负责各板块业务计划的平衡分析，使各单位（部门）的业务计划相互协调，建议具体分工如下：

（1）战略规划及执行——发展规划部。

（2）研发管理——科研开发部门。

（3）采购供应——采购部门。

（4）制造物流——制造保障部门或经济运行部门。

（5）质量管控——质量部门。

（6）市场营销——市场部门。

（7）人力资源及组织——人力资源部门。

（8）财务——财务部门。

（9）企业文化、党群工作——宣传部门、党群部门等。

（10）管理及信息化——信息部门。

3. 业务计划制定流程，见图 1－3－3。

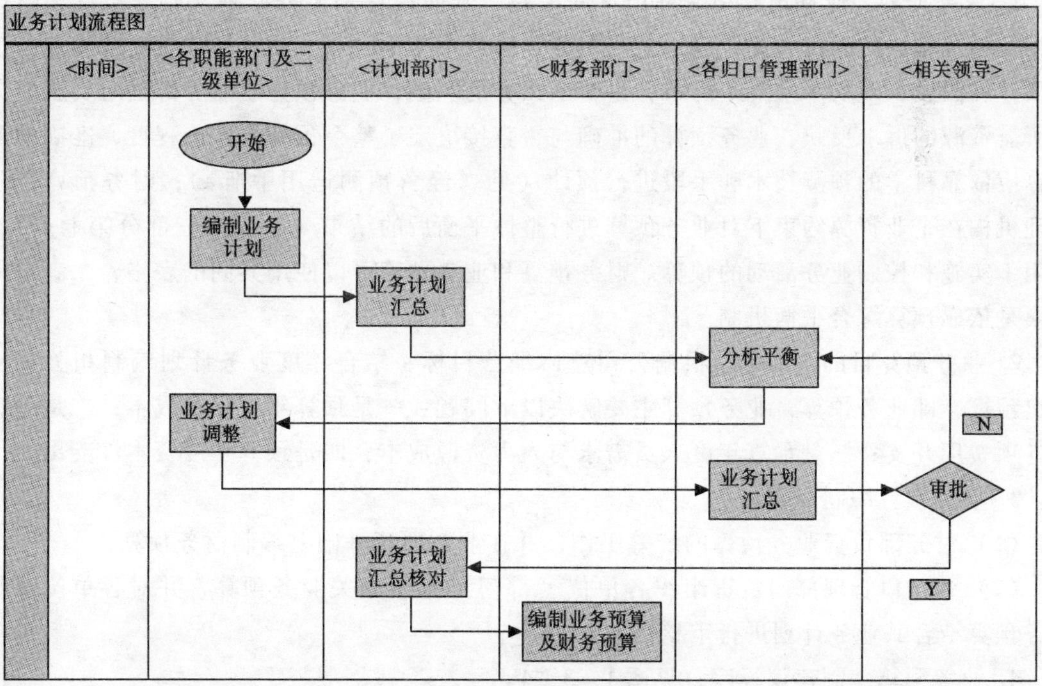

图 1－3－3　业务计划流程图

业务计划描述样表如表1－3－1。

表1－3－1　　　　业务计划描述表

填报单位：

<table>
<tr><td colspan="3">（一）本单位负责重点工作描述</td></tr>
<tr><td>主要工作</td><td>具体任务</td><td>起止时间</td></tr>
<tr><td></td><td></td><td></td></tr>
<tr><td rowspan="2"></td><td></td><td></td></tr>
<tr><td></td><td></td></tr>
<tr><td colspan="3">（二）本单位年度工作目标</td></tr>
<tr><td colspan="3"></td></tr>
<tr><td colspan="3">（三）本单位年度主要工作</td></tr>
<tr><td>年度主要任务</td><td>资源投入</td><td>起止时间</td></tr>
<tr><td></td><td></td><td></td></tr>
<tr><td></td><td></td><td></td></tr>
</table>

三、业务预算

（一）业务预算概述

1. 业务计划、业务预算和财务预算的关系。全面预算是业务计划、业务预算和财务预算相互整合构成的有机系统，这是它与财务预算最大的不同点。业务计划是对未来业务活动的预计和假设，反映未来要干的事，是整个预算的基础；业务预算是业务部门对实施业务计划所需资源的诉求反映，业务预算的准确与否直接决定了整个预算的准确程度，准确的业务预算应依靠科学的预测技术和手段进行预计（见《经营预测运用手册》）；财务预算是预算管理机构在企业资源约束下对业务预算进行整体平衡后的结果（详见第三部分第七点），也是用于实施和控制业务活动的预算。财务预算和业务预算可以使用共同的表格，二者之间的转换是依靠预算综合平衡机制。

2. 业务预算目的。各单位根据公司总体经营目标，结合年度业务计划编制相关费用或支出预算，即业务预算，业务预算主要解决以下问题：一是预算年度产品成本；二是预算年度各项费用开支；三是预算年度人员需求与人力资源成本；四是预算年度资本性支出。

3. 业务预算编制职责。

（1）财务部负责业务预算的统筹工作，并在业务预算基础上编制财务预算；

（2）各归口管理部门负责组织各单位（部门）编制相关业务预算，并对各单位编制的业务预算结合其业务计划进行审核。

4. 业务预算编制建议程序，见图1－3－4。

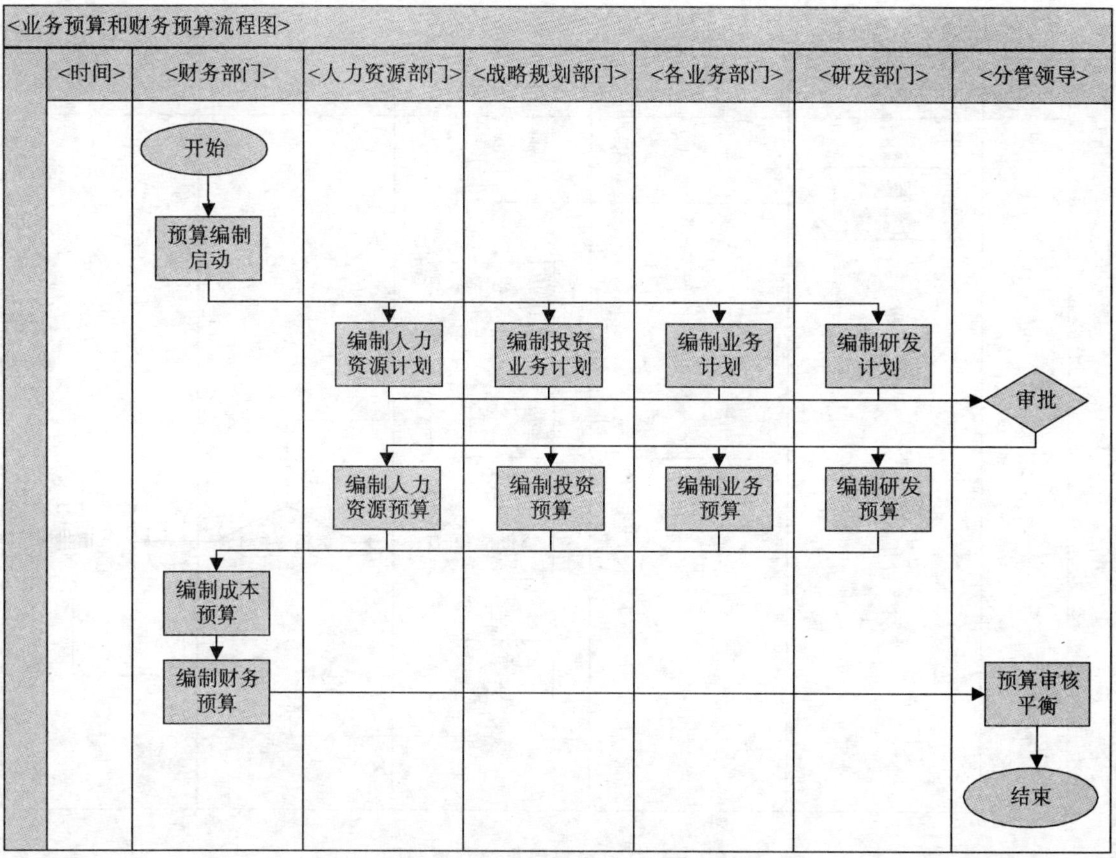

图 1－3－4　业务预算和财务预算流程图

业务预算编制阶段以预算布置会为起点，初步预算汇报会为终点。×月预算布置会后，各单位（部门）按要求编制各项业务预算。各项业务预算经财务部牵头审核后统一编制集团财务预算。最后业务计划、财务预算、人力资源预算在初步预算汇报会上交由相关领导审核。业务预算和财务预算编制阶段历时××天（含业务计划阶段）。

5. 业务预算重点要求。

（1）业务预算要以业务计划为依据，要能够支撑公司的经营目标和方针；

（2）业务预算和财务预算要体现以“战略—目标利润”为导向的预算思想；

（3）业务预算和财务预算编制阶段须对主要经营指标进行决策。

（二）销售预算

1. 销售预算编制流程见图 1－3－5。

2. 销售预算编制样表：见销售预算样表（本章附件的编制表样 1）。

3. 要点说明。

（1）销售预算包括销售大纲、销售收入预算、应收账款预算、预收账款预算。

（2）销售预算编制责任部门是销售（市场）部门。

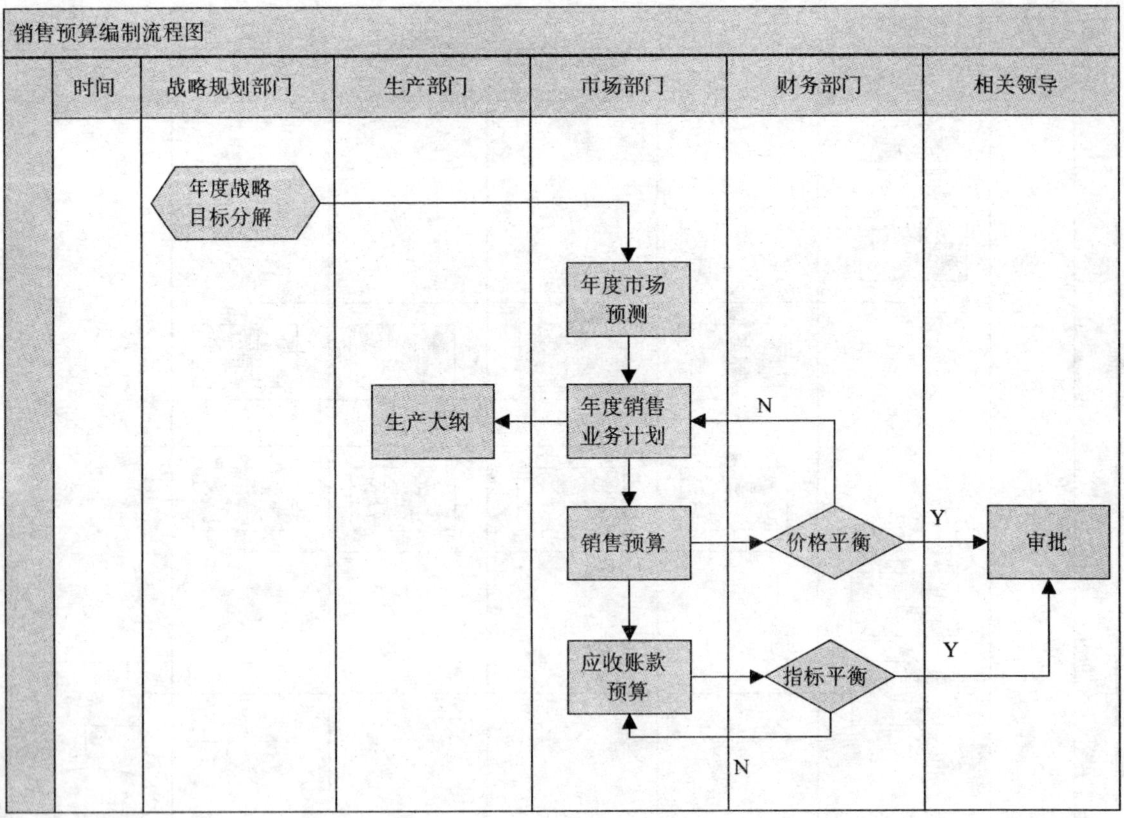

图 1－3－5 销售预算编制流程图

(3) 销售预算在大多数企业的预算编制过程中是调整最多的预算之一，在编制销售预算过程中，产品价格和应收账款水平需多次在销售部门和财务部门间沟通协调；产品交货期需与生产制造部门协调。

(4) 销售（市场）部门需在业务计划描述书中进行详细的市场预测与分析，作为对销售预算的支撑。

(三) 生产预算

1. 生产预算编制流程见图 1－3－6。

2. 生产预算编制样表：见生产预算表样（编制表样 2）和物料需求计划表样（编制表样 3）。

3. 生产预算编制要点说明。

(1) 生产预算主要有生产大纲、生产预算、物料需求计划表组成，生产预算的表达形式主要是产量。

(2) 生产预算预算编制责任部门是制造管理部门。

(3) 生产预算的重点，一是在产品排产问题上需与市场部门协调；二是需按照平衡后的生产预算确定物料计划表（BOM），BOM 表是编制采购预算的基础；三是制造部门需按照

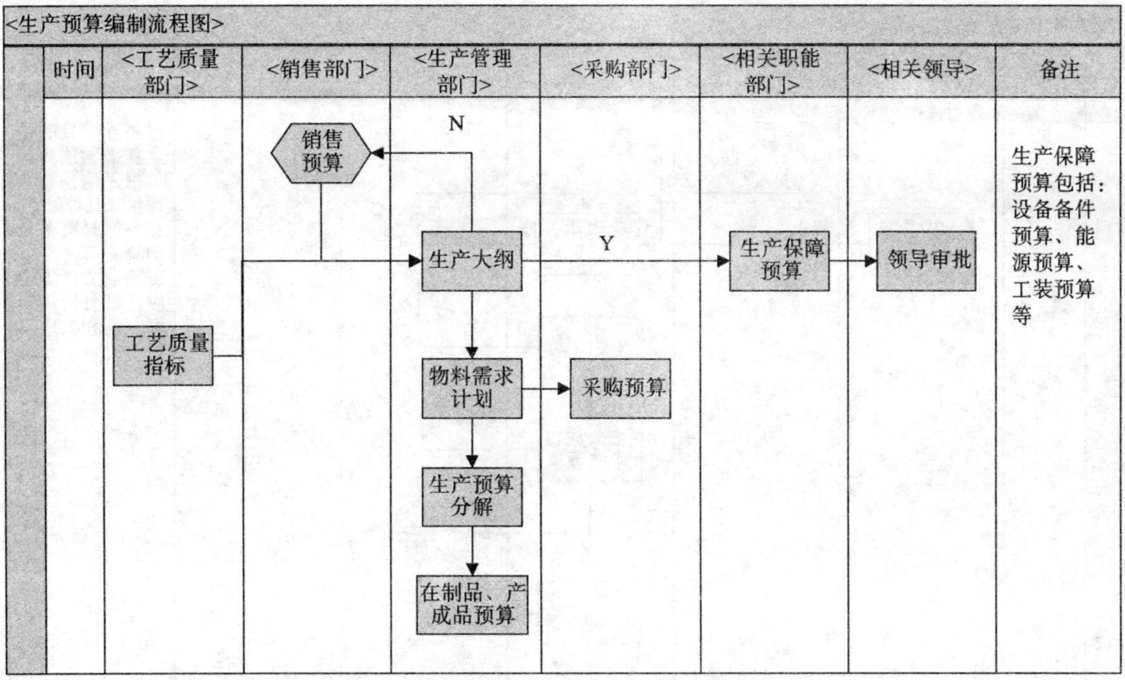

图 1－3－6　生产预算编制流程图

总体的产量预算分解到各制造单元，并合理预计在制品结存规模。

（4）若存在生产瓶颈，制造管理部门应在业务计划描述书中进行详细说明。

（四）采购预算

1. 采购预算编制流程，见图 1－3－7。

2. 采购预算编制样表：见采购预算表样（编制表样 4、编制表样 5）。

3. 采购预算编制要点说明。

（1）采购预算包括物料采购预算、预付/应付账款预算、原材料存货预算。

（2）采购预算编制责任部门是采购管理部门。

（3）采购预算必须根据物料需求计划编制，应付账款/账款预算必须经财务部门平衡指标后才可编制采购资金需求计划。

（4）采购业务支撑计划中应详细分析供应链情况和供应市场情况。

（五）工艺质量预算

1. 工艺质量预算编制样表：见工艺质量预算表样（编制表样 6、编制表样 7）。

2. 工艺质量预算编制要点说明。

（1）工艺质量预算包括工艺改进计划、原材料定额修订表、工时定额修订表、燃料动力定额修订表、工装定额修订表、质量指标预算等。

（2）工艺质量预算责任部门是工艺质量管理部门。

（3）工艺进步是降低制造成本、提升运营效率的重要办法，在每年编制预算时，工艺质量部门都应根据设备投资等生产条件改善状况和制造部门的需求开展工艺改进研究，制定

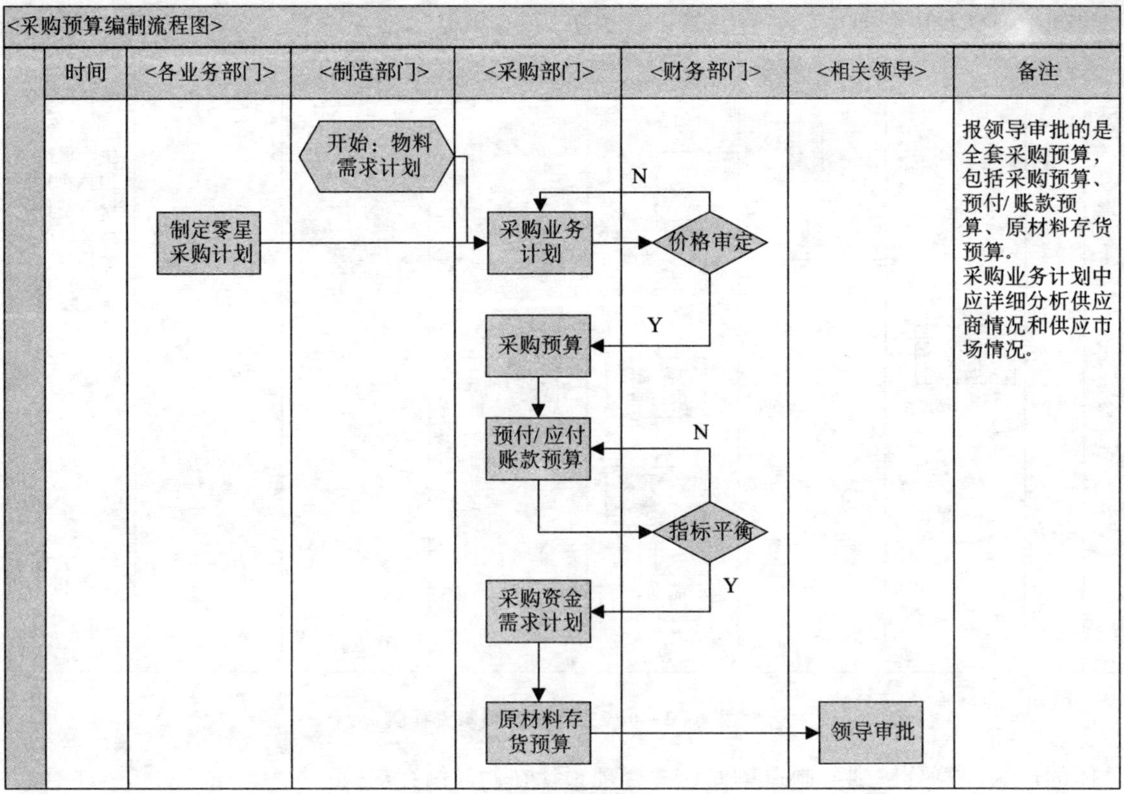

图 1-3-7　采购预算编制流程图

工艺改进计划，并将工艺改进的成果反映到各种消耗定额降低和质量指标提升上。

（4）工艺质量改进计划每年至少编制一次。工艺质量部门或科研部门应该在业务支撑计划中详细描述工艺质量改进计划。

（六）制造单元成本预算

1. 制造单元成本预算编制表样：见制造单元成本预算表样（编制表样 8—编制表样 13）。

2. 制造单元成本预算编制要点说明。

（1）制造单元可以是车间、分厂或其他产品制造单位。

（2）制造单元成本预算表原则上应和本企业成本核算报表相同。

（3）责任编制部门：各制造单元。

（4）制造单元成本预算必须在工艺改进计划调整的各项定额的基础上进行编制，有条件的成员单位应该编制标准成本预算表，作为制造单元成本预算表编制的基础。

（5）在成本预算编制过程中必须编制制造单元成本费用汇总预算表，进行成本预算综合平衡。

（6）在按照传统成本项目编制成本预算的同时，制造单元应按照管理会计的成本形态划分编制成本汇总表。

（七）期间费用预算

1. 期间费用编制表样：见期间费用编制表样（编制表样 14—编制表样 20）。

2. 期间费用编制要点说明。

（1）期间费用预算包括管理费用预算表、销售费用预算表、财务费用预算表。

（2）责任编制部门：管理费用预算表由各业务部门编制，财务部统一平衡汇总；销售费用由销售部门负责编制；财务费用由财务部门负责编制。

（3）部门年度费用预算必须以业务支撑计划为基础，将部门业务工作划分为结构性工作和专项工作。结构性工作是指：维持部门运转的相对固定的日常业务工作，财务部门每年的年报会审、预算编审会议；人力部门每年的人力招聘会议；部分业务部门每年的固定业务培训等。专项工作是指依据本年重点业务工作计划指定的专项工作计划包括的工作，比如专项安全培训、特种产品定价等。

（4）部门编制费用预算表（编制表样 14）的总体要求是业务要清晰，业务描述可以是业务步骤，也可以是分项业务，但总体要求是业务描述越详细越好，便于费用审批。预算表的业务应与业务支撑计划中的业务一一对应。

（5）费用预算表编制完后业务部门应将专项费用预算情况与往年预算执行情况进行对照。

（6）财务部门汇总管理费用预算时需按照可控费用和不可控费用分别汇总，不可控费用（编制表样 15）包括管理人员薪酬、办公设备折旧、无形资产摊销、上缴各项费用等，可控费用包括办公费、差旅费、招待费等，其中可控费用需按照部门类别（编制表样 16）和费用类别（编制表样 17）分别汇总。

（7）部分行政公共费用应由责任部门归口管理，如：安全生产费、小车使用费、通讯费、书报订阅费等。归口管理责任部门需填报归口管理费用预算表（编制表样 18），归口管理的公共性费用的管理层级应为：财务部门平衡控制各项公共费用总额，归口管理责任部门负责在总额内控制各部门开支。

（8）销售费用预算（编制表样 19）同样应分为可控费用和不可控费用，不可控费用为维持销售部门正常运转必须的费用，可控费用为销售业务开展类费用。

（9）财务费用预算（编制表样 20）应在资金收支预算确定后进行编制。

（10）所有的期间费用预算在编制时都应同时分析是否影响现金流。

四、人力资源预算

1. 人力资源预算编制流程，见图 1－3－8。

2. 人力资源预算编制表样：见人力资源编制表样（编制表样 21—编制表样 25）。

3. 人力资源预算编制要点说明。

（1）人力资源预算由员工人数预算、工时定额预算、薪酬预算等组成。

（2）人力资源预算编制责任单位是人力资源部门。

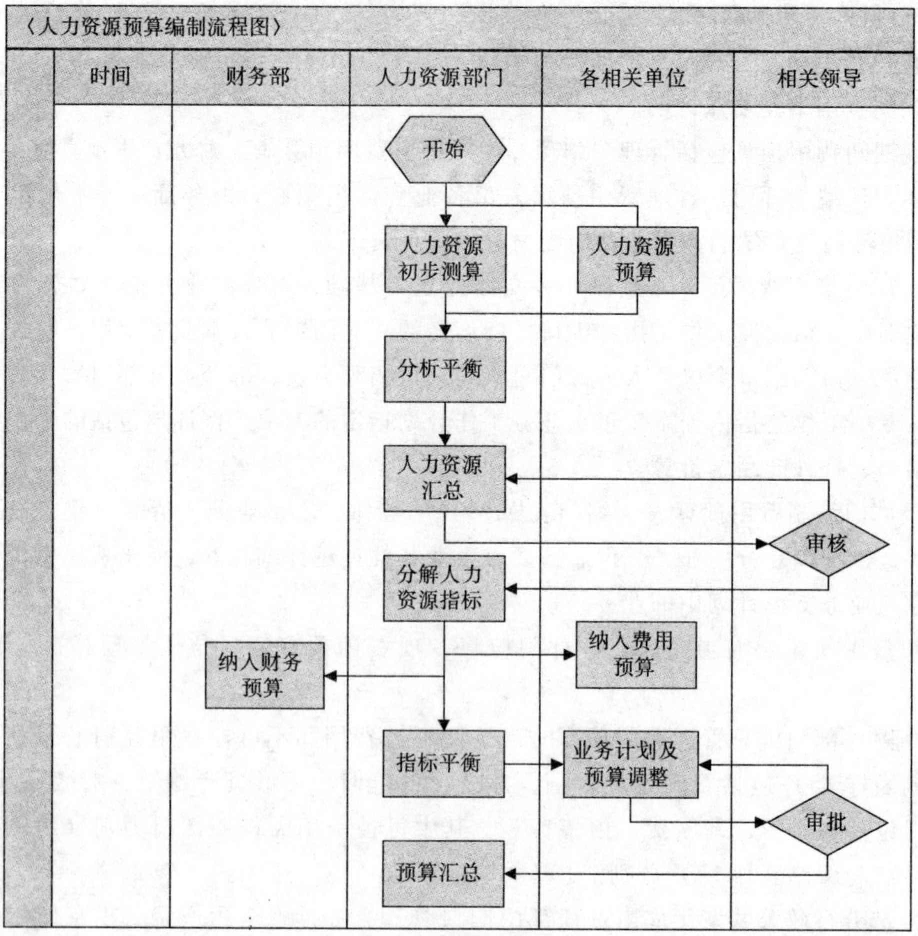

图 1-3-8 人力资源预算编制流程图

(3) 人力资源部门应该按照本年度企业运营规模确定在岗员工人数（编制表样 21），管理部门等非生产一线的人员规模安排须在业务支撑计划中详细说明。

(4) 生产一线在岗人数需按照生产大纲确定的产品结构及产量推算总工时，再由总工时推算用人规模，确定生产工人定员（编制表样 22）。

(5) 人力资源部门负责编制工资及工资性费用预算汇总表（编制表样 23），汇总预算全年薪酬成本费用。编制汇总表时既要考虑员工收入的合理增长，也要考虑企业生产经营可承受的范围。汇总表中应包括所有的奖金、补贴、提成等特殊薪酬预算。

(6) 薪酬预算和员工在岗人数安排需明细到月（编制表样 24），以便于编制资金预算。

五、资本预算

1. 资本预算编制流程，见图 1-3-9。

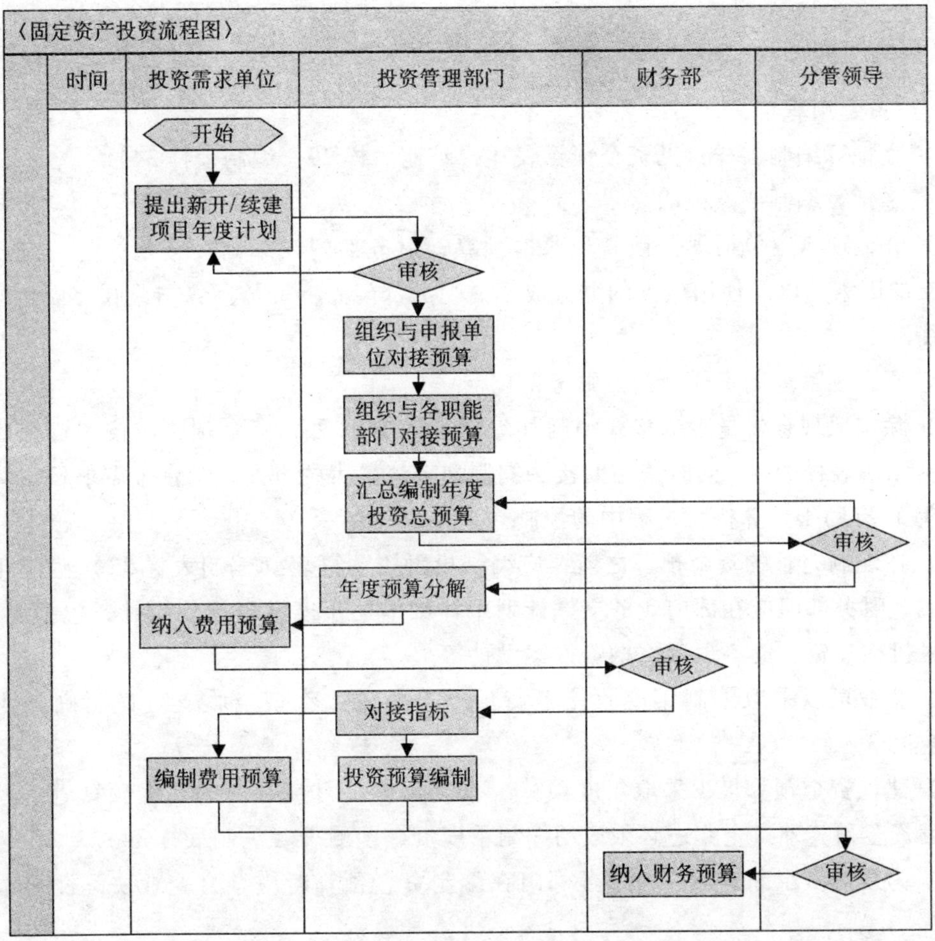

图 1－3－9　固定资产投资预算编制流程图

2. 资本预算编制表样：见资本预算编制表样（编制表样 25—编制表样 28）

3. 资本预算编制要点说明。

（1）资本预算包括新增投资预算、续建投资项目预算和投资项目汇总预算。按性质包括固定资产投资预算和股权投资预算。

（2）资本预算编制责任部门是投资管理或战略规划部门。

（3）资本预算编制的基础依据是企业战略和企业年度重点业务计划。企业战略决定了投资的方向，年度重点业务计划是审核投资项目的依据，不在重点业务计划涉及范畴之内的投资项目应慎重审批。

（4）各投资申请部门须在本部门的业务支撑计划里专题描述投资的目的、作用、效果、风险等内容，作为预算审核的依据。

（5）投资管理部门或战略规划部门应在年度预算编制初始将已投资预算的投资项目整理通报给技术工艺、人力资源、制造等部门，作为制定工艺改进计划、修订定额、安排生产的依据。

（6）投资预算中需重点关注资金需求测算，作为资金预算的依据。

六、财 务 预 算

（一）资金预算

1. 资金预算编制表样：见资金预算表样（编制表样29—编制表样34）。

2. 资金预算编制要点说明。

（1）资金预算应包括现金预算和票据预算，财务部门在编制资金预算时，应充分考虑票据收支的因素，以及使用票据的财务成本。财务部门需将资金预算与应收、应付预算进行统一平衡。

（2）资金预算编制责任部门是财务部门。

（3）除按照现金流量表的格式编制（编制表样30）外，资金预算应按照资金收支的性质编制（编制表样29）。同时采用间接法编制现金流量表的方式编制资金需求量测算表（编制表样31）有助于预算执行过程中的控制。

（4）在编制完整的资金预算之前，应编制投融资预算表（编制表样32）确定年度融资规划方案。财务部门应在部门业务支撑计划中详细描述年度融资规划设计，包括融资额度、合作金融机构、资金成本预测、融资方案设计等。

（5）企业可以采取编制年度收支平衡预算表的方式将现金收支责任明确到业务部门（编制表样33）

（6）建议资金预算最少采取年度预算－季度预测－月度平衡的三级预算管理模式。除编制年度资金预算外，企业还必须滚动编制季度资金预测表（编制表样34）。

（7）为规避资金断链风险，财务部门在编制资金预算时应结合企业实际测算最低库存资金量。

（二）财务预算

1. 财务预算编制表样：见财务预算表样（编制表样35—编制表样45）。

2. 财务预算编制要点说明。

（1）财务预算的重点在于体现各业务预算的协调平衡的结果，并在此基础上对年度经营成果进行预先描述。财务预算能够反映企业对战略目标的达成程度。财务预算必须与业务预算为基础，没有业务预算的支撑，所有对经营成果的预测描述都是空洞的。

（2）财务预算编制责任单位是财务部门。

（3）在编制预计财务报表前，财务部门首先应编制补贴收入预算（编制表样35）、其他业务收支预算（编制表样36）、营业外收支预算（编制表样37），此三项预算所描述的业务必须有明确的对应责任部门。财务部门应在业务支撑计划中明确说明。

（4）财务部门应编制税金预算（编制表样38），并在业务支撑计划中说明年度税收筹划方案。

（5）财务部门应对企业年度的整个资产状况进行预算，包括编制长期资产预算表（编制表样39）、固定资产处置预算表（编制表样40）、折旧预算表（编制表样41），其中编制折旧预算表时，应明确区分在用资产和未使用资产，同时注意计算本年新完工资产应计提的折旧。

(6) 在编制完预计利润表（编制表样42）和预计利润表（编制表样43）后，应根据全面预算整体编制情况编制关键业务预算运营表（编制表样44）和主要财务指标预算表（编制表样45），其主要作用是概括年度主要指标的预计完成情况和对战略目标的支撑程度，供预算委员会审定预算时参考。

(7) 在编制利润预算时，应在平衡好的费用预算基础上预留一定金额的机动费用作为预算准备费，用于未考虑到或临时出现的各项预算外支出的开支。预算准备费额度通常为总成本预算的2% - 8%，企业刚开展全面预算管理时，由于预算编制准确率有待提高，预算准备费可适当多留，随着全面预算管理的深入开展，预算准备费应逐步减少，但最低不应低于总成本预算的2%。

(8) 全面预算管理办公室应制定严格的制度和明确的流程，以规范预算准备费的支付使用。

七、公司预算平衡机制设计——预算的融合

(一) 预算平衡机制描述

预算平衡主要解决以下两个问题：

一是业务预算与财务预算的平衡问题。业务预算与财务预算的不一致主要源于出发点不同，业务预算的重点是关注业务开展的资源保证，对资源的成本费用、资产、现金流等问题考虑较少，财务预算则关注有限资源的最优配置和战略目标的最大程度实现。因此，预算平衡就是要在两种出发点的预算之间进行协调平衡，最终在保证业务开展的前提下以最经济的资源达到战略目的。没有哪个企业的预算编制能够一步到位，每个企业的预算都需要经过反复平衡。

二是业务预算、薪酬预算、资本预算和财务预算四个模块之间的平衡问题。全面预算作为一个系统，每个模块之间不是孤立的，相互之间有着深刻和广泛的联系，如：前期资本预算的执行必然会影响到当期业务预算中的折旧预算、产量预算，薪酬预算中的效率指标和财务预算中的成本预算等。因此在预算编制时应充分考虑并反映预算各部分间的平衡。通常来说，重点需要平衡的内容如下：

(1) 资本预算与成本、产量、现金、效率等预算间的平衡；

(2) 价值类预算指标（如EVA）和利润类预算指标（如净利润）间的平衡；

(3) 长期指标（如研发投入、大额投资等）和短期现金预算、利润预算的平衡。

(二) 预算平衡的总原则

1. 各业务预算的总和不得突破企业企业可投入资源的总和。

2. 在汇总业务预算同类项目基础上，对超出总预算的部分，首先由预算管理办公室与各业务部门采用一对一的方式讨论，分配应消化的部分，经协商无法达成一致的业务部门，由预算管理办公室制定方案，交预算委员会裁定。

3. 平衡可能循环多次，但必须有最后截止日期，至截止日期仍未平衡的预算，由预算

委员会做最后裁决。

（三）一般预算项目的平衡流程

该流程可参见图1－3－10。

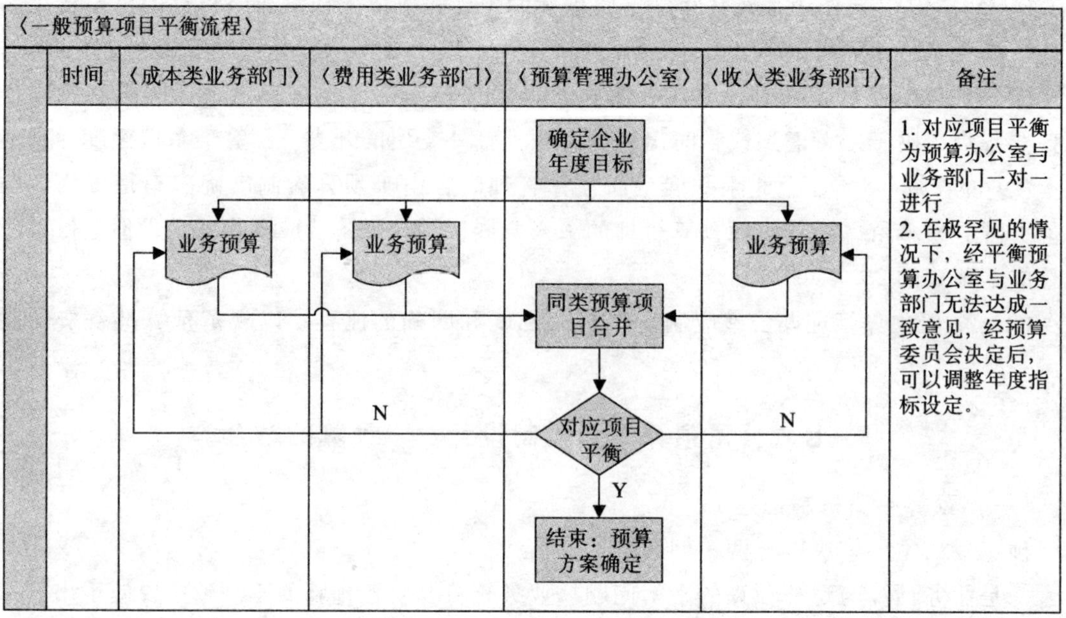

图1－3－10 预算项目平衡流程图

附件：

编制表样 1

________公司________年销售收入预算表

单位：元

项目	上年实际	本年预算	销售单价	第一季度					……	第四季度			
				1月		……	合计		……	12月		合计	
				销量	销售额	……	销量	销售额	……	销量	销售额	销量	销售额
一、销售收入（分产品）						……			……				
产品 1						……			……				
产品 2						……			……				
二、销售收入（分销售员）						……			……				
销售员 A						……			……				
产品 1						……			……				
产品 2						……			……				
小计						……			……				
销售员 B						……			……				
产品 1						……			……				
销售收入总计						……			……				
三、销售回款						……			……				
3.1 销售回款率						……			……				
销售回款额						……			……				
3.2 应收预售账款						……			……				
期初应收账款						……			……				
期初预售账款						……			……				
本期销售收入						……			……				
本期销售回款						……			……				
期末应收账款						……			……				
期末预售账款						……			……				

制表人：　　　　　　　　审核人：　　　　　　　　审批人：

编制表样 2

______年度产品产量预算表

项　目	上年实际	本年预算	第一季度				……	第四季度			
			1 月	2 月	3 月	合计	……	10 月	11 月	12 月	合计
预计生产其他产品耗用量							……				
产品 1							……				
产品 2							……				
……							……				
小计							……				
本期预计销量							……				
产品 1							……				
……							……				
小计							……				
加：预计期末存货							……				
产品 1							……				
……							……				
小计							……				
合计							……				
产品 1							……				
产品 2							……				
……							……				
小计							……				
减：预计期初存货							……				
产品 1							……				
产品 2							……				
……							……				
小计							……				
预计本期生产量							……				
产品 1							……				
产品 2							……				
……							……				
小计							……				

制表人：　　　　审核人：　　　　审批人：

编制表样 3

______年度______公司单位产品物料需求计划表表

项　目	耗用材料种类	上年实际			本年预算		
		单位产品耗用材料定额	计划单价	目标成本	单位产品耗用材料定额	计划单价	目标成本
产品 1	材料 1						
	材料 2						
	……						
	单位产品原材料耗用定额总计						
产品 2	材料 1						
	材料 2						
	……						
	单位产品原材料耗用定额总计						
产品 3	材料 1						
	材料 2						
	……						
	单位产品原材料耗用定额总计						
产品 4	材料 1						
	材料 2						
	……						
	单位产品原材料耗用定额总计						
……							

制表人：　　　　审核人：　　　　审批人：

编制表样 4

________公司________年采购成本预算表

项　目	上年实际		本年预算		第一季度					……	第四季度			
					1 月		……	合计		……	12 月		合计	
一、物资采购	数量	金额	数量	金额	数量	金额	……	数量	金额	……	数量	金额	数量	金额
1. 生产物资							……			……				
1.1 期初库存							……			……				
(1) 原材料							……			……				
材料 1							……			……				
……							……			……				
小计							……			……				
(2) 辅助材料							……			……				
材料 1							……			……				
材料 2							……			……				
……							……			……				
小计							……			……				
(3) 燃料动力							……			……				
燃料动力 1							……			……				
……							……			……				
小计							……			……				
(4) 低值易耗品							……			……				
品种 1							……			……				
……							……			……				
小计							……			……				
(5) 备品备件							……			……				
品种 1							……			……				
……							……			……				

续表

项　目	上年实际	本年预算	第一季度			……	第四季度	
			1月	……	合计	……	12月	合计
小计				……		……		
期初库存合计				……		……		
1.2 本期消耗领用				……		……		
（1）原材料				……		……		
材料1				……		……		
……				……		……		
小计				……		……		
（2）辅助材料				……		……		
材料1				……		……		
……				……		……		
小计				……		……		
（3）燃料动力				……		……		
燃料动力1				……		……		
……				……		……		
小计				……		……		
（4）低值易耗品				……		……		
品种1				……		……		
……				……		……		
（5）备品备件				……		……		
品种1				……		……		
……				……		……		
小计				……		……		
本期消耗领用合计				……		……		
1.3 期末库存				……		……		

续表

项目	上年实际		本年预算		第一季度					……	第四季度			
					1月		……	合计		……	12月		合计	
（1）原材料							……			……				
材料1							……			……				
小计							……			……				
（2）辅助材料							……			……				
材料1							……			……				
……							……			……				
小计							……			……				
（3）燃料及动力							……			……				
燃料动力1							……			……				
……							……			……				
小计							……			……				
（4）低值易耗品							……			……				
品种1							……			……				
……							……			……				
小计							……			……				
（5）备品备件							……			……				
品种1							……			……				
……							……			……				
小计							……			……				
期末库存合计							……			……				
1.4本期购进							……			……				
（1）原材料							……			……				
材料1							……			……				
……							……			……				

续表

项目	上年实际		本年预算		第一季度					……	第四季度			
					1月		……	合计		……	12月		合计	
小计							……			……				
（2）辅助材料							……			……				
材料1							……			……				
……							……			……				
小计							……			……				
（3）燃料及动力							……			……				
燃料动力1							……			……				
……							……			……				
小计							……			……				
（3）燃料及动力							……			……				
燃料动力1							……			……				
……							……			……				
小计							……			……				
（4）低值易耗品							……			……				
品种1							……			……				
……							……			……				
小计							……			……				
（5）备品备件							……			……				
品种1							……			……				
……							……			……				
小计							……			……				
本期购进合计							……			……				
2. 专项物资							……			……				
2.1 期初库存							……			……				

续表

项目	上年实际		本年预算		第一季度					……	第四季度			
					1月		……	合计		……	12月		合计	
（1）技改技措更新							……			……				
……							……			……				
小计							……			……				
（2）大中修理							……			……				
……							……			……				
小计							……			……				
期初库存合计							……			……				
2.2本期消耗领用							……			……				
（1）技改技措更新							……			……				
……							……			……				
小计							……			……				
（2）大中修理							……			……				
……							……			……				
小计							……			……				
本期消耗领用合计							……			……				
2.3期末库存							……			……				
（1）技改技措更新							……			……				
……							……			……				
小计							……			……				
（2）大中修理							……			……				
……							……			……				
小计							……			……				
期末库存合计							……			……				
2.4本期购进							……			……				

续表

项目	上年实际		本年预算		第一季度					……	第四季度			
					1月		……	合计		……	12月		合计	
(1) 技改技措更新							……			……				
……							……			……				
小计							……			……				
(2) 大中修理							……			……				
……							……			……				
小计							……			……				
本期购进合计							……			……				
物资采购支出合计							……			……				
采购退回							……			……				
实际采购支出							……			……				
二、采购付款							……			……				
期初应付							……			……				
期初预付							……			……				
本期采购金额							……			……				
采购支付率							……			……				
本期支付							……			……				
期末应付							……			……				
期末预付							……			……				
三、采购费用							……			……				
期初应付							……			……				
工资及奖金							……			……				
职工福利费							……			……				
差旅费							……			……				
通讯费							……			……				

续表

项目	上年实际		本年预算		第一季度					……	第四季度			
					1月		……	合计		……	12月		合计	
办公费							……			……				
运费							……			……				
续表							……			……				
采购活动费							……			……				
其他							……			……				
可控部分小计							……			……				
3.2 不可控部分							……			……				
期初应付							……			……				
折旧费							……			……				
其他							……			……				
不可控部分小计							……			……				
采购费用合计							……			……				
四、采购成本							……			……				
采购成本合计							……			……				
五、现金净流量							……			……				
现金收入							……			……				
现金支出							……			……				
现金净流量							……			……				

制表人： 审核人： 审批人：

编制表样 5

______年______月采购预算表

编制单位：采购部　　　　单位：元

序号	产品名称	型号	计量单位	采购量	采购含税单价	出库费（货场）	装卸费	运输费（厂外）	运输费（厂内）	搬运费（厂内）	过路桥费	合计	采购条件	期末应付/预付账款
一	供应商 1													
1	材料 1													
2	材料 2													
3	材料 3													
…	…													
二	供应商 2													
1	材料 1													
	…													
	合计													

制表人：　　　　审核人：　　　　审批人：

注：期末应付/预付账款一栏正数为应付账款，负数为预付账款。

编制表样 6

______年工艺改进计划表

部门：

工艺改进项目	改进前情况	改进后效果描述	原材料定额调整	燃料动力定额调整	工时定额调整	…
项目一						
项目二						
…						

制表人： 审核人： 审批人：

编制表样 7

2012 年______质量指标预算表

序号	产品名称	年度计划												
		产品计划数量（单位）	良品率计划指标											
			部件 1						部件 2		部件 3			
			下料率		良品率		得率				工序一		工序二	
			上年	本年	上年	本年	上年	本年	上年	本年	上年	本年	上年	本年
1														
2	产品 1													
3	产品 2													
4	…													
5														
6														
7														

编制表样 8

产品制造成本表（按产品及成本项目别）

______年 ______月 （累计）

金额单位：元

成本项目 产品名称	计量单位	产量	单位成本									
			原材料			燃动及动力	工资及福利费	专用费用	废品损失	废品回收	制造费用	合计
			半成品	材料	边料回收							
产品 1												
产品 2												
产品 3												
…												
合　计												

成本项目 产品名称	计量单位	产量	总成本													
			原材料							燃动及动力	工资及福利费	专用费用	废品损失	废品回收	制造费用	合计
			半成品	材料	投入 kg	下料率	边料重量 kg	边料单价	边料回收金额							
产品 1																
产品 2																
产品 3																
…																
合　计																

编制表样9 　　　　**制造费及燃料动力费发生额登记分配表**

填报单位：________车间（分厂） 　　　　年 　　　　月

费用名细项目			行次	预算值				实际值	
				本月	上月累计	本月累计	上年预算	本月实际	本年累计
固定成本部分	一、应付工资	工资（含劳务费）（%）	1						
		职工福利（%）	2						
		社会保险费（%）	3						
		住房公积金（%）	4						
		工会经费（%）	5						
		职工教育经费（%）	6						
		非货币性福利（%）	7						
		小计	8						
	二	折旧费	9						
	三	取暖费	10						
	四、办公费	复印费	11						
		印刷费	12						
		电话费	13						
		办公用品	14						
		饮用水	15						
		画板制作	16						
		精益生产门牌制作	17						
		小　计	18						
	五、水电费		19						
	六、叉车租赁费		20						
	七、差旅费	差旅费	21						
		交通费用	22						
		小车费	23						
		小　计	24						
		合计	25						
变动成本部分	八、机物料消耗	油料	26						
		领用：材料	27						
		修理用备件	28						
		建司转入费	29						
		精益生产	30						
		小　计	31						
	九、保险费		32						
	十、低值易耗品摊销	盛具（购铁桶\小推车）	33						
		通用工具	34						
		电度、压力表	35						
		电工维修	36						
		转入电修	37						
		转入机修	38						
		转入厂房维修	39						
		小计	40						

续表

费用名细项目			行次	预算值				实际值	
				本月	上月累计	本月累计	上年预算	本月实际	本年累计
混合成本部分	十一、安全生产费	劳保用品	41						
		保健津贴	42						
		工伤补助费	43						
		灭火器	44						
		小　　计	45						
	十二、运输费	载货车费	46						
		搬运费	47						
		吊车起重费	48						
		零星人力搬运费	49						
		出入库费	50						
		另工费	51						
		小计	52						
	十三、外部加工费		53						
	十四、试验检验费	检验工资及工资性费用	54						
		理计检验费	55						
		试销损耗	56						
		检验领用材料	57						
		小计	58						
	十五、设计制图费		59						
	十六、其他	上下班乘车费	60						
		排污费	61						
		盈亏费	62						
		三产公司清洁人员费	63						
		探亲费	64						
		清凉费	65						
		物流部转叉车配件及修理费	66						
		付南山公司孟子加工费	67						
		小计	68						
	合　　计		69						
燃料动力发生额	水费	单　价	70						
		数　量	71						
		金　额	72						
	电费	单　价	73						
		数　量	74						
		金　额	75						
	蒸汽费	单　价	76						
		数　量	77						
		金　额	78						
	合　　计		79						
补　充　资　料									
本月职工人数（人）			80						
其中：聘用及劳务人员数（人）			81						
本月职工工资总额（万元）			82						
其中：聘用及劳务人员工资总额（万元）			83						
本月实际任务总工时（万小时）			84						
其中：军品任务总工时（万小时）			85						
本月制度总工时（万小时）			86						

制度总工时＝月工作天数（21.5）×每天工作小时数（8）×月数（12）×出勤率（95%）×作业率（80%）×承制单位总人数×承制单位一线基本生产职工比重系数

编制表样10

______车间______年标准成本预算

序号	产品名称		规格	片材单价（元/单位）	产品代号	产品材质	良品率（%）	下料率（%）	平均规格（单位）	工艺消耗（单位）	定额工时（单位）	材料投入				内收废料		
												主材投入量（单位）	投入金额（单位）	辅料（单位）	材料投入金额（单位）	重量（单位）	单价（单位）	金额
1	产品1	部件1																
		部件2																
		部件3																

序号	产品名称		规格	外销废料			材料成本（元/单位）		材料成本合计（元/单位）	单位产品加工费（元/万粒）							目标生产成本
				重量（单位）	单价（单位）	金额	主材成本	辅料成本		本年单位工资	工资费用比例	人工成本合计	能源	工装	不含工资的制造费用	合计	
1	产品1	部件1															
		部件2															
		部件3															

编制表样 11

全部商品产品成本汇总表

编制单位：本部　　　　单位：元

序号	产品名称	产量	材料	燃料	工资	专用费	废品损失	制造费用	实际成本合计	本年实际总成本（万元）	本年实际单位成本
1	一、××类产品										
2	产品 1										
3	产品 2										
4	产品 3										
5	…										
45	全部产品成本合计										

编制表样 12

______年各制造单元成本费用汇总预算表

金额单位：万元

<table>
<tr><th>序号</th><th colspan="2">单位</th><th>直接材料</th><th>燃料及动力</th><th>直接人工</th><th>专用费用</th><th>废品损失</th><th>制造费用</th><th>合计</th><th>内转金额</th><th>营业成本</th></tr>
<tr><td>1</td><td colspan="2">车间 1</td><td></td><td></td><td></td><td></td><td></td><td></td><td></td><td></td><td></td></tr>
<tr><td>2</td><td colspan="2">车间 2</td><td></td><td></td><td></td><td></td><td></td><td></td><td></td><td></td><td></td></tr>
<tr><td>3</td><td colspan="2">车间 3</td><td></td><td></td><td></td><td></td><td></td><td></td><td></td><td></td><td></td></tr>
<tr><td>4</td><td colspan="2">…</td><td></td><td></td><td></td><td></td><td></td><td></td><td></td><td></td><td></td></tr>
<tr><td rowspan="3">9</td><td rowspan="3">部门 1</td><td>服务 1</td><td></td><td></td><td></td><td></td><td></td><td></td><td></td><td></td><td></td></tr>
<tr><td>服务 2</td><td></td><td></td><td></td><td></td><td></td><td></td><td></td><td></td><td></td></tr>
<tr><td>小计</td><td></td><td></td><td></td><td></td><td></td><td></td><td></td><td></td><td></td></tr>
<tr><td>10</td><td rowspan="3">部门 2</td><td>服务 1</td><td></td><td></td><td></td><td></td><td></td><td></td><td></td><td></td><td></td></tr>
<tr><td>11</td><td>服务 2</td><td></td><td></td><td></td><td></td><td></td><td></td><td></td><td></td><td></td></tr>
<tr><td>12</td><td>小计</td><td></td><td></td><td></td><td></td><td></td><td></td><td></td><td></td><td></td></tr>
<tr><td>13</td><td colspan="2">部门 3</td><td></td><td></td><td></td><td></td><td></td><td></td><td></td><td></td><td></td></tr>
<tr><td>14</td><td colspan="2">…</td><td></td><td></td><td></td><td></td><td></td><td></td><td></td><td></td><td></td></tr>
<tr><td>15</td><td colspan="2">合计</td><td></td><td></td><td></td><td></td><td></td><td></td><td></td><td></td><td></td></tr>
</table>

编制表样13

产品制造成本表（按产品及成本性态项目别）

________年 ________月

成本项目 产品名称	计量单位	产量	单位成本											
			变动部分			工资及福利费		燃动及动力		专用费用		制造费用		合计
			原材料	废品损失	废品回收	变动部分	固定部分	变动部分	固定部分	变动部分	固定部分	变动部分	固定部分	
产品1														
产品2														
产品3														
…														
合计														

成本项目 产品名称	计量单位	产量	总成本											
			变动部分			工资及福利费		燃动及动力		专用费用		制造费用		合计
			原材料	废品损失	废品回收	变动部分	固定部分	变动部分	固定部分	变动部分	固定部分	变动部分	固定部分	
产品1														
产品2														
产品3														
…														
合计														

编制表样 14

______年______部门年度费用预算表

单位名称：

费用名称	发生时间	添加项目					备注
		用途	次数	预计每次发生费用	小计（元）	合计（元）	
结构性工作	1月	业务一		业务描述 1			
				业务描述 2			
				…			
				…			
		业务二		业务描述 1			
				业务描述 2			
				…			
				…			
专项工作	1月	业务一		业务描述 1			
				…			
				…			
		业务二		业务描述 1			
				…			
				…			
				业务描述 2			
				…			
合计							

附：

______年 - ______年______专项费用对比

项目	金额（万元）	备注说明
2012 年预算		费用变化主要原因：
2011 年 1—9 月份已发生		
2010 年实际发生		四年平均专项费用为______万元
2009 年实际发生		
2008 年实际发生		
2007 年实际发生		

编制表样 15

不可控费用预算明细表

单位：　　　　　　　　　　　　　　　　　　　　　　　　单位：元

序号	项　目	年预算										备注
		1 月	2 月	3 月	4 月	……	9 月	10 月	11 月	12 月	合计	
一	管理费用					……						
1	折旧					……						
2	工资					……						
	…					……						
	安全生产费用					……						
	…					……						
	浪潮软件维护费					……						
二	研发支出					……						
1	折旧					……						
2	工资					……						
3	…					……						
	军品科研开发基金					……						
	…					……						
合计						……						

编制表样 16

可控费用预算明细表

单位：　　　　单位：元

序号	填报单位	2012 年预算										备注
		1 月	2 月	3 月	4 月	……	9 月	10 月	11 月	12 月	合计	
1	部门 1					……						
2	部门 2					……						
3	部门 3					……						
4	…					……						
5	…					……						
	合计					……						
	其中：管理费用					……						
	研发支出					……						
	安全生产费用					……						
	制造费用					……						
	材料成本差异					……						
	营业外支出					……						
	监管资金等					……						
	其他业务成本					……						
	职工教育经费					……						
	工会经费					……						
	专项经费					……						

编制表样 17

管理费用预算表

单位：万元

项目名称	____年预算										备注
	1月	2月	3月	4月	……	9月	10月	11月	12月	合计	
1. 职工薪酬					……						
其中：工资					……						
职工福利费					……						
社会保险费					……						
住房公积金					……						
工会经费					……						
职工教育经费					……						
非货币性福利					……						
其他					……						
2. 开办费					……						
3. 折旧费					……						
4. 办公费					……						
5. 水电费					……						
6. 差旅费					……						
7. 运输费					……						
8. 保险费					……						
9. 租赁费					……						
10. 修理费					……						
11. 咨询费					……						
12. 诉讼费					……						
13. 排污费					……						
14. 绿化费					……						
15. 物料消耗					……						
16. 低值易耗品摊销					……						
17. 取暖费					……						
18. 技术开发费					……						
19. 技术转让费					……						
20. 税金					……						
21. 存货盘亏及毁损					……						

续表

项目名称	____年预算										备注
	1月	2月	3月	4月	……	9月	10月	11月	12月	合计	
22. 无形资产摊销					……						
23. 长期待摊费用摊销					……						
24. 业务招待费					……						
25. 会议费					……						
26. 聘请中介机构费用					……						
27. 董事会费					……						
28. 劳动保护费					……						
29. 上级管理费					……						
30. 摊销的潜亏挂账数					……						
31. 保密费					……						
32. 其他					……						
33. 预留费用					……						
合计					……						

编制表样 18

归口管理费用预算表——×××费

归口管理责任部门：

单位：元

序号	项目	2012年预算													备注
		1月	2月	3月	4月	5月	6月	7月	8月	9月	10月	11月	12月	合计	
2	部门1														
3	部门2														
4	部门3														
5	…														
6	…														
7	…														
8	…														
	合计														

编制表样 19

期间费用项目汇总表

项　目	上年实际	本年预算	第一季度				……	第三季度				第四季度			
			1月	2月	3月	合计	……	7月	8月	9月	合计	10月	11月	12月	合计
一、可控部分							……								
工资及奖金							……								
职工福利费							……								
广告费							……								
会务费							……								
运费							……								
发运费用							……								
办公费							……								
邮寄费							……								
差旅费							……								
电话费							……								
其他							……								
小计							……								
二、不可控部分							……								
折旧费							……								
小计							……								
销售费用合计							……								
三、现金净流量							……								
现金收入							……								
现金支出							……								
现金净流量							……								

制表人：　　　　审核人：　　　　审批人：

编制表样 20

________公司________年财务费用预算表

项目	上年实际	本年预算	第一季度				第三季度				第四季度			
			1月	2月	3月	合计	7月	8月	9月	合计	10月	11月	12月	合计
一、财务费用														
银行贷款利息														
票据承兑利息														
汇兑损益														
调剂外汇手续费														
金融机构手续费														
……														
合计														
财务费用合计														
四、现金净流量														
现金收入														
现金支出														
现金净流量														

制表人：　　　　审核人：　　　　审批人：

编制表样 21

________年度________公司单位产品人工成本定额预算

单位：元

项目	上年实际				本年预算			
	每月标准产量 (1)	人数 (2)	工资标准(元/人) (3)	单位产品人工成本 (4)=(3)*(2)/(1)	每月标准产量 (1)	人数 (2)	工资标准(元/人) (3)	单位产品人工成本 (4)=(3)*(2)/(1)
产品1								
产品2								
产品3								
产品4								
……								
合计								

制表人：　　　　审核人：　　　　审批人：

编制表样 22

______年度工时定额预算（______车间）

序号	产品名称	单位	生产计划	原单位定额	修订后单位定额	总工时定额	备注
1							
2							
3							
4							
5							
6							
7							
8							
合计	总工时（万小时）						
	生产工人定员（人）						

制表人：　　　　审核人：　　　　审批人：

编制表样 23

______年______公司工资及工资性费用预算汇总表

序号	产量	单位	在册职工人数	聘用人数	合计人数	职工工资	工资总额	五险	住房	餐费	工会经费	福利费	职工教育经费	合计
	一、生产成本及制造费用													
1		车间1												
4		…												
5		分厂1												
6		分厂2												
7		…												
	二、管理费用													
1		部门1												
2		部门2												
7		…												
8		…												

续表

序号	产量	单位	在册职工人数	聘用人数	合计人数	职工工资	工资总额	五险	住房	餐费	工会经费	福利费	职工教育经费	合计
		三、销售费用												
		市场部												
		四、工程施工												
		工程1参与人员												
		五、研发支出												
其中：1		×××开发中心												
2		×××开发中心												
		六、安全生产专项费用												
		安全环保部门												
		七、其他												
其中：1		转岗培训												
		零星工资（含提成奖励等）												
		指标奖励												
		星级班组奖励												
2		项目工资												
		项目奖励												
		成果转化奖												
		工艺科研降成本奖												
3		新近大学生工资												
4		预留工资												
5		公司领导及管理顾问、技术人员												
		总计												

制表人：　　　　审核人：　　　　审批人：

编制表样 24

________公司________年公司人员及工资预算表

项目	上年实际	本年预算	第一季度				……	第四季度			
			1 月	2 月	3 月	合计	……	10 月	11 月	12 月	合计
一、管理/职能部门人员							……				
1.1 高层管理人员							……				
（1）人员数字							……				
期初数							……				
本期增加							……				
本期减少							……				
期末数							……				
（2）工资奖金及福利							……				
工资及奖金							……				
职工福利费							……				
小计							……				
管理/职能部门人员工资合计							……				
二、销售人员							……				
2.1 人员数字							……				
期初数							……				
本期增加							……				
本期减少							……				
期末数							……				
2.2 工资奖金及福利							……				
工资及奖金							……				
职工福利费							……				
小计							……				
销售人员工资合计							……				

续表

项　目	上年实际	本年预算	第一季度				……	第四季度			
			1月	2月	3月	合计	……	10月	11月	12月	合计
三、采购人员							……				
3.1 人员数字							……				
期初数							……				
本期增加							……				
本期减少							……				
期末数							……				
3.2 工资奖金及福利							……				
工资及奖金							……				
职工福利费							……				
小计							……				
采购人员工资合计							……				
四、车间管理人员							……				
4.1 人员数字							……				
本期增加							……				
本期减少							……				
期末数							……				
4.2 工资奖金及福利							……				
工资及奖金							……				
职工福利费							……				
小计							……				
车间管理人员工资合计							……				
五、生产工人							……				
5.1 厂内生产工人							……				

续表

项目	上年实际	本年预算	第一季度				……	第四季度			
			1月	2月	3月	合计	……	10月	11月	12月	合计
(1) 人员数字							……				
期初数							……				
本期增加							……				
本期减少							……				
期末数							……				
(2) 工资奖金及福利							……				
工资及奖金							……				
职工福利费							……				
小计							……				
5.2 临时生产工人							……				
(1) 人员数字							……				
期初数							……				
本期增加							……				
本期减少							……				
期末数							……				
(2) 工资奖金及福利							……				
工资及奖金							……				
生产工人工资合计							……				
总计							……				

制表人：　　　　审核人：　　　　审批人：

编制表样 25

________年________公司新增投资预算表

单位：人民币万元

序号	项目说明	年/月/日		预算总计	年投入	后续投入
		开始	结束	A = B + C	B	C
1	新项目（指全新的投资项目）					
1.1						
1.2						
1.3						
1.4						
1.5						
1.6						
2	增添投资（指在原有资产基础上的技改、改造、增添等投资项目）					
2.1						
2.2						
2.3						
2.4						
2.5						
2.6						
3	资产重置（指原资产因到期、报废、毁损、变卖等原因需要更新的投资项目）					
3.1						
3.2						
3.3						
3.4						
3.5						
3.6						
4	固定资产投资总计					

编制表样 26

________年________公司以前未完工项目进展投资预算表

单位：人民币万元

序号	项目说明	进 展 项 目				本年预计完成项目				
		____年以前批准预算				完成情况				
		开始	结束	结束	预算	____年以前累计支出		预计完成	估计尚需支出	估计全部支出总额
		（年/月/日）	（年/月/日）	（年/月/日）	总额	金额（A）	%	（年/月/日）	（B）	（A）＋（B）
1										
2										
3										
4										
5										
6										
7										
8										
9										
10										
11										
12										
13										
14										
15										
16										
总 计										

编制表样 27

××年度重大资本性支出预算表

编制单位：

编制人：

项目			项目1														项目…
投资类型	支出类型	投资项目	总投资额	资金来源：自有资金	资金来源：国家投入	资金来源：借款	资金来源：其他	期初余额	本期增加：合计	本期增加：其中：现金	本期减少：合计	本期减少：其中：现金：小计	本期减少：其中：现金：其中：国有资产收益收缴	期末余额	预计当期投资收益	预算依据	
一、固定资产投资	新建项目												—		—		……
													—		—		……
	改扩建项目												—		—		……
													—		—		……
	技术改造项目												—		—		……
													—		—		……
	外购项目												—		—		……
													—		—		……
	融资租入项目												—		—		……
													—		—		……
	其他支出项目												—		—		……
													—		—		……
二、长期股权投资	—			—	—	—	—									—	……
	—			—	—	—	—									—	……
	—			—	—	—	—									—	……
三、长期债权投资	—			—	—	—	—									—	……
	—			—	—	—	—									—	……
	—			—	—	—	—									—	……
四、其他长期投资	—			—	—	—	—									—	……
	—			—	—	—	—									—	……
	—			—	—	—	—									—	……

编制表样 28

投资收益预算

预算表：　　　　　　　　　　　　　　　　　　　　　　单位：万元

项　　目	上年实际	本年预算	备注
一、股票投资收益			
1. 现金红利收入			
2. 权益法下的投资收益			
3. 出售股票投资收益（损失）			
二、债券投资收益			
1. 利息收入			
其中：项目 A			
……			
2. 债券处置收益（损失）			
其中：项目 A			
……			
三、投资参控股公司收益			
其中：项目 A			
项目 B			
项目 C			
……			
四、其他投资			
五、以现金方式取得的投资收益合计			
六、以其他方式取得的投资收益合计			
其中：方式×××			
方式×××			
合计			

编制说明：本表按投资收益构成项明细填列。

编制表样 29

________年________公司　现金预算表

单位：万元

季　度	一季度	二季度	三季度	四季度	全年
期初现金余额					
加：现金收入					
其中：收回赊销款和现销收入					
投资收益收现					
营业外收入收现					
其他 1					
可动用现金合计					
减：现金支出					
其中：直接材料					
直接人工					
直接动力费					
间接制造费用					
销售费用					
管理费用					
财务费用					
上缴税费					
上交总公司固定费用					
上交总公司利润					
购置设备					
支付所得税					
其他 1					
现金支出合计					
现金节余或不足					
筹措资金：					
其中：向银行借款					
归还借款					
支付利息					
期末现金余额					

编制表样 30

________公司________年预算现金流量表

单位：

项目	上年实际	本年预算	第一季度				……	第四季度			
			1月	2月	3月	合计	……	10月	11月	12月	合计
一、经营活动产生的现金流量							……				
销售产品、提供服务收到的现金							……				
收到的税费返还							……				
其他与经营活动有关的现金							……				
现金流入小计							……				
购买产品、接受服务支付的现金							……				
支付给职工以及为职工支付的现金							……				
支付的增值税款							……				
支付的所得税款							……				
支付的除增值税和所得税以外的其他税费							……				
支付的其他与经营活动有关的现金							……				
现金流出小计							……				
经营活动产生的现金流量净额							……				
二、投资活动产生的现金流量							……				
收回投资所收到的现金							……				
取得投资收益所收到的现金							……				
处置固定资产、无形和其他长期资产所收回的现金净额							……				
收到的其他与投资活动有关的现金							……				
现金流入小计							……				
购进固定资产、无形和其他长期资产所支付的现金							……				
投资所支付的现金							……				

续表

项　目	上年实际	本年预算	第一季度				……	第四季度			
			1月	2月	3月	合计	……	10月	11月	12月	合计
支付的其他与投资活动有关的现金							……				
现金流出小计							……				
投资活动产生的现金流量净额							……				
三、筹资活动产生的现金流量							……				
吸收投资所收到的现金							……				
借款所收到的现金							……				
收到的其他与筹资活动有关的现金							……				
现金流入小计							……				
偿还债务所支付的现金							……				
分配股利和利润所支付的现金							……				
偿还利息所支付的现金							……				
支付的其他与筹资活动有关的现金							……				
现金流出小计							……				
筹资活动产生的现金流量净额							……				
四、汇率变动对现金的影响额							……				
五、现金及现金等价物净增加额							……				
期初余额							……				
期末余额							……				

制表人：　　　　审核人：　　　　审批人：

编制表样 31

________年________公司资金需求量测算表

单位：万元

月份 项目	行次	上年实际	本年预算	本年预算				
				一季度	二季度	三季度	四季度	全年合计
净利润	1							
加：折旧及其他资产或费用摊销	2							
应收款项的减少	3							
应付项目的增加	4							
存货的减少	5							
长期投资及固定资产增减产生现金流入	6							
股东增减资或分配现金股利产生现金流入	7							
其他现金流入	8							
本期产生现金流入	9							
上期结转现金量	10							
结余现金量（或短缺现金量）	11							
需借入资金量	12							
计划偿还贷款额	13							
期末货币资金余额	14							

编制表样 32

________公司________年公司投融资预算表

项　目	上年实际	本年预算	第一季度				……	第四季度			
			1月	2月	3月	合计	……	10月	11月	12月	合计
一、股权投资							……				
1.1 股权投资							……				
（1）长期股权投资							……				
期初余额							……				
本期增加							……				
本期收回							……				
期末余额							……				
投资收益							……				
（2）短期股权投资							……				
期初余额							……				
本期增加							……				
本期收回							……				
期末余额							……				
投资收益							……				
1.2 债权投资							……				
（1）长期债权投资							……				
期初余额							……				
本期增加							……				
本期收回							……				
期末余额							……				
其中：一年内到期的长期债权投资							……				
投资收益							……				
（2）短期债权投资							……				

续表

项 目	上年实际	本年预算	第一季度				……	第四季度			
			1月	2月	3月	合计	……	10月	11月	12月	合计
期初余额							……				
本期增加							……				
本期收回							……				
期末余额							……				
投资收益							……				
二、融资							……				
2.1 股权融资							……				
期初余额							……				
本期增加							……				
本期收回							……				
期末余额							……				
2.2 债权融资							……				
期初余额							……				
本期增加							……				
本期减少							……				
期末余额							……				
2.3 银行贷款							……				
（1）长期贷款							……				
期初余额							……				
本期贷入							……				
本期还贷							……				
其中：偿还本金							……				
偿还利息							……				

续表

项 目	上年实际	本年预算	第一季度				……	第四季度			
			1月	2月	3月	合计	……	10月	11月	12月	合计
长期贷款增加净额							……				
期末余额							……				
其中：一年内到期的长期贷款							……				
（2）短期贷款							……				
期初余额							……				
本期贷入							……				
本期还贷							……				
其中：偿还本金							……				
偿还利息							……				
短期贷款增加净额							……				
期末余额							……				
2.4 银行承兑汇票							……				
期初余额							……				
增加承兑							……				
存入保证金							……				
到期兑付							……				
到期保证金							……				
期末余额							……				
四、现金净流量							……				
现金收入							……				
现金支出							……				
现金净流量							……				

制表人： 审核人： 审批人：

编制表样 33

________年资金收支平衡预算

编制单位：财务部　　　　　　　　　　　　　　　　　　单位：万元

项目	收入	本年实际	预算	上年预算	支出	本年实际	预算	上年预算
经营活动	货款收入				采购部门			
	其中：市场部				其中：现金			
	其中：现金				票据			
	票据				人力资源部门			
	单位 1				制造保障部门			
	单位 2				…			
	…				…			
	…				科研部门			
	…							
	废料收入							
	租金收入							
	…							
	清欠收入							
	其他收入							
	…							
	小计				小计			
筹资活动	融资收入（贷款）				还贷款			
	存款利息				贷款利息			
	其他				其他			
	小计				小计			
投资活动	资产处置收入（部门…）				项目 1（部门…）			
	股权变更收入（部门…）				项目 2（部门…）			
	…				…			
	…				…			
	小计				小计			
专项资金	项目 1（部门…）				项目 1（部门…）			
	项目 2（部门…）				项目 2（部门…）			
	…				…			
	…				…			
	小计				小计			
合计					合计	0	0	0

编制表样 34

______公司______年______季资金收支预测表

项目＼月份	____年____月	____年____月	____年____月	备　注
经营性收入：				
部门1				
其中：现金				
票据				
部门2				
部门3				
…				
…				
…				
经营性支出：				
一、能源及维修				
1. 水				
2. 电				
3. 气				
4. 设备维修				
二、物资采购				
三、工资及工资性费用				
四、日常费用报销				
五、外经项目				
六、加工费				
七、其他				
经营性收支差额：				
筹资性收入				
一、收贷款				
二、存款利息收入				
三、财政补贴				
筹资性支出（还贷款情况）：				
一、还贷款				
二、贷款利息支出				
筹资性收支差额：				
预计月末资金余额：				
预计月末资金余额：				

编制表样 35

预算表：________公司________年补贴收入预算表

项　目	上年实际	本年预算	备　注	差异情况说明
一、补贴收入				
1. 维持维护费				
2. 亏损补贴				
3. 出口退税				
4. 增值税退税				
二、……				
9. 其他				
合计				

编制说明：补贴收入按财政补贴收入和享受的有关税收优惠分项填列。

编制表样 36

______公司______年其他业务利润预算表

项　目	上年实际	本年预算	第一季度				……	第四季度			
			1月	2月	3月	合计	……	10月	11月	12月	合计
一、其他业务收入							……				
1.1 出售材料收入							……				
1.2 提供服务收入							……				
1.3 代购代销收入							……				
1.4 其他							……				
合计							……				
二、其他业务支出							……				
2.1 出售材料成本费用税金							……				
2.2 提供服务收入成本费用税金							……				
2.3 代购代销收入成本费用税金							……				
2.4 其他							……				
合计							……				
三、其他业务利润							……				
其他业务利润							……				
四、现金净流量							……				
现金收入							……				
现金支出							……				
现金净流量							……				

制表人：　　　　审核人：　　　　审批人：

编制表样 37

________公司________年营业外收支预算表

项 目	上年实际	本年预算	第一季度				…	第四季度			
			1月	2月	3月	合计	…	10月	11月	12月	合计
一、营业外收入							…				
固定资产盘盈							…				
处置固定资产净收益							…				
出售无形资产收益							…				
罚款净收入							…				
其他							…				
合计							…				
二、固定资产盘亏							…				
处置固定资产净损失							…				
出售无形资产损失							…				
债务重组损失							…				
捐赈支出							…				
罚款支出							…				
非常损失							…				
其他							…				
合计							…				
三、营业外收支净额							…				
四、现金净流量							…				
现金收入							…				
现金支出							…				
现金净流量							…				

制表人：　　　　审核人：　　　　审批人：

编制表样 38

______公司______年税金预算表

项目	上年实际	本年预算	第一季度				……	第四季度			
			1月	2月	3月	合计	……	10月	11月	12月	合计
一、增值税							……				
期初未交数							……				
本期应交数							……				
本期已交数							……				
期末未交数							……				
二、所得税							……				
期初未交数							……				
本期应交数							……				
本期已交数							……				
期末未交数							……				
三、营业税							……				
期初未交数							……				
本期应交数							……				
本期已交数							……				
期末未交数							……				
四、其他							……				
（1）房产税							……				
期初未交数							……				
本期应交数							……				
本期已交数							……				
期末未交数							……				
（2）车船使用税							……				
期初未交数							……				

续表

项　目	上年实际	本年预算	第一季度				……	第四季度			
			1月	2月	3月	合计	……	10月	11月	12月	合计
本期应交数							……				
本期已交数							……				
期末未交数							……				
(3) 土地使用税							……				
期初未交数							……				
本期应交数							……				
本期已交数							……				
期末未交数							……				
(4) 印花税							……				
期初未交数							……				
本期应交数							……				
本期已交数							……				
期末未交数							……				
……							……				
合计							……				
期初未交数							……				
本期应交数							……				
本期已交数							……				
期末未交数							……				
七、现金净流量							……				
现金收入							……				
现金支出							……				
现金净流量							……				

制表人：　　　　审核人：　　　　审批人：

编制表样 39

________公司________年公司资产预算表

项　目	上年实际	本年预算	第一季度				…	第四季度			
			1月	2月	3月	合计	…	10月	11月	12月	合计
一、固定资产							…				
1.1 固定资产原值							…				
期初余额							…				
本期增加							…				
（1）新购置							…				
（2）在建工程报竣							…				
本期减少							…				
期末余额							…				
1.2 累计折旧							…				
期初余额							…				
本期增加							…				
本期减少							…				
期末余额							…				
1.3 折旧类别							…				
管理费用							…				
销售费用							…				
制造费用							…				
辅助生产							…				
1.4 固定资产净值							…				
期初净值							…				
本期增加							…				
本期减少							…				
期末净值							…				

续表

项目	上年实际	本年预算	第一季度				…	第四季度			
			1月	2月	3月	合计	…	10月	11月	12月	合计
1.5 固定资产减值准备							…				
期初余额							…				
本期增加							…				
本期减少							…				
期末余额							…				
1.6 固定资产净额							…				
期初净值							…				
本期增加							…				
本期减少							…				
期末净值							…				
1.7 固定资产清理							…				
期初余额							…				
本期增加							…				
本期减少							…				
期末余额							…				
二、工程物资							…				
期初余额							…				
本期增加							…				
转入在建工程							…				
期末余额							…				
三、在建工程							…				
期初余额							…				
本期增加							…				

续表

项　目	上年实际	本年预算	第一季度				…	第四季度			
			1月	2月	3月	合计	…	10月	11月	12月	合计
转固定资产							…				
期末余额							…				
四、无形资产							…				
期初余额							…				
本期增加							…				
本期减少							…				
期末余额							…				
五、长期待摊费用							…				
期初余额							…				
本期增加							…				
本期减少							…				
期末余额							…				
六、其他长期资产							…				
期初余额							…				
本期增加							…				
本期减少							…				
期末余额							…				
七、现金净流量							…				
现金收入							…				
现金支出							…				
现金净流量							…				

制表人：　　　　审核人：　　　　审批人：

编制表样 40

________年________公司固定资产处置预算表

单位：人民币 万元

序号	固定资产名称		启用时间	原值	折旧年限	累计折旧	净值	预计现值	处置原因
			年/月	（千元）	（年）	（千元）	（千元）	（千元）	
1	固定资产出售								
1.1									
1.2									
1.3									
2	固定资产毁损、报废								
2.1									
2.2									
2.3									
3	固定资产捐赠								
3.1									
3.2									
3.3									
3.4									
4	固定资产出租、出借								
4.1									
4.2									
4.3									
4.4									
5	固定资产盘亏								
5.1									
5.2									
5.3									
5.4									
6	固定资产处置总计								

制表人：　　　　审核人：　　　　审批人：

编制表样 41

________年折旧预算

单位：元

序号	部门名称	2011 年 12 月			2012 年 12 月					备注
		原值	累计折旧	净值	新增原值	原值	年折旧	累计折旧	净值	
1	车间 1									
2	车间 2									
3	…									
	小计									
1	部门 1									
2	部门 2									
	…									
3	停用资产（部门…）									
4	停用资产（部门…）									
5	…									
	小计									
	制造费用合计									
1	部门 1									
2	部门 2									
3	…									
	停用资产（部门…）									
4	停用资产（部门…）									
5	…									
	管理费用小计									
1	销售部									
	销售费用小计									
1	部门 1									
2	部门 2									
	…									
	营业外支出合计									
	合计									
	总计									

编制表样 42

预算利润表

项　目	上年实际	本年预算	第一季度				…	第四季度			
			1月	2月	3月	合计	…	10月	11月	12月	合计
一、营业总收入							…				
其中：营业收入							…				
利息收入							…				
保费净收入							…				
手续费及佣金收入							…				
二、营业总成本							…				
其中：营业成本							…				
利息支出							…				
手续费及佣金支出							…				
退保金							…				
赔付支出净额							…				
提取保险责任准备金净额							…				
保单红利支出							…				
四、利润总额（亏损以“－”填列）							…				
分保费用							…				
营业税金及附加							…				
销售费用							…				
管理费用							…				
财务费用							…				
资产减值损失							…				
加：公允价值变动收益（损失以“－”填列）							…				
投资收益（损失以“－”填列）							…				
其中：对联营企业和合营企业的投资收益							…				
汇兑收益（损失以“－”填列）							…				
三、营业利润（损失以“－”填列）							…				
加：营业外收入							…				
减：营业外支出							…				
其中：非流动资产处置损失							…				
四、利润总额（亏损以“－”填列							…				
减：所得税费用							…				
五、净利润（损失以“－”填列）							…				
六、每股收益							…				
（一）基本每股收益							…				
（二）稀释每股收益							…				

制表人：　　　　审核人：　　　　审批人：

编制表样 43

预算资产负债表

项　目	上年实际	本年预算	第一季度				…	第四季度			
			1 月	2 月	3 月	合计	…	10 月	11 月	12 月	合计
资产：							…				
流动资产：							…				
货币资金							…				
结算备付金							…				
拆出资金							…				
交易性金融资产							…				
应收票据							…				
应收账款							…				
预付账款							…				
应收保费							…				
应收分保账款							…				
应收分保合同准备金							…				
应收利息							…				
其他应收账款							…				
买入返售金融资产							…				
应收补贴款							…				
存货							…				
待摊费用 v							…				
一年内到期的非流动资产							…				
其他流动资产							…				
流动资产合计							…				
非流动资产：							…				
长期投资							…				
发放贷款及垫款							…				
可供出售金融资产							…				
持有至到期投资							…				
长期应收款							…				
长期股权投资							…				
投资性房地产							…				
固定资产							…				
固定资产原值							…				

续表

项目	上年实际	本年预算	第一季度				…	第四季度			
			1月	2月	3月	合计	…	10月	11月	12月	合计
在建工程							…				
工程物资							…				
固定资产清理							…				
生产性生物系产							…				
油气资产							…				
固定资产净额							…				
无形资产							…				
开发支出							…				
长期待摊费用							…				
递延所得税资产							…				
其他非流动资产							…				
非流动资产合计							…				
资产总计							…				
无形资产及其他资产合计							…				
递延税项							…				
递延税项借款							…				
资产合计							…				
负债和所有者权益：							…				
流动负债：							…				
短期借款							…				
向中央银行借款							…				
吸收存款及同业存放							…				
拆入资金							…				
交易性金融负债							…				
应付票据							…				
预收股利							…				
应付账款							…				
卖出回购金融资产款							…				
应付手续费及佣金							…				
应付职工薪酬							…				
应交税费							…				

续表

项　目	上年实际	本年预算	第一季度				…	第四季度			
			1月	2月	3月	合计	…	10月	11月	12月	合计
应付利息							…				
应付分保账款							…				
其他应付款 v							…				
保险合同准备金							…				
代理买卖证券款							…				
代理承销证券款							…				
预提费用							…				
预计负债							…				
一年内到期的非 流动资产							…				
其他流动负债							…				
流动负债合计							…				
非流动负债：							…				
长期借款							…				
应付债券							…				
长期应付款							…				
专项应付款							…				
预计负债							…				
递延所得税负债							…				
其他非流动负债							…				
非流动负债合计							…				
负债合计							…				
所有者权益（或股东权益）							…				
实收资本（或股本）							…				
资本公积							…				
减：库存股							…				
盈余公积							…				
一般风险准备							…				
未分配利润							…				
所有者权益合计							…				
负债和所有者权益合计							…				

制表人：　　　　审核人：　　　　审批人：

编制表样 44

______年______公司关键业务营运预算表

单位：万元人民币

项目			上年实际	本年预算	一季度	二季度	三季度	四季度	全年合计
销售	产品线 1 销量（单位）								
	销售均价（元/单位）								
	产品线 2 销量（吨）								
	销售均价（元/单位）								
	产品线 3 销量（吨）								
	销售均价（元/单位）								
生产	产品线 1 生产量（单位）								
	单位产品加工成本（不含折旧）								
	产品线 2 生产量（吨）								
	单位产品加工成本（不含折旧）								
	产品线 3 生产量（吨）								
	单位产品加工成本（不含折旧）								
损益	主营业务收入								
	毛利率（%）								
	可控营业费用								
	可控管理费用								
	财务费用								
	净利润								
营运现金流量	加：折旧费用								
	摊销								
	其他								
	营运现金流量								
	银行及股东借款								
	投资现金流								
运营状况	存货合计	——金额							
		——天数							
	流动应收账款	——金额							
		——天数							
资产状况	现金净流量								
	资产负债率（%）								
	流动比率（%）								
	投资资本回报率								

编制表样 45　　　　**××年度财务指标预算表**

编制单位：

编制人：

项　目	上年实际数	本年预算数	预计差异率（%）
一、效益指标：			
1. 净资产收益率（%）			
2. 总资产报酬率（%）			
3. 销售（营业）增长率（%）			
4. 可比类别产品销售增长率（%）			
5. 新产品销售比率（%）			
6. 产销率（%）			
7. 利润增长率（%）			
8. 主营业务利润率（%）			
9. 成本费用利润率（%）			
10. 成本费用占主营业务收入比率（%）			
11. 人工成本占成本费用的比重（%）			
12. 研发经费投入率（%）			
13. 工业总产值（现价）			
14. 工业增加值			
15. 出口创汇			
二、资产运行状况指标：			
1. 资产增长率（%）			
2. 应收账款周转率（次）			
3. 存货周转率（次）			
4. 流动资产周转率（次）			
5. 总资产周转率（次）			
6. 应付账款周转率（次）			
7. 现金周期（天）			
8. 经营周期（天）			
9. 盈余现金保障倍数			
三、偿债能力及资本结构指标			
1. 速动比率（%）			
2. 流动比率（%）			
3. 资产负债率（%）			
4. 股东权益与固定资产比率（%）			
四、现金指标			
1. 净资产现金回收率（%）			
2. 当年现金满足资本性投资比率（%）			
3. 销售现金比率（%）			
五、人均指标：			
1. 人均利润（元/人）			
2. 人均工资（元/人）			
3. 人均人工成本（元/人）			
4. 全员劳动生产率（元/人）			
5. 人工成本占主营业务收入比率（%）			
6. 人工成本利润率（%）			

第四章
Chapter 4 预算执行和业务过程控制

除对经营活动与结果的事前规划外，对经营决策过程的控制也是预算管理的重要使命，从某种意义上看，预算编制仅仅是控制的第一步。缺少了过程指导与控制环节，很容易导致预算管理流于形式或“退化”为财务预算。

一、预算控制点和控制流程

（一）预算控制点选取

经多个企业实践经验总结，企业至少设置两个预算控制点：控制物流的仓库和控制现金流的财务[①]。

1. 仓库控制点的作用是：

（1）控制采购的依据。库房提供的库存信息可以作为判断采购申请合理性的事实和数据依据。

（2）控制投入产出效率。通过限额发料、精确统计完工产品和部件入库信息可以按照事先设定的投入产出率控制制造过程业务活动。

（3）跟踪货款回收。通过统计发出商品数量和时间，可以方便销售部门和财务部门进行应收账款到期日管理，确定货款回收时间。

2. 资金控制点的作用是：如果企业的资金预算真正建立在业务预算的基础之上，资金控制点可以控制所有与资金相关的业务活动和决策。重点内容如：

（1）直接控制和预警销售预算执行。通过对销售收回现金的统计控制销售业务按照预算执行，当销售受到现金明显减少时，及时提出预警。当销售收到的资金种类（收入和票据比例）与预算比差异较大时。

（2）控制管理部门的管理活动。未纳入预算范围的管理业务活动因通不过资金预算审批而很难开展。

（3）投资活动监控。通过资金控制，可以监控投资性资金流出的项目和额度。

---

① 章显中：《企业预算控制》，中国人民大学出版社 2009 年版。

（二）预算控制流程

1. 预算事前控制流程①，见图 1－4－1。

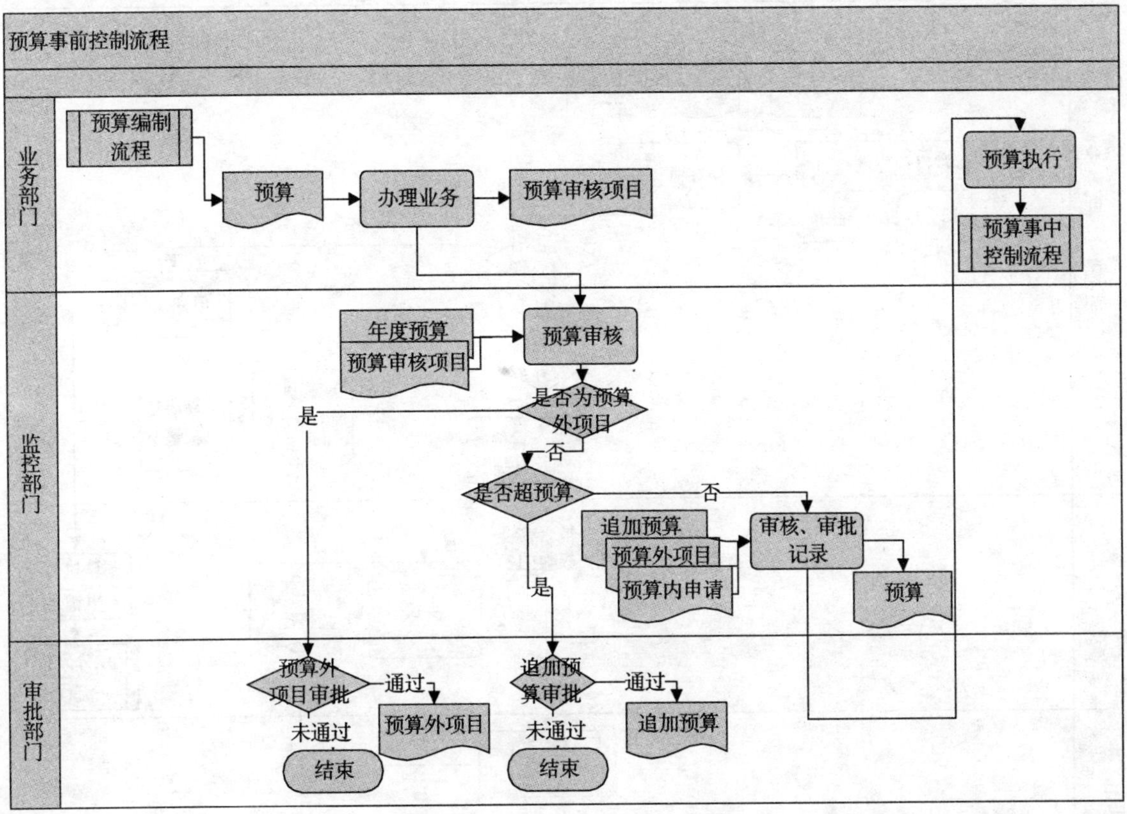

图 1－4－1　预算事前控制流程图

2. 预算事中控制流程②，见图 1－4－2。

二、预算执行申请与审批

现代全面预算管理和传统的预算管理之间的本质区别之一，就是传统预算管理一经编制纳入预算事项，管理部门就不再进行审批，无论条件如何变化，业务部门都可以执行预算，占有相应的资源；现代全面预算即使业务纳入预算框架，在实际执行时还需要根据实际经营条件的变化进行申请和审批，即：有预算不一定允许执行。

（一）预算执行申请与审批流程

预算内事项具体申请审批流程如图 1－4－3。

① 吴昌秀：《企业全面预算管理》，机械工业出版社 2009 年版。

② 同上。

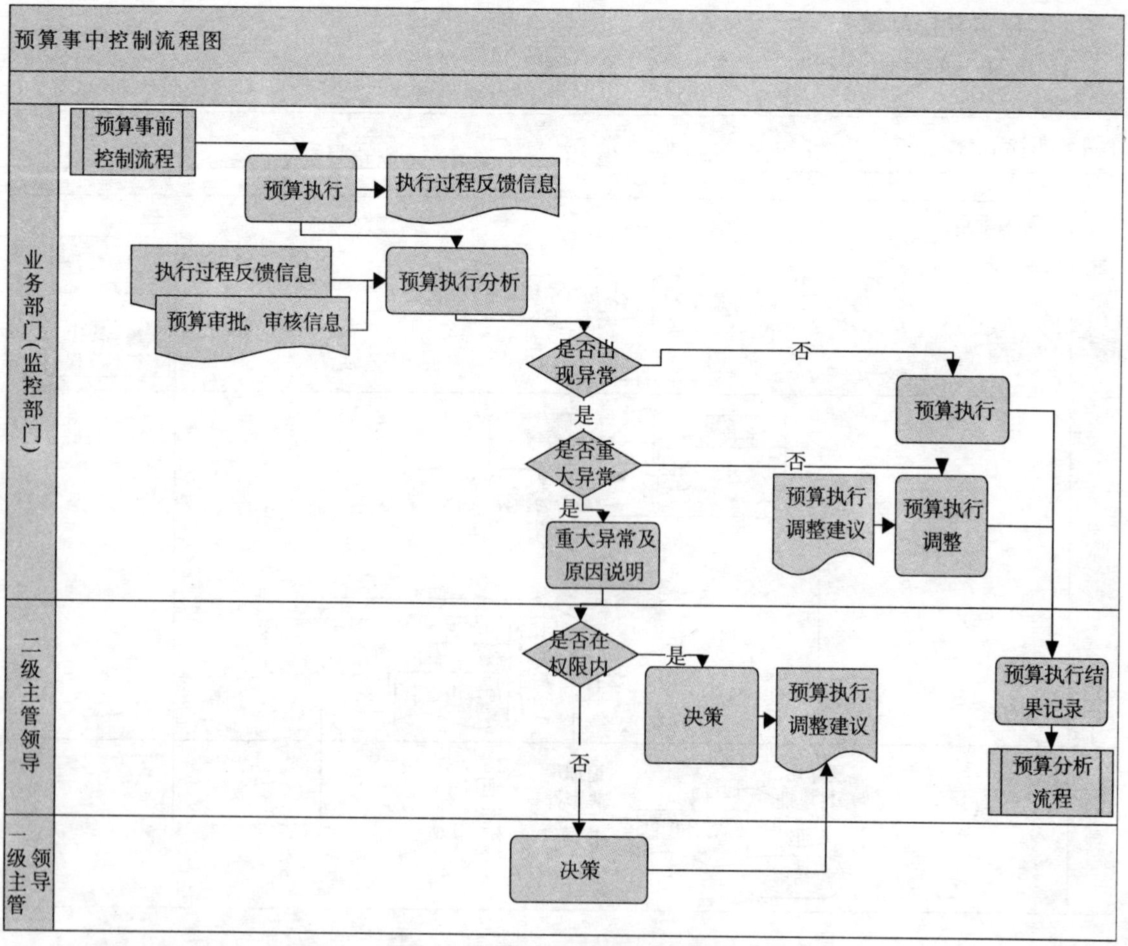

图 1－4－2　预算事中控制流程图

审批流程说明：

（1）预算执行申请与审批主要针对费用、采购性支出和资本性支出等涉及资源耗费的预算项目。

（2）实践证明，如果所有预算项目都要执行申请和审批，决策效率将非常低下。在实际预算管理中，预算办公室应把所有业务进行分类，年度重点业务计划范围内的或与年度经营目标相关度最强的业务为必须开展业务，如必须完成的产品制造计划，必须维护大修的重要设备，必须完成的关键产品（工艺）研发任务等，必须开展业务可以直接执行，不必进行申请审批；与年度经营目标相关度较弱的，辅助型业务或视经营情况开展的业务为可选择开展业务，如非强制性培训或研讨会议，非必须的职工业余文化活动等，可选择开展业务可以采取季度预算委员会集中申请审批的方式决定是非执行；需要资源较多的可选择业务为专项审批业务，在每次执行前进行申请和审批。

（二）预算执行申请表样

见表 1－4－1。

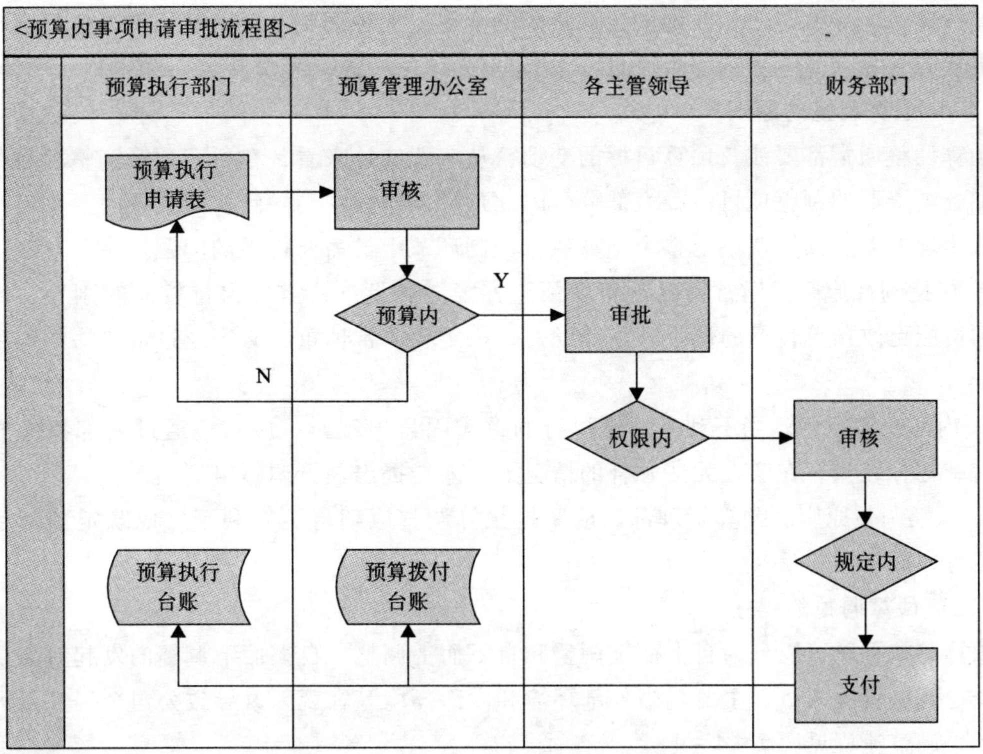

图 1-4-3 预算内事项申请审批流程图

表 1-4-1 **预算项目执行申请表**

申请责任单位： 编号：

预算项目名称：		预算项目执行时间
预算总额度：	已执行额度	本次申请额度：
预算项目执行内容描述：		
执行责任部门负责人：	预算办公室：	总经理：
执行责任部门分管领导：	总会计师：	预算委员会主任：

三、预算调整机制

（一）预算调整的分类

再精确的预算也不可能百分之百准确，预算调整是保持预算活力，使其更加贴近经营决策活动实际的必要措施。既允许预算调整又不造成预算松弛的关键在于机制和流程的设计。

在预算管理实践中，预算调整可分为预算调整和调剂，预算调整是需突破总的预算目标（通常是总成本或总费用）的调整，预算调剂是指随经营形式的变化，业务部门可能会变更部分业务项目，导致与之相匹配的预算资源的变更，此种调整不会突破预算总体目标，但需要变更业务目标。

（二）预算调整的原则

预算调整通常都要涉及预算目标的变动，从实践统计来看，在所有预算调整项目中，要求增加各类资源的调整项目占很大部分，因此预算调整往往会导致初始设置的预算目标难以实现或出现偏差。预算调整是整个预算执行控制环节中最需要重视的问题之一。

1. 保持刚性原则。通常情况下年度预算方案一经批准，需要保持较高的刚性，特别是涉及到可能更改预算目标的调整，不能随意，一定要非常慎重，必须通过很严格的程序方可调整。

2. 内部挖潜原则。当不利于预算执行的重大因素出现时，应首先通过内部挖潜或采取其他措施弥补，只有在实在无法弥补的情况下，才能提出预算调整申请①。

3. 积极调整原则。预算管理部门应坚持预算调整应朝着更有利于完成既定预算目标的方向进行，而不是相反。

（三）预算调整的程序

预算调整程序可以分为自上而下调整和自下而上调整。自上而下调整的发起对象是董事会或企业高层管理人员，主要是当外部环境和内部环境等客观因素导致公司全局性重大变化时进行，调整流程见图1-4-4。

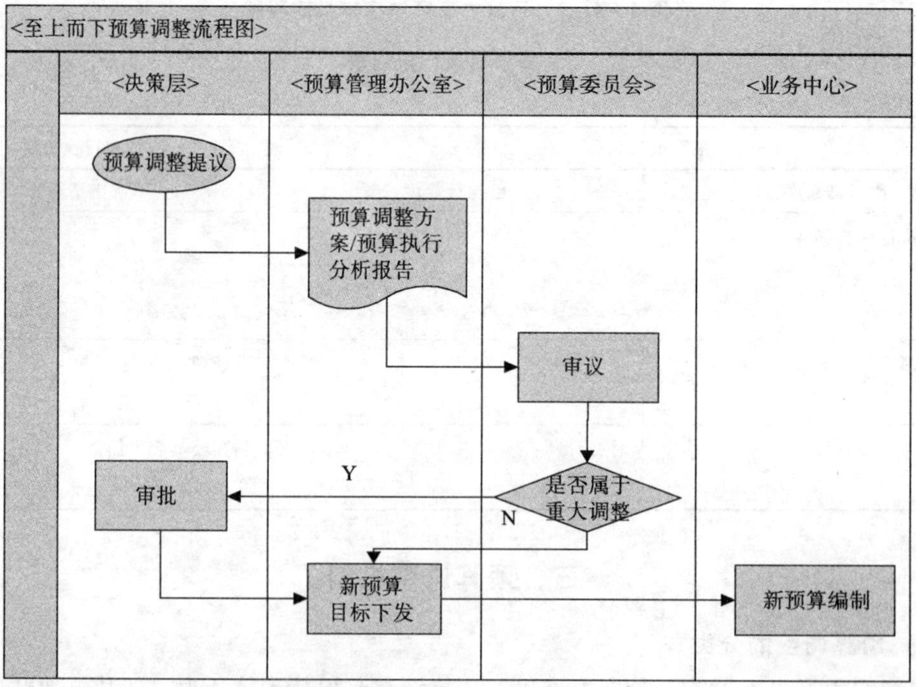

图1-4-4 预算调整流程图

① 陈栋梁：《例析P-D-C-A循环在计划管理和预算中的运用》，载《财经界（学术版）》2009年第10期。

自下而上的预算调整发起对象为各责任中心，主要在当外部环境与内部条件等客观因素导致公司局部重大变化时进行，调整流程见图 1－4－5。

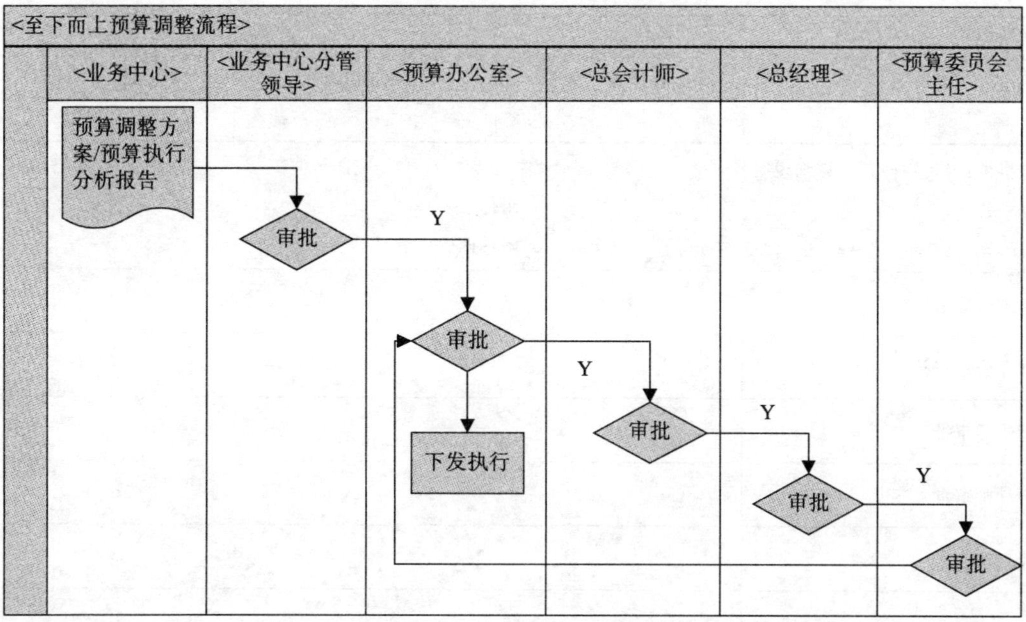

图 1－4－5　预算调整流程图

（四）预算调整表样

预算调整申请表样见表 1－4－2。

表 1－4－2　　预算调剂审批表

编号：预算调剂［　　］　号

申请单位：	单位负责人：		经办人：
原预算项目	预算金额（元）	调剂到预算项目	申请调剂金额（元）
调剂事由：（可在附件中详细说明） 附件一： 附件三：	附件二： 附件四：		
业务主管部门审核			
预算管理办公室			
分管领导审批			
总会计师审批			
总经理审批			
预算管理委员会主任审批（调剂金额≥10 万元）			

预算调整审批表见表 1－4－3。

表 1－4－3　　　　　预算调整审批表

编号：预算调整［　　］　　号

申请单位：	单位负责人：		经办人：
预算名称	年度预算（元）	已使用（元）	申请调整（元）
调整事由：（可在附件中详细说明） 附件一： 附件三：	附件二： 附件四：		
业务主管部门审核			
预算办公室审核			
分管领导审批			
总会计师审批			
总经理审批			
预算管理委员会主任审批			

四、滚动预测

（一）滚动预测概述

滚动预测的主要任务是使事前预计更接近业务实际，它最大的特点就是反映了预算管理系统的动态性，预测是随时可变的，外界环境变了，预测立即就会跟着变，它是在动态中修正预测数据，使其对实际业务更具指导性。滚动预测的周期一般根据企业管理者的实际需要定义，不受会计准则约束，通常情况短于一年。

通常情况下，滚动预测更多地用作控制预算执行过程的工具，即在既定预算目标的总体范围内通过预测不断调整、纠正业务行为，最后实现原定目标。因此滚动预测的结果通常不作为考核评价的依据，这也是滚动预测预算最大的特点。

（二）滚动预测的分类

滚动预策按时间分类为：

1. 年度滚动预测，即未来的数据只滚动到当年末，不预测以后年度，整个预测体系呈现：已发生月度实际数据＋（12－已发生月度）预测数据的状态。

2. 12 个月滚动预测。即向后滚动 12 个月的预测方式，无论哪个月进行滚动预测，最终预测数据始终是 12 个月。

3. 多年度滚动预测。即滚动周期为一年以上的滚动预测，通常由管理者自行设计向前滚动的时间。长周期的滚动预测通常服务于战略制定和修正。

4. 周度滚动预测。以周为单位的滚动预测，是对于月度滚动预测的有效补充。周度预测在管理上比较精细，对资源的运用效率有较高要求的指标（如资金）适宜采用周度预测。

（三）滚动预测的优缺点

1. 滚动预测的优点。滚动预算的最大优点就是适时性和相关性强，它处在不停地更新和修正的动态过程中，能够最及时地向决策层提供关于未来业务经营业绩的画面，使各级管理者始终保持对未来一定时期的生产经营活动进行统筹谋划，实现资源的前瞻配置以保证企业的各项工作始终不偏离战略目标。

2. 滚动预测的缺点。常态化的滚动预测工作量较大，且保证数据的及时性难度较大，需要企业有较好的基础管理水平和较高的信息化水平，同时需要财务人员对业务有较高的敏感度；滚动预测由于期限较短还容易使决策者过于关注眼前业务和利益，在长期决策时误入歧途。

3. 滚动预测不等于调整预算。滚动预测仅是在一定期间的预算总目标范围内的过程预测，实施滚动预测绝不等于可以任意调整预算目标。本书坚决反对在滚动预测过程中将完成预算目标的压力向后传递或不经相关程序以滚动预测的名义调整预算目标。

（四）实施滚动预测要点说明

1. 滚动预测表样。见本章附件滚动预测表样1—滚动预测表样6。

2. 滚动预测实施要点。

（1）进行滚动预测时应以年度预算为基础，根据当年新发生而预算中没有的实际情况进行预测，必要时也要参照以前年度的实际数据。在参照以前年度数据时，要将以前年度发生的一次性事项调整出来，比如，要把突然收到的政府补贴从其他业务收入中调出；把关闭生产线对折旧的影响从折旧费用中调整回来，否则参照的基数不准确，会影响滚动预测的质量。

（2）滚动预测与实际对比时，应使用绝对数计算差异，不能相互抵消后分析原因。如：某项业务的预测数与实际数对比，积极的影响是300万元，消极的影响是350万元，最终差异50万元，则不能按照50万元分析差异原因，应按照650万元的差异分析其具体原因。

（3）由于滚动预测耗时耗力，且为保证预测数据的及时有用，建议预测应有重点，宜选择变动性较大且频繁或内控风险较大的指标进行预测，在基础管理达不到时不宜开展全面的滚动预测。

（4）应根据业务和产业的不同特点及管理的需求合理选择预测期。

附件：

滚动预测表样1

主要指标表滚动预测表

编制单位：

金额单位：万元

项目名称		单位	全年预算金额	1月	2月	3月	4月	5月	6月	7月	8月	9月	10月	11月	12月	合计
销量	产品1															
	产品2															
	……															
营业收入																
利润总额																
销售净利率																
经营活动产生的现金流量净额																
存货净额																
其中：原材料																
其中：在产品																
其中：产成品																
应收账款净额																
其中：外部应收账款																
成本费用占营业收入比																

滚动预测表样 2

分产品预测

编制单位：　　　　　　　　　　　　　　　　　　　　　　　　　　金额单位：万元

产品××（汇总）	单位	全年预算	1月	2月	3月	4月	5月	6月	7月	8月	9月	10月	11月	12月	合计
销量															
单价	万元														
一、营业收入	万元														
减：材料成本	万元														
直接人工	万元														
燃料动力	万元														
专用费用	万元														
废品损失	万元														
税金及附加	万元														
变动制造费用	万元														
其中：水电费	万元														
运输费	万元														
外部加工费	万元														
试验检验费	万元														
其他变动制造费用	万元														
变动销售费用	万元														
其中：装卸费	万元														
运输费	万元														
保险费	万元														
仓储保管费	万元														
委托代销手续费	万元														
销售服务费	万元														
包装费	万元														
其他变动销售费用	万元														
二、边际利润	万元														

续表

产品××（汇总）	单位	全年预算	1月	2月	3月	4月	5月	6月	7月	8月	9月	10月	11月	12月	合计
边际利润率%															
一、营业收入	万元														
减：材料成本	万元														
直接人工	万元														
燃料动力	万元														
专用费用	万元														
废品损失	万元														
税金及附加	万元														
变动制造费用	万元														
其中：水电费	万元														
运输费	万元														
外部加工费	万元														
试验检验费	万元														
其他变动制造费用	万元														
变动销售费用	万元														
其中：装卸费	万元														
运输费	万元														
保险费	万元														
仓储保管费	万元														
委托代销手续费	万元														
销售服务费	万元														
包装费	万元														
其他变动销售费用	万元														
二、边际利润	万元														
边际利润率%															

滚动预测表样 3

滚动预测表——销售预算表

编制单位：　　　　　　　　　　　　　　　　　　　　　　金额单位：万元

项目名称	单位	全年预算	1月	2月	3月	4月	5月	6月	7月	8月	9月	10月	11月	12月	合计
销量															
产品 1															
产品 2															
……															
单价															
产品 1															
产品 2															
……															
收入															
产品 1															
产品 2															
……															
主营业务收入合计															
其他业务收入合计															

滚动预测表样 4

产销存预测表

编制单位：

项目名称	单位	全年预算	1月	2月	3月	4月	5月	6月	7月	8月	9月	10月	11月	12月	合计
产品 1															
预计销量															
加：期末产成品存货量															
减：期初产成品存货量															
预计生产量															
其中：外协或外购															
产品 2															
预计销量															
加：期末产成品存货量															
减：期初产成品存货量															
预计生产量															
其中：外协或外购															
……															

滚动预测表样 5

滚动预测表——期间费用预算表

编制单位： 费用类型：销售费用 金额单位：万元

项目名称	全年预算金额	1月	2月	3月	4月	5月	6月	7月	8月	9月	10月	11月	12月	合计
1. 职工薪酬														
其中：工资														
附加														
2. 折旧费														
3. 办公费														
4. 展览费														
5. 广告费														
6. 差旅费														
7. 样品及产品损耗														
8. 修理费														
9. 其他														
固定销售费用合计														
1. 装卸费														
2. 运输费														
3. 保险费														
4. 仓储保管费														
5. 委托代销手续费														
6. 销售服务费														
7. 包装费														
8. 其他														
变动销售费用合计														
合计														

滚动预测表样 6

滚动预测表——利润表

编制单位：　　　　金额单位：万元

项目名称	全年预算金额	1月	2月	3月	4月	5月	6月	7月	8月	9月	10月	11月	12月	合计
一、营业收入														
减：材料成本														
直接人工														
燃料动力														
专用费用														
废品损失														
税金及附加														
其他变动费用														
其中：变动制造费用														
其中：变动销售费用														
二、边际利润														
边际利润率%														
减：折旧费														
其中：计入成本折旧														
其中：计入期间费用折旧														
固定人工														
其中：计入成本人工														
其中：计入期间费用人工														
固定制造费用（剔除职工薪酬和折旧）														

续表

项目名称	全年预算金额	1月	2月	3月	4月	5月	6月	7月	8月	9月	10月	11月	12月	合计
固定销售费用（剔除职工薪酬和折旧）														
管理费用（剔除职工薪酬和折旧）														
财务费用														
三、经营利润														
减：资产减值损失														
加：公允价值变动损益														
投资收益														
营业外收支净额														
四、利润总额														
减：所得税费用														
五、净利润														
减：少数股东损益														
六、归属于母公司所有者的净利润														
补充指标：														
对天威集团外营业收入														
其中：主营业务收入														
其他业务收入														

第五章
Chapter 5 预算执行分析与监控

一、概　　述

预算执行分析是一种事后控制的方法，与预算的事前和事中控制相比，预算控制的严格程度和及时性稍差，但反映预算执行的情况比较全面综合，有利于下一个预算管理循环的改进，因此预算执行分析也是预算过程控制必不可少的环节。

二、预算执行分析的一般流程[①]

见图 1－5－1。

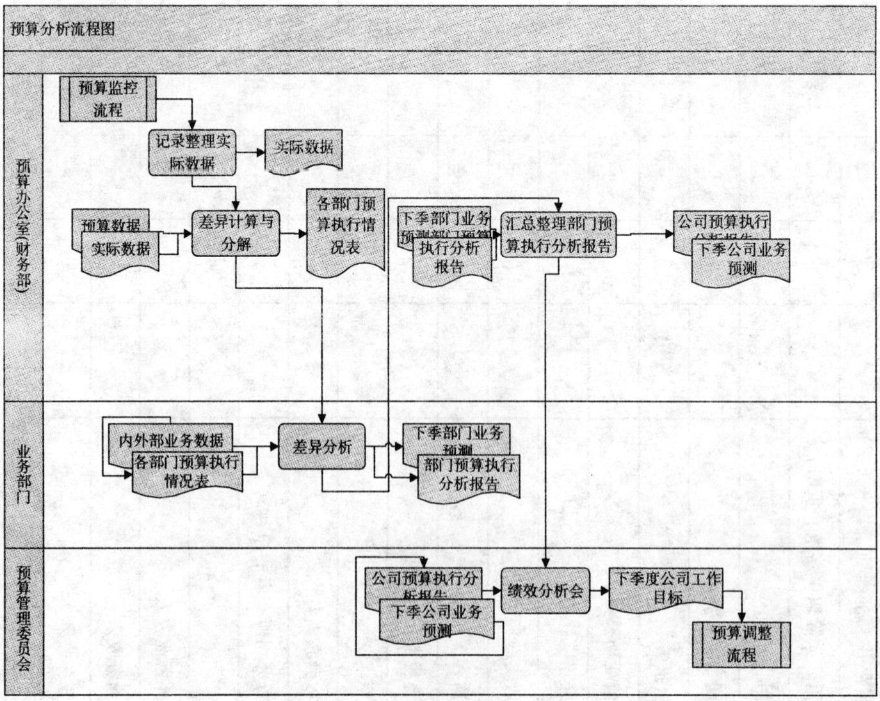

图 1－5－1　预算执行分析流程图

① 吴昌秀：《企业全面预算管理》，机械工业出版社 2009 年版。

三、预算执行分析机制建立

（一）三级预算执行分析监控机制

预算执行应建立“快速－阶段－全面”三级分析监控机制。快速分析应以财务指标监控为主，应追求效率，能够在预算执行完的第一时间向决策层提供主要运行数据情况及与预算的差异；阶段分析应详尽，以业务分析为基础，分析预算执行的各方面情况且开展对下一季度数据的预测；全面分析应以评判是否达到企业战略目标为主，重点分析预算总体执行情况和重点业务计划完成情况，且概述次年预算编制情况。

（二）预算执行分析表样

三级预算执行表格体系如表1－5－1所示。

表1－5－1 预算执行分析监控表格目录

层次	项目	分析表名称	责任单位	备注
快速分析	财务分析	主要财务指标月度预算执行情况监控表	财务部门	
阶段分析	业务分析	收入执行情况分析	市场部门	
		应收账款执行情况分析		
		产量执行情况分析	制造部门及制造管理部门	
		制造单元成本执行情况分析		
		在制品库存情况分析		
		物料采购执行情况分析	采购部门	
		原材料库存情况分析		
		投资预算执行情况分析	投资管理部门	
		在建工程预算执行情况分析		
	财务分析	财务指标预算执行情况分析	财务部门	
		企业成本预算执行情况分析		
		费用执行情况分析		
		资金预算执行情况分析		
		存货执行情况分析		
		研发投入预算执行情况分析		
全面分析	业务分析	收入完成情况分析	市场部门	
		应收账款执行情况分析		
		产量执行情况分析	制造部门及制造管理部门	
		制造单元成本执行情况分析		
		在制品库存情况分析		
		设备大修预算完成情况分析		
		研发预算执行情况分析	研发质量部门	
		质量预算执行情况分析		

续表

层次	项目	分析表名称	责任单位	备注
全面分析	业务分析	物料采购执行情况分析	采购部门	
		原材料库存情况分析		
		投资预算执行情况分析	投资管理部门	
		在建工程预算执行情况分析		
		重点业务计划完成情况分析		
		人力资源预算执行分析	人力资源部门	
	财务分析	财务指标预算执行情况分析	财务部门	
		企业成本预算执行情况分析		
		费用执行情况分析		
		资金预算执行情况分析		
		资产负债结构预算执行情况分析		
		EVA 执行分析		
内控评价		内部控制情况分析	内控管理部门	

四、预算执行分析要点

（一）月度监控财务指标表（本章附件中的分析表样 1）

监控表由财务部门负责填写，应尽量在第一时间报送企业决策者，若通过主要监控表发现有严重偏离预算的指标，财务部门应责成相应责任部门尽快进行专题分析，查找原因。

（二）季度分析（分析表样 2—分析表样 15）

1. 销售分析表（分析表样 2）的公司名称一栏企业可以根据自身管理实际划分，可以是客户，销售片区、销售员等。销售部门应重点分析每个客户的实际销售产品结构和预算产品结构的差异以及价格的差异，并详细说明原因。同时应对照分析每个客户的欠款情况和收款情况。

2. 每个制造单元除分析各自的产量预算完成情况和成本完成情况（分析表样 3—分析表样 5）外，应重点分析本单元制造过程的投入产出情况。

3. 采购部门应重点分析采购预算执行的实际价格与预算价格的差异，并详细说明原因，作为价格滚动调整的差异（分析表样 6）。

4. 投资管理部门应重点分析投资进度是否按照预算执行，若有进度滞后，应说明原因（分析表样 7）。

5. 财务部门应在每季度对主要财务指标、期间费用、毛利情况、现金收支情况等进行分析（分析表样 5、分析表样 8—分析表样 15）。其中资金收支和期间费用分析必须分部门分项目进行；产品成本、毛利、本量利分析必须分产品品种进行；研发预算分析必须分项目执行。对于与预算偏离太大的项目或部门，预算管理办公室应责成相应责任部门对预算委员会作专题分析陈述。

6. 财务部门在进行存货和应收账款分析的时候应列出从本年一月至季末每月情况，分析变化趋势，最好绘出趋势图供决策者参考。

（三）年度分析（分析表样16—分析表样21）

1. 每个部门都应做好年度预算执行分析，大部分季度分析用表可以用于做年度分析。

2. 人力部门必须做年度人力资源预算执行分析，主要应对照预算检查薪酬开支情况（特别是各项奖励发放情况）和各项效率指标作出详细分析和说明。

3. 财务部门应对企业的资产负债变动情况对照预算进行分析，同时分析EVA驱动路径。

4. 内部控制部门每年至少进行一次有关预算管理循环的内部控制有效性测试，并对预算委员会作出相应报告。

附件：

分析表样 1

________月度财务指标预算分析表

编制单位：

编制人：

项 目	本月			上月			本年累计			上年同期			上年累计		
	实际	预算	差距（%）	实际	预算	差距（%）	实际	预算	差距（%）	实际	预算	差距（%）	实际	预算	差距（%）
1. 营业收入															
2. 营业成本															
3. 毛利															
4. 经营利润															
5. 利润总额															
6. 应收账款额															
7. 存货额															
其中：原材料															
在制品															
产成品															
8. 经营现金流量															

分析表样2

销售预算执行分析表

编制单位：　　　　　　　　　　　　　　　　　　　　　　　　　　　　日期：

编制人：　　　　　　　　　　　　　　　　　　　　　　　　　　　　　货币单位：

项目		销售数量								销售金额								销售收入								收款情况								原因分析
公司名称	产品大类	本季				累计				本季				累计				本季				累计				到期应收账款				本期收款情况				
		实际	预算	差额	差异率（%）	实际	预算	差额	差异率（%）	实际	预算	差额	差异率（%）	实际	预算	差额	差异率（%）	实际	预算	差额	差异率（%）	实际	预算	差额	差异率（%）	实际	预算	差额	差异率（%）	实际	预算	差额	差异率（%）	
客户1	产品1																																	
	产品2																																	
	…																																	
	…																																	
客户2	产品1																																	
	产品2																																	
	…																																	
	…																																	
客户…																																		
合计																																		

分析表样 3

产量预算执行情况分析

编制单位：

编制人：

产品类别	产量								去年同期	去年累计	备注
	本季				累计						
	实际	预算	差额	差异率（%）	实际	预算	差额	差异率（%）			
部件 1											
部件 2											
…											
…											
…											
…											
…											
…											
合计											

分析表样 4

单位产品制造成本预算执行分析表（按产品及成本项目别）

填报单位：　　　　　　　　　　＿＿＿＿年　＿＿＿＿月

序号	成本项目		产品 1	产品 2	产品…	…	…	备注
1	原材料	实际						
		预算						
		差额						
		差异率（%）						
		去年数						
2	燃料及动力	实际						
		预算						
		差额						
		差异率（%）						
		去年数						
3	工资及福利费	实际						
		预算						
		差额						
		差异率（%）						
		去年数						
4	专用费用	实际						
		预算						
		差额						
		差异率（%）						
		去年数						
5	废品损失	实际						
		预算						
		差额						
		差异率（%）						
		去年数						
6	制造费用	实际						
		预算						
		差额						
		差异率（%）						
		去年数						

分析表样 5

产品总制造成本预算执行分析表（按产品及成本项目别）

填报单位：　　　　　　　　　　______年　______月

序号	成本项目		产品 1	产品 2	产品…	…	…	备注
1	原材料	实际						
		预算						
		差额						
		差异率（%）						
		去年数						
2	燃料及动力	实际						
		预算						
		差额						
		差异率（%）						
		去年数						
3	工资及福利费	实际						
		预算						
		差额						
		差异率（%）						
		去年数						
4	专用费用	实际						
		预算						
		差额						
		差异率（%）						
		去年数						
5	废品损失	实际						
		预算						
		差额						
		差异率（%）						
		去年数						
6	制造费用	实际						
		预算						
		差额						
		差异率（%）						
		去年数						

分析表样 6

采购预算执行情况分析表

填报单位：　　　　　　　　　　　　　　　　______月

项　目	客户 1						客户…			备注
	物料 1			物料…			物料…			
	采购量	采购单位成本	库存量	采购量	采购单位成本	库存量	采购量	采购单位成本	库存量	
实际										
预算										
差额										
差异率（%）										
去年数										
约定预付/应付账款额										
实际预付/应付账款额										

注：1. 材料采购单位成本包括材料采购单价，运费、上下车费，检验费等。

2. 约定预付/应付账款额和实际预付/应付账款额两栏负数表示预付账款，正数表示应付账款。

分析表样 7

投资预算执行分析表

编制单位：

编制人：

项目			子公司…										
			累计实际								累计预算	累计差额	累计差异率（%）
			总投资额	本期增加		本期减少			期末余额	预计当期投资收益			
							其中：现金						
投资类型	支出类型	投资项目		合计	其中：现金	合计	小计	其中：国有资产收益收缴			……	……	……
一、固定资产投资	新建项目							—		—	……	……	……
	改扩建项目							—		—			
	技术改造项目							—		—	……	……	……
	外购项目							—		—			
	融资租入项目							—		—			
	其他支出项目							—		—	……	……	……
二、长期股权投资	—							—		—			
	—												
	—												
三、长期债权投资	—										……	……	……
	—												
	—												
四、其他长期投资	—										……	……	……
	—												
	—										……	……	……

备注：1. 项目：反映控股公司要求下属企业填报的重大投资项目，具体填报项目由控股公司在编制预算前统一下发。

2. 预算依据：依照国资委要求填列该项目预算实施的主要批准依据，如有关部门的批准文件、董事会决议、投资意向等。

3. 表内关系：总投资额 = 自有资金 + 国家投入 + 借款 + 其他。

4. 股权投资的“本期增加”反映新增投资（本金）和按权益法核算预计确认的投资收益，“本期减少”反映减少投资（本金）和按权益法核算预计将收到投资收益（分红）。

5. 对于长期股权投资、长期债权投资和其他长期投资：投资总额 = 原始投资成本。

6. 如无特殊情况，投资总额在年度内保持不变。

分析表样 8

期间费用预算分析表

编制单位：　　　　　　　　　　　　　　　　　　　　　　　　　　　　日期：

编制人：　　　　　　　　　　　　　　　　　　　　　　　　　　　　货币单位：

项　目		部门1								部门…	合计							
		本月				累计				……	本月				累计			
		实际	预算	差额	差异率（%）	实际	预算	差额	差异率（%）	……	实际	预算	差额	差异率（%）	实际	预算	差额	差异率（%）
营业费用	包装费									……								
	运输费									……								
	装卸费									……								
	仓储保管费									……								
	保险费									……								
	展览费									……								
	广告费									……								
	销售服务费									……								
	工资									……								
	福利费									……								
	业务经费									……								
	委托代销手续费									……								
	折旧费									……								
	修理费									……								
	样品及产品损耗									……								
	促销费									……								
	其他									……								
	小 计：									……								
管理费用	工资									……								
	福利费									……								
	失业保险									……								
	住房公积金									……								
	工会经费									……								
	职工教育经费									……								
	劳动保护费									……								
	保险费									……								
	折旧费									……								

续表

项目		部门1								部门…	合计							
		本月				累计				……	本月				累计			
		实际	预算	差额	差异率（%）	实际	预算	差额	差异率（%）	……	实际	预算	差额	差异率（%）	实际	预算	差额	差异率（%）
管理费用	修理费									……								
	无形资产摊销									……								
	长期待摊费用摊销									……								
	低值易耗品摊销									……								
	存货盘亏及毁损									……								
	业务招待费									……								
	差旅费									……								
	办公费									……								
	水电费									……								
	税金									……								
	租赁费									……								
	诉讼费									……								
	聘请中介机构费用									……								
	咨询费									……								
	研究与开发费									……								
	技术转让费									……								
	董事会会费									……								
	排污费									……								
	其他									……								
	小 计：									……								
财务费用	利息支出									……								
	利息收入									……								
	手续费									……								
	汇兑净损失（收益以“-”列示）									……								
	现金折扣									……								
	其他									……								
	小 计：									……								
总 计：										……								

分析表样 9

季度财务指标预算分析表

编制单位：

编制人：

项 目	本季			上季			本年累计			上年同期			上年累计		
	实际	预算	差距（%）	实际	预算	差距（%）	实际	预算	差距（%）	实际	预算	差距（%）	实际	预算	差距（%）
1. 营业收入															
2. 营业成本															
3. 毛利率															
4. 经营利润															
5. 利润总额															
6. 应收账款周转率															
7. 存货额周转率															
其中：原材料															
在制品															
产成品															
8. 经营现金净流量															
9. EVA															
10. 成本费用占销售收入的比重															
11. 销售现金比率															
12. 工业增加值															

分析表样 10

主要业务预算分析表

编制单位：　　　　日期：

编制人：　　　　货币单位：

项目		销售数量								销售金额							
		本月				累计				本月				累计			
公司名称	产品大类	实际	预算	差额	差异率（%）	实际	预算	差额	差异率（%）	实际	预算	差额	差异率（%）	实际	预算	差额	差异率（%）
产品类别1	产品1																
	产品2																
	…																
	…																
产品类别2	产品3																
	产品4																
	…																
	…																
产品类别…																	
合计																	

分析表样 11　　________年________月本量利及收入分析

编制单位：　　　　　　　　　　　　　　　　　　金额单位：万元

项目		产品 1	产品 2	……
计量单位				
销售数量	预算数			
	本年实际			
	实际与预算的销量差异			
销售价格	预算售价			
	实际售价			
	实际与预算的价格差异			
销售收入	预算收入			
	实际收入			
	实际与预算的收入差异			
销售成本	预算销售成本			
	实际销售成本			
	实际与预算的成本差异			
销售毛利/边利	预算数			
	实际数			
	预算和实际差异			
销量影响利润				
价格影响利润				
成本影响利润				
利润总影响数				

分析表样 12

公司存货预算分析表

编制单位：　　　　　　　　　　　　　　　　日期：

编制人：　　　　　　　　　　　　　　　　　货币单位：

项目	1月				2月				3月				…	12月			
	实际	预算	差额	差异率（%）	实际	预算	差额	差异率（%）	实际	预算	差额	差异率（%）	…	实际	预算	差额	差异率（%）
原材料													…				
其中：主材 1													…				
主材 2													…				
…													…				
在制品													…				
其中：车间 1													…				
车间 2													…				
…													…				
产成品													…				
其中：类别 1													…				
类别 2													…				
…													…				
合　计													…				
合　计													…				
产品 1													…				
产品 2													…				
…													…				
…													…				
…													…				
合　计													…				

分析表样 13

现金收支预算分析表

编制单位：　　　　　　　　　　　　　　　　　　　　日期：

编制人：　　　　　　　　　　　　　　　　　　　　　货币单位：

项　目	子公司 1							
	本季				累计			
	实际	预算	差额	差异率（%）	实际	预算	差额	差异率（%）
收入项目								
一、经营活动产生的现金流入								
1. 销售收回的现金								
其中：现金								
票据								
2. 处置流动资产所收回的现金								
3. 其他								
二、投资活动产生的现金流入								
1. 收回投资所收到的现金								
2. 取得投资收益所收到的现金								
3. 处置长期资产所收到的现金								
4. 其他								
三、筹资活动产生的现金流入								
1. 吸收投资所收到的现金								
2. 借款								
3. 其他								
合　计								
支出项目								
一、经营活动产生的现金流出								
1. 材料采购支出现金								
其中：现金								
票据								
2. 人工成本支出现金								
3. 制造费用支出现金								
其中：现金								
票据								
4. 管理费用支出现金								
5. 营业费用支出现金								
6. 财务费用支出现金								
7. 各种税费支出现金								
8. 其他								
二、投资活动产生的现金流出								
1. 购置长期资产支出现金								
2. 对外投资支出现金								
3. 其他								
三、筹资活动产生的现金流出								
1. 偿还债务所支付的现金								
2. 支付股利红利的现金								
3. 支付利息								
4. 其他								
合　计								
经营活动产生的现金流量净额								
投资活动产生的现金流量净额								
筹资活动产生的现金流量净额								
现金流量净额								

分析表样 14

________年资金收支平衡预算

编制单位：财务部

单位：万元

项目	资金收入	本季实际	本季预算	本年预算	差异	差异率	资金支出	本季实际	本季预算	本年预算	差异	差异率
经营活动	货款收入						采购部门					
	其中：市场部						其中：现金					
	其中：现金						票据					
	票据						人力资源部门					
	单位 1						制造保障部门					
	单位 2						…					
	…						…					
	…						科研部门					
	…											
	废料收入											
	租金收入											
	…											
	清欠收入											
	其他收入											
	…											
	小计						小计					
筹资活动	融资收入（贷款）						还贷款					
	存款利息						贷款利息					
	其他						其他					
	小计						小计					
投资活动	资产处置收入（部门…）						项目 1（部门…）					
	股权变更收入（部门…）						项目 2（部门…）					
	…						…					
	…						…					
	小计						小计					
专项资金	项目 1（部门…）						项目 1（部门…）					
	项目 2（部门…）						项目 2（部门…）					
	…						…					
	…						…					
	小计						小计					
合计							合计	0	0			0

注：计算差异和差异率使用本季实际－本季预算进行计算。

分析表样 15

技术开发费用使用情况分析

填报单位：

金额单位：元

序号	研发项目	本年预算金额（元）	本年预算需达到目标	实际使用金额（元）	研发进度情况	实际使用金额占预算比例	已完成的研发进度比例	差异	原因分析
	项目 1								
	项目 2								
	…								
	…								
	…								

注：1. 依据××年下发的科技进步项目计划文件进行填报。

2. 研发进度为截至本月研发项目的进展情况；已完成的研发进度比例是截至本月研发项目完成进度百分比。

分析表样16 **人工费用预算分析表**

编制单位： 日期：

编制人： 货币单位：

项　目	本年				上年			
	实际	预算	差额	差异率（%）	实际	预算	差额	差异率（%）
一、人工成本总额								
从业人员劳动报酬								
其中：在岗职工工资总额								
社会保险费用								
其中：养老保险								
其中：补充养老保险（月金）								
医疗保险								
失业保险								
工伤保险								
生育保险								
福利费用								
教育培训经费								
工会经费								
劳动保护费用								
住房费用								
其中：住房公积金								
一次性发放的住房补贴								
按月发放的住房补贴								
各种奖励								
其他人工成本								
二、平均人数								
全年平均从业人员人数（人）								
全年平均职工人数（人）								
三、人均指标								
人均利润（元/人）								
人均工资（元/人）								
人均人工成本（元/人）								
人工成本占主营业务收入比率（%）								
全员劳动生产率（元/人）								
人工成本利润率（%）								

备注：1. 全年平均从业人员人数（人）：包括固定职工、合同工、临时工等在岗人员，不包括离退休人员。

2. 全年平均职工人数（人）：包括固定职工和合同工，不包括离退休人员和临时工。

3. 指标计算方法见附表。

4. 从业人员劳动报酬：工资、奖金、津贴。

5. 全年平均从业人员人数：反映企业年初和年末从业人员的平均值，将平均值填入各月预算数，各月数值相同。

6. 全年平均职工人数：反映企业年初和年末职工人数的平均值，将平均值填入各月预算数，各月数值相同。

7. 技术奖酬金：反映企业按照国家规定，从技术开发、技术转让、技术咨询和技术服务的净收入中预计提取的奖励给重要贡献人员的奖金和报酬。

8. 福利费用：反映企业在工资以外预计负担的给员工个人以及用于集体的福利费用，主要包括企业负担的从业人员的医疗卫生费、计划生育补贴、生活困难补助、问题宣传费、集体福利设施和集体福利事业补助等。

分析表样 17　　　　**资产预算分析表**

编制单位：　　　　　　　　　　　　　　　　　　　　日期：

编制人：　　　　　　　　　　　　　　　　　　　　　货币单位：

项　目	本年				上年			
	实际	预算	差额	差异率（%）	实际	预算	差额	差异率（%）
一、在建工程								
本期增加								
本期减少								
其中：在建工程转固定资产								
期末余额								
期末净额								
二、固定资产								
固定资产增加								
其中：在建工程转入								
固定资产减少								
期末余额								
期末净额								
折旧								
三、无形资产								
本期增加								
本期减少								
期末余额								
期末净额								
四、长期股权投资								
本期增加								
本期减少								
期末余额								
期末净额								
五、长期债权投资								
本期增加								
本期减少								
期末余额								
期末净额								
六、其他长期投资								
本期增加								
本期减少								
期末余额								
期末净额								
合　计								

分析表样18　　　　**利润及利润分配预算分析表**

编制单位：　　　　　　　　　　　　　　　　日期：

编制人：　　　　　　　　　　　　　　　　　货币单位：

项　目	本年				上年			
	实际	预算	差额	差异率（%）	实际	预算	差额	差异率（%）
一、主营业务收入								
减：（一）主营业务成本								
（二）主营业务税金及附加								
（三）经营费用								
（四）其他								
加：（一）代购代销收入								
（二）其他								
二、主营业务利润（亏损以“－”号填列）								
加：其他业务利润（亏损以“－”号填列）								
减：（一）营业费用								
（二）管理费用								
（三）财务费用								
（四）其他								
三、营业利润（亏损以“－”号填列）								
加：（一）投资收益（损失以“－”号填列）								
（二）补贴收入								
（三）营业外收入								
（四）其他								
减：（一）营业外支出								
（二）其他支出								
四、利润总额（亏损总额以“－”号填列）								
减：所得税								
少数股东损益								
加：未确认的投资损失								
五、净利润（净亏损以“－”号填列）								
加：（一）年初未分配利润								
（二）其他转入								
六、可供分配的利润								
减：（一）提取法定盈余公积								
（二）提取法定公益金								
（三）其他								
七、可供投资者分配的利润								
减：（一）应付优先股股利								
（二）提取任意盈余公积								
（三）应付普通股股利（应付利润）								
（四）转作资本（股本）的普通股股利								
其中：分配集团的股利								
（五）其他								
八、未分配利润								

分析表样 19　　**资产负债预算分析表**

编制单位：　　日期：

编制人：　　货币单位：

项　目	本年				上年			
	实际	预算	差额	差异率（%）	实际	预算	差额	差异率（%）
货币资金								
短期投资								
应收款项								
预付账款								
存货								
其中：原材料								
库存商品（产成品）								
待摊费用								
其他流动资产								
流动资产合计								
长期投资								
其中：长期股权投资								
长期债权投资								
合并价差								
长期投资合计								
固定资产原价								
减：累计折旧								
固定资产净值								
减：固定资产减值准备								
固定资产净额								
工程物资								
在建工程								
固定资产清理								
固定资产合计								
无形资产								
长期待摊费用（递延资产）								
其他长期资产								
无形及其他资产合计								
递延税款借项								

续表

项 目	本年				上年			
	实际	预算	差额	差异率（%）	实际	预算	差额	差异率（%）
资产总计								
短期借款								
应付款项								
预收账款								
应交款项								
预提费用								
其他流动负债								
流动负债合计								
长期借款								
应付债券								
长期应付款								
其他长期负债								
长期负债合计								
递延税款贷项								
负债合计								
少数股东权益								
实收资本（股本）								
国家资本								
集体资本								
法人资本								
个人资本								
外商资本								
资本公积								
盈余公积								
未确认的投资损失（以“-”号填列）								
未分配利润								
外币报表折算差额								
所有者权益小计								
减：未处理资产损失								
所有者权益合计（剔除未处理资产损失后的金额）								
负债及所有者权益合计								

分析表样 20

现金流量预算分析表

编制单位：　　　　日期：

编制人：　　　　货币单位：

项　目	本年				上年			
	实际	预算	差额	差异率（%）	实际	预算	差额	差异率（%）
一、经营活动产生的现金流量：								
销售商品、提供劳务收到的现金								
收到的税费返还								
收到的其他与经营活动有关的现金								
现金流入小计								
购买商品、接受劳务支付的现金								
支付给职工以及为职工支付的现金								
支付的各项税费								
支付的其他与经营活动有关的现金								
现金流出小计								
经营活动产生的现金流量净额								
二、投资活动产生的现金流量：								
收回投资所收到的现金								
取得投资收益所收到的现金								
处置固定资产、无形资产和其他长期资产所收回的现金净额								
收到的其他与投资活动有关的现金								
现金流入小计								
购建固定资产、无形资产和其他长期资产所支付的现金								
投资所支付的现金								
支付的其他与投资活动有关的现金								
现金流出小计								
投资活动产生的现金流量净额								
三、筹资活动产生的现金流量：								
吸收投资所收到的现金								
借款所收到的现金								
收到的其他与筹资活动有关的现金								
现金流入小计								
偿还债务所支付的现金								
分配股利、利润或偿付利息所支付的现金								
支付的其他与筹资活动有关的现金								
现金流出小计								
筹资活动产生的现金流量净额								
四、汇率变动对现金的影响								
五、现金及现金等价物净增加额								
现金及现金等价物的期初余额								
现金及现金等价物的期末余额								

分析表样 21

财务指标预算分析表

编制单位： 日期：

编制人： 货币单位：

项 目	本年			上年		
	实际	预算	差额	实际	预算	差额
一、效益指标：						
1. 净资产收益率（%）						
2. 总资产报酬率（%）						
3. 销售（营业）增长率（%）						
4. 可比类别产品销售增长率（%）						
5. 新产品销售比率（%）						
6. 产销率（%）						
7. 利润增长率（%）						
8. 主营业务利润率（%）						
9. 成本费用利润率（%）						
10. 成本费用占主营业务收入比率（%）						
11. 人工成本占成本费用的比重（%）						
12. 研发经费投入率（%）						
13. 工业总产值（现价）						
14. 工业增加值						
15. EVA						
16. EVA 率（%）						
二、资产运行状况指标：						
1. 资产增长率（%）						
2. 应收账款周转率（次）						
3. 存货周转率（次）						
4. 流动资产周转率（次）						
5. 总资产周转率（次）						
6. 应付账款周转率（次）						
7. 现金周期（天）						
8. 经营周期（天）						
9. 盈余现金保障倍数						
三、偿债能力及资本结构指标：						
1. 速动比率（%）						
2. 流动比率（%）						
3. 资产负债率（%）						
4. 股东权益与固定资产比率（%）						
四、现金指标：						
1. 净资产现金回收率（%）						
2. 当年现金满足资本性投资比率（%）						
3. 销售现金比率（%）						
五、人均指标：						
1. 人均利润（元/人）						
2. 人均工资（元/人）						
3. 人均人工成本（元/人）						
4. 全员劳动生产率（元/人）						
5. 人工成本占主营业务收入比率（%）						
6. 人工成本利润率（%）						

第六章 Chapter 6 预算执行情况反馈和改进

建立健全预算反馈机制对于预算控制发挥其应有的职能具有极其重要的作用，灵活有效的预算反馈机制应该与企业的具体组织架构和预算执行方式相适应。

一、预算反馈改进机制设计

有效的预算执行反馈与改进机制至少包括四个重要维度：偏差度、责任部门、监督部门和时间限制。四者关系如图 1－6－1 所示。

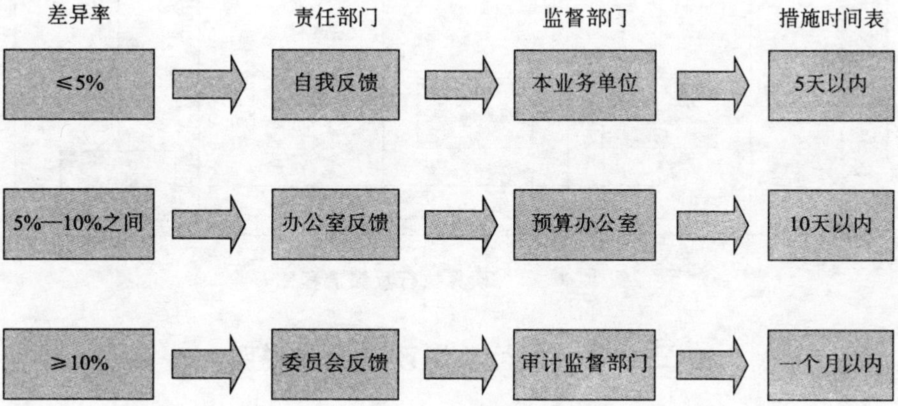

图 1－6－1　反馈改进机制图

根据“80－20”原则，兼顾效率和效益的反馈和改进机制包括三个层次：实际与预算差异率在5%以内，属于一般差异，由责任业务单位在 5 天内自我分析并制定改进措施，及时执行，预算管理办公室对改进结果进行不定期抽查；差异在 5%—10% 区间，为较大差异，由预算管理办公室在 10 天内组织分析和制定差异修复措施，并监督责任业务部门落实措施；差异率超过 10% 的属于重大差异，预算办公室需在 1 个月内牵头分析差异并落实修复措施、报送预算委员会审批，预算委员会委托监督部门（如审计部门）对修复措施执行结果进行认定。

二、预算执行反馈改进一般流程

见图 1－6－2。

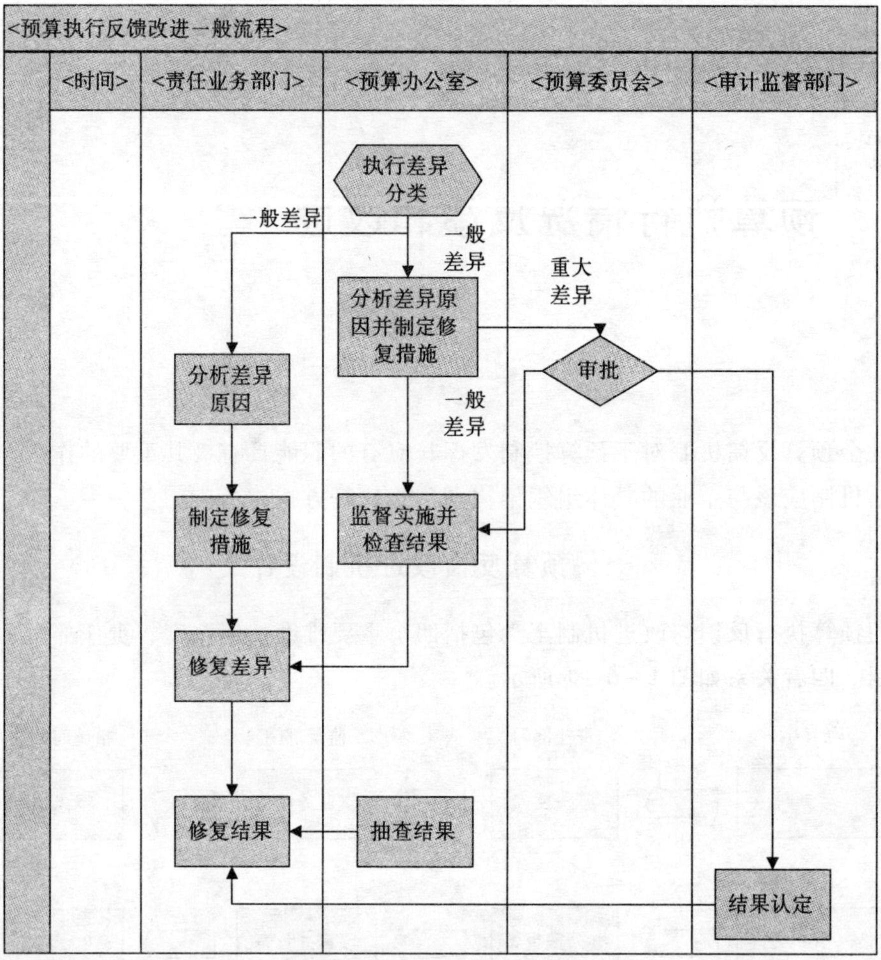

图 1-6-2 预算执行反馈流程图

三、预算执行反馈改进要点说明

预算执行反馈和监督机制最重要的是时间性，即必须按照规定时间反馈结果并制定分析改善计划，严格按照计划进行落实。第二重要的是复核和监督，必须要在机制里明确各种不同差异的复核和监督部门。改善报告应妥善存档，以利于下一预算循环的预算编制。

第七章 Chapter 7 预算执行结果评价和考核

一、预算指标必须作为绩效考核指标

鉴于全面预算指导战略落地的特性和在编制过程中反复平衡的工作机制，其绩效考核的终极目的和工作重点是一致的，这就决定了全面预算指标必须作为绩效考核指标，全面预算指标只有作为绩效考核指标才能够得到真正重视和执行，绩效考核只有依托于全面预算系统才能够真正发挥作用。

特别提醒的是，绩效考核体系不仅限于全面预算指标体系，全面预算重点关注的是与经济运营决策有关的业务活动，在此之外的重点业务工作体现并不充分，如骨干人员流失、职工稳定等，这些指标虽不一定是全面预算指标，但应纳入绩效考核体系。

二、全面预算管理工作自身的绩效考核重点

绩效考核体系中必须包括单独的全面预算管理模块，用以对全面预算的编制、执行和反馈进行督促。

1. 业务预算的编制质量。预算管理办公室应针对业务预算的编制质量和对全面预算体系的支持程度制定专门的实施细则，并设定相应的考核指标和考核值。

2. 预算调整幅度与频度。预算管理办公室应针对预算调整事务制定专门的考核细则，对于频繁调整预算，预算调整幅度较大，及本该在编制时预计到而为预计到业务导致预算调整的给予考核。

3. 预算执行反馈与改进的有效性。预算办公室应明确规定预算执行的反馈和改进的检查考核办法，考核指标应包括包括反馈与改进的及时性、可验证性、效果、分析与反馈资料存档等。

第八章

Chapter 8 预算管理信息化

全面预算的信息系统的功能可以划分为四个模块：预算编制、预算执行控制、预算分析及预算管理，如图 1－8－1 所示。

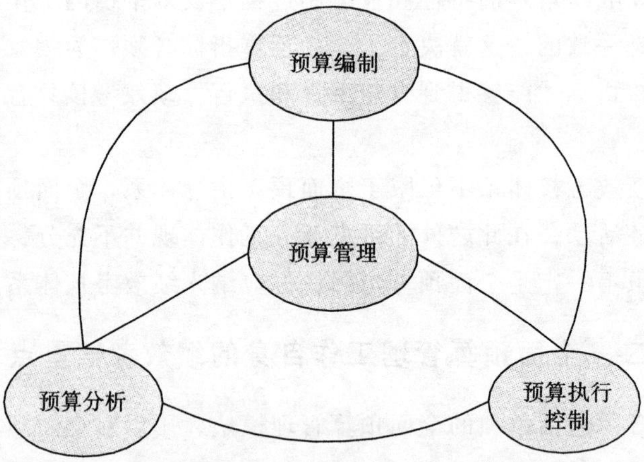

图 1－8－1 预算信息系统功能图

全面预算信息系统至少应满足以下五个方面的要求：

1. 多维数据——多维预算的编制和分析。其本质上是从多个维度描述业务、财务数据，并进行分析的过程，其目的是满足快速变化的分析需求。

2. 灵活建模。即满足整个预算系统计算量大且计算公式经常变化的需求。

3. 高效协同。即业务部门间的沟通协调应快速准确。

4. 广泛接口。即能够很好地与核算、ERP、人力资源系等接口，避免预算成为信息孤岛。

5. 在线监控。及对预算执行实施适时监控与反馈。

第二部分

EVA 提升手册

第一章 Chapter 1 EVA 概述

一、EVA 的起源和发展历程

EVA（经济增加值）是 20 世纪 80 年代由美国思腾思特公司提出的一套适用于公司业绩考核和价值管理的体系。1982 年，美国思腾思特公司提出了以股东价值为中心的企业业绩评价方法——EVA，开创了企业价值度量与考核的新时代，随之以后，EVA 在理论界和实务界得到了越来越多的运用。目前，EVA 在全球多数著名企业均得到了成功运用，如 IBM、通用汽车、可口可乐、西门子、索尼等企业，并取得了显著成效。

EVA 于 21 世纪初被引入中国，当时，国内一些高校和企业对 EVA 理论和国外先进经验进行了总结和探索性运用。2001 年 8 月，《财经》杂志刊登了题为“谁在创造财富，谁在毁灭财富——2000 年中国上市公司 EVA 排行榜”的专题报告，作为使用 EVA 对国内企业最早的诊断分析，为国内企业应用 EVA 揭开了序幕。2002 年开始，青岛啤酒、宝钢集团、中化国际、许继电气、东风汽车、TCL 集团等一些深入参与市场竞争的企业开始初步运用 EVA 价值管理体系，一些企业取得了较好成效，同时也积累了一些成功经验和教训。国务院国有资产监督管理委员会委对应用 EVA 非常谨慎，2003 年就提出了运用 EVA 考核的基本思路，历经 7 年多酝酿和 5 年试点，在 2009 年底宣布，自 2010 年 1 月 1 日起，在中央企业全面推进 EVA 考核，占到了 40% 权重。

二、EVA 的概念及核心思想

EVA 是经济增加值（Economic Value Added）的简称，是指在扣除资本成本（包括债务成本和股本成本）之后剩余的利润。EVA 用最简单的公式和最通俗的语言，诠释了一个经济概念：剩余收益。EVA 的核心理念是资本成本，即企业运营所占用资源的机会成本，企业价值增值的标志是企业税后利润大于所占用资源的资本成本。EVA 不是简单的评价标准和考核指标，而是一套价值管理方法和工具，EVA 价值管理的终极目标是全面提升企业价值创造能力，实现股东及利益相关者价值最大化①。

---

① 孙殿文、高利珍：《集团公司以价值创造为导向的预算管控模式研究》，载《2011 年度中国总会计师优秀论文选》，石油工业出版社 2012 年版。

EVA 的核心思想是：注重资本成本，鼓励价值创造，突出主业经营，促进持续发展，实现所有者和经营者的利益一致。

三、EVA 提升推行要求

要实现 EVA 持续提升，首先应提高认识、科学规划，企业各层级人员特别是企业领导应深刻认识 EVA 提升管理的重要性、必要性，要加强 EVA 提升管理的顶层设计和整体优化，并以此作为制定企业战略规划的重要前提，科学规划企业的产业结构、产品结构等。其次要正确认识和处理 EVA 提升与其他管理会计工具之间的关系。应以 EVA 为核心开展全面预算管理，形成集“事前预算编制 - 事中过程管控 - 事后业绩考核”为一体、持续改进的 EVA 管理体系。应以 EVA 能否提升为主要依据开展投资决策，深刻认识投资决策对 EVA 的双重影响，即“有效投资是 EVA 的增长源泉”、“今天的投资就是明天的资本占用和成本（折旧）”，围绕价值增值开展投资决策。合理控制成本、提高成本效益是 EVA 提升的基本前提和重要路径，企业可以运用全价值链成本管理工具和方法，不断优化企业价值链，降低价值链各环节成本，实现总成本最优，从而实现 EVA 的持续提升。

企业在推行 EVA 提升管理时还应着重做到以下几个方面：

1. 实施 EVA 提升应理念先行。从企业最高层开始，宣传与培训 EVA 相关知识，深入理解 EVA 的内涵。每个企业的情况不同，EVA 的应用基础也不同，不存在一种通用方法，但基本理念是一致的，每个企业都应遵循，这是 EVA 成功运用的先决条件。

2. 实施 EVA 提升应转变观念。企业管理层应将经营管理的核心从单纯追求利润转变为持续提升价值，在观念上进行根本转变，领略到 EVA 管理体系的优势和实践，明确 EVA 的实践方式和提升路径，并持续加以运用。

3. 实施 EVA 提升应考核激励。将价值创造与考核激励相挂钩，形成价值创造的长效机制，使各层级员工的利益与企业的利益一致，通过制定企业内部的 EVA 业绩评价方法，并层层分解，形成“考核层层落实，责任层层传递，激励层层连接”的价值保值增值责任体系。

4. 实施 EVA 提升应细化核算。无论是开展 EVA 价值诊断、EVA 驱动分析，还是建立 EVA 中心，都需要很详细的财务和非财务数据作支撑。特别是在对 EVA 中心进行价值管理和绩效考核时，需要计算各产业 EVA 值、各产品 EVA 值、各内部 EVA 中心 EVA 值，需要分清经营性资产和非经营性资产等，都需要细化核算，提供详细准确的数据信息，为正确决策提供依据和支撑。

第二章 Chapter 2 EVA 计算方法

一、EVA 计算方法

EVA 等于企业的税后净营业利润与该企业全部资本成本之间的差额，用公式表示为：

EVA = 税后净营业利润 - 资本成本

　　= 税后净营业利润 - 资本占用 × 加权平均资本成本率

EVA 的计算结果取决于三个基本变量：税后净营业利润、资本占用和加权平均资本成本率。以下分别介绍各变量的计算方法。

（一）税后净营业利润

税后净营业利润衡量的是企业的运营盈利情况。由于企业净利润包含了营业外收支等非正常经营收支，另外有些会计核算方法不能准确反映企业的实际经营业绩。因此，需对净利润进行一些调整，以准确计算企业的真实经营业绩。即：

税后净营业利润 = 净利润 + 调整项目 × （1 - 所得税率）

主要调整项目有：研究开发费用、利息支出、非经常性损益。调整研发费用目的是鼓励企业通过研发增强技术能力，实现产品升级换代，提升核心竞争力；调整非经常性损益目的是引导企业专注于主业经营，剥离非主营业务。

（二）资本占用

资本占用是企业投入运营的所有资本。为真实反映企业的资本占用，也应对部分项目进行调整。

主要调整项目有：无息流动负债、在建工程。具体可参见“集团公司 EVA 考核办法”，计算公式为：

资本占用 = 平均总资产 - 平均无息流动负债 - 平均在建工程

调整无息流动负债是因为这部分负债是免费的，没有资本成本；调整在建工程的目的是支持企业在一定范围内扩大再生产，提升企业的持续盈利能力和核心竞争力，引导企业加快处置闲置、低收益资产。

（三）加权平均资本成本率

资本成本率反映的是企业占用资本应负担的机会成本。机会成本可以这样理解：投资者如果将资本不投入该企业，而投入其他投资项目的预期收益率，就是该项资本的机会成本。目前，集团公司在 EVA 考核办法中，资本成本率基本统一，对特种装备企业适当下浮，对资产负债率在 75% 以上的工业企业和 80% 以上的商贸企业，资本成本率上浮 0.5 个百分点。各企业在进行内部考核时，可以试行采取非统一确定资本成本率的方法。

企业的资本来源包括债务资本和权益资本。资本成本率的确定取决于债务资本成本率、权益资本成本率和资本结构（两种资本的权重比例）。公式表示为：

加权平均资本成本率 =（债务资本成本率 × 债务占总资本比例）×（1 － 所得税率）+（权益资本成本率 × 权益占总资本比例）

债务资本成本率的确定比较简单，通常是按企业的实际举债利息率作为债务资本成本率。

权益资本成本率的确定很复杂，目前主要有三种确定方法：股利贴现模型、资本资产定价模型、套利定价理论。这三种方法的理论和计算方法在此不作阐述，可查阅相关参考书籍。这三种方法适用于企业已上市较长时间且证券市场比较成熟的情况，在中国现阶段的实用性较差，集团内部分上市公司可以区别采用。

以下提几个比较简单的确定权益资本成本率的方法，供企业参考应用。

1. 采用行业权益资本成本率。企业可以参考国资委每年发布的《企业绩效评价标准》，以企业所处行业的权益资本成本率平均值为基础，结合风险程度、发展前景等因素确定权益资本成本率。这种确定方法的假设是企业的权益资本投资至少应获得社会平均投资收益率。

2. 以银行贷款利率加若干百分点。这种方法源于风险溢价模型，该模型核心思想是股权资本成本等于债务资本成本加上一定的风险溢价。债务资本成本率可以同期银行五年期贷款利率（目前为 6.4%）或五年期国债利率（目前为 5.71%）为基准，再加若干百分点风险溢价。这种确定方法的假设是企业的权益资本投资至少要高于同期银行的贷款利率，至于加多少百分点，企业可自行确定，但主要考虑权益资本的风险程度，风险高应适当增加百分点。如国资委在制定资本成本率时就考虑了资本风险，以资产负债率为标准来衡量风险，规定资产负债率在 75% 以上的工业企业和 80% 以上的非工业企业，资本成本率在 5.5% 基础上浮 0.5 个百分点。

3. 根据企业历史净资产收益率确定。以企业过去 5 年的净资产收益率的平均值为基准，加若干百分点。这种确定方法的假设是企业的权益资本投资至少要高于企业过去的收益率，至于加多少百分点，企业可自行确定，但主要考虑权益资本的风险程度、国家 GDP 增长速度和通货膨胀系数。

二、EVA 计算表

企业在计算 EVA 时，可以采用本部分附件 1 的“EVA 计算表”进行计算。该表是按照上述介绍的 EVA 计算公式，改变传统的通过调整净利润、负债和所有者权益来计算 EVA 的方式，从影响 EVA 的资产负债表和利润表项目出发，层层分解 EVA 的影响因素，简化 EVA 的计算过程，明晰各报表项目与 EVA 之间的逻辑关系，不仅便于 EVA 的计算，而且使企业能很直观理解 EVA 值的来源，发现影响 EVA 值高低的因素和具体项目，从而找到 EVA 的增长点和问题点，为制定一些提升 EVA 的政策和措施提供依据。

第三章
Chapter 3 EVA 价值诊断

一、概　　述

EVA 价值诊断指通过对 EVA 的计算、比较和分析，对企业价值创造能力进行评价和判断，经过敏感性分析找到影响 EVA 的关键项目和敏感性因素，对创造和破坏价值的因素和原因进行分析，制定 EVA 目标和提升措施，最终形成 EVA 价值诊断报告。

二、EVA 价值诊断流程

EVA 价值诊断流程见图 2－3－1。

图 2－3－1　EVA 价值诊断流程

三、EVA价值诊断方法

（一）价值创造能力评价

通过计算企业当期和历史（3到5年）EVA值，进行比较，并与行业对标指标进行对比，从而对企业整体、所属子公司和各业务板块价值创造能力进行评价和判断。

在对企业价值创造能力进行评价时，一般可分为“优、良、中、低、差”，且通过与历史数据相比较，可以得出企业价值创造能力呈现“提高、保持、下降”趋势的评价。

在对价值创造能力进行评价时，应以行业对标指标进行比较，以得出恰当的评价，例如，某企业当期EVA值为正但数值很小，从该企业本身来说，价值创造能力低，但同期行业对标指标为负且负值较大，这时不能简单地定义该企业价值创造能力低，应在对比行业对标指标后得出一个综合的评价。其中，行业对标值由集团公司统一发布，一般分为“最高、平均、最低”三档，企业对标一般以行业平均值进行对标。

一般来说，可以通过表2-3-1所示标准来对企业的价值创造能力进行评价。

表2-3-1　价值创造能力评价标准

与行业对标指标比较	高于行业平均值	低于行业平均值	备注
为正且EVA/资本成本>2	优	优	
为正且0.5<EVA/资本成本≤2	优	良	
为正且0<EVA/资本成本≤0.5	良	中	
为负且-1<EVA/资本成本≤0	中	低	
为负且EVA/资本成本≤-1	低	差	

（二）敏感性分析

1. 概述。通过计算EVA各项价值驱动项目的敏感度，进行敏感度排序，计算各个驱动项目本期变动造成EVA的本期变动值是多少，找到影响企业EVA的关键项目和敏感性因素，为原因诊断提供方向，为制定EVA提升路径和措施提供方向。

2. 方法。

（1）用附件2的“敏感性计算表”计算各项目敏感性系数。计算原理是：

①依据企业某个时间节点的资产负债表、利润表及相关调整项目数据，计算EVA初始值。

②选择某个驱动项目，设定单项驱动项目 变化幅度ΔX_i（%）。

③在其他驱动项目不变的前提下，根据驱动项目与EVA之间的运算关系，计算新的EVA值，得出该单项驱动项目变化ΔX_i（%）时EVA的变化幅度ΔEVA_i（%）。

④计算敏感性系数$\lambda_i = \Delta EVA_i / \Delta X_i$。

（2）对各个驱动项目的敏感性系数进行排序，得出EVA驱动项目的敏感性顺序。

（3）用附件3“EVA敏感性分析表”计算各个驱动项目变动造成EVA的变动值是多少，帮助企业做EVA价值诊断分析。计算原理是：用各个驱动项目本期变动值ΔX_i乘以该

项目的敏感性系数 λ_i，计算出各个驱动项目本期变动值造成的 EVA 的变动值 $\triangle EVA_i$，$\Sigma(\triangle EVA_i)$ 即为企业本期较基期 EVA 的变动值。

（4）注意事项。敏感性计算结果应不断更新。同一企业在不同时期，由于企业资产和经营状况、企业或业务所处的生命周期的变化，各价值驱动项目的敏感性会不一样，具有一定的动态性，企业应及时开展敏感性分析，更新敏感性计算结果。

（三）原因诊断

通过敏感性分析量化结果，进一步分析企业 EVA 的短板和问题，对造成 EVA 增加和减少的主要影响项目和问题进行重点分析，判断哪些因素在创造价值，哪些因素在破坏价值，并深入到销售、制造、管理、投资等环节寻找深层次原因，找到提升 EVA 的关键增长点，提出有针对性的改进措施和解决办法，提出一些提升 EVA 的建议。

（四）EVA 目标规划

1. 概述。EVA 目标规划是在上述价值评价、敏感性分析和原因诊断的基础上，根据企业战略规划、预算目标、行业对标和经营实际，提出 EVA 提升目标、提升方向，进行可行性论证，并提出具体措施。

2. 方法。

（1）分析企业内外部经济环境，在对企业进行经营预测的基础上，结合企业战略规划、预算目标、行业对标和各业务板块经营实际，提出企业 EVA 提升目标规划。

（2）层层分解 EVA 总目标，提出企业达到 EVA 总目标各主要指标应达到的目标，并分别对这些主要指标进行可行性论证。

（3）提出实现 EVA 提升目标的关键环节和具体措施。

（五）编写 EVA 价值诊断报告

企业在完成价值诊断后，应编写 EVA 价值诊断报告。诊断报告应至少包括企业基本情况、宏观政策和行业形势对企业的影响、企业价值创造能力评价、企业 EVA 增减原因分析、总结及改进措施、企业 EVA 目标规划六个部分。

可参考附件 4“EVA 价值诊断报告大纲”。

第四章 Chapter 4 EVA 提升管理

一、概　述

EVA 提升管理是在企业 EVA 价值诊断的基础上，提出 EVA 提升目标，通过 EVA 驱动路径分析，将 EVA 提升目标分解为各价值驱动因素的目标值，落实到责任部门，并制定各责任部门的绩效指标，将各项价值驱动责任落实到相关责任部门的具体管理活动，提出提升 EVA 的措施，并进行绩效考核，最终实现 EVA 提升目标。

二、EVA 提升管理步骤

按照 EVA 的计算方法，改善和提高 EVA 的主要方向：一是提高现有资产的使用效益和盈利水平；二是提高资产使用效率，加大资本回报率高的资产，剥离处置资产回报率低的资产，减少资本占用；三是优化资本结构，降低资本成本率。

EVA 提升管理可以分为以下几个步骤：

1. 要实现 EVA 提升目标，主要应提高和优化以上三个目标，因此应首先设定“税后净营业利润、资本占有总额和资本成本率”的目标值，然后再按照 EVA 驱动路径层层细分，找到实现 EVA 提升目标的关键驱动因素，分别设定为实现 EVA 提升目标各关键驱动因素应达到的目标值。如销量是提高利润的关键驱动因素，分别设定各产品的销量目标。

2. 为实现各关键驱动因素的目标值，企业需落实责任部门，并制定一些衡量这些措施效果的关键绩效指标，将这些指标落实到责任部门。如以产品目标销量完成率为销量的关键绩效指标，责任部门为销售部。

3. 制定责任部门的绩效指标后，下一步需要做的是责任部门应采取哪些措施来提升这些关键驱动因素。如可通过做广告扩大品牌知名度以扩大销量。

4. 通过对责任部门的考核来确保 EVA 各项关键驱动因素目标的实现，最终实现 EVA 的提升。如企业对销售部考核时应加入一些 EVA 关键驱动因素的考核，并与激励挂钩。

图 2－4－1“EVA 提升管理示例图”解释了 EVA 提升管理的各个步骤。

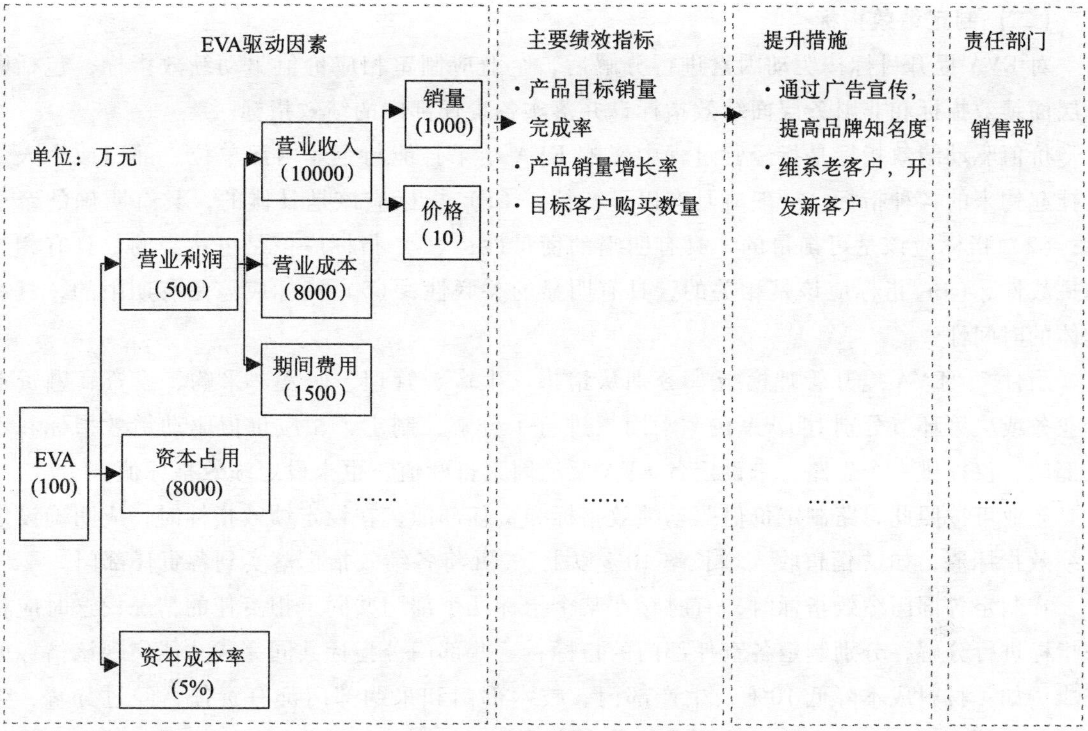

图 2-4-1　EVA 提升管理示例图

企业应通过 EVA 提升管理来实现对 EVA 提升的目标管理和过程控制。企业在制定 EVA 提升目标后，通过计划预算、敏感性分析和 EVA 驱动路径表对 EVA 目标进行层层分解，设定各驱动因素的目标值，制定责任部门的绩效考核指标，通过业绩考核引导各责任部门开展各项提升价值的行动和措施。同时，还应定期检查各驱动因素目标值的完成情况，及时采取措施改进，必要时还应根据实际情况对各驱动因素的目标值进行修订，以确保 EVA 总体提升目标的实现。

三、EVA 提升管理方法

（一）编制 EVA 提升路径表

企业应根据价值诊断结论和敏感性分析结果，运用 EVA 价值驱动的运动机理，从影响企业 EVA 的关键因素和路径出发，层层分解 EVA 目标值，编制本企业 EVA 提升路径表。由于每个企业影响 EVA 的关键因素和驱动路径不完全相同，各企业在编制 EVA 提升路径表时应有所侧重，突出本企业 EVA 的关键提升路径。

本部分的附件 5 是通用的 EVA 提升路径图。图中，各驱动因素层层传递，最终影响企业 EVA 值；图中用不同颜色标注了各 EVA 驱动因素的主要责任部门；本图仅是提供一个思路，未设定 EVA 目标值和各驱动因素目标值，企业可按照此思路编制本企业的 EVA 提升路径表，可用附件 6 的“EVA 提升路径表”进行编制。

（二）制定绩效指标

对 EVA 提升目标按驱动因素进行分解后，企业应制定相应价值驱动绩效指标，包括财务层面绩效指标和非财务层面绩效指标，并落实各责任部门的绩效指标。

价值驱动绩效指标是指经营过程中影响 EVA 结果且能与企业内部单位、部门或个人责任挂起钩来的各种指标。一般应具有以下特征：（1）指标应该是具体的，具有明确的牵引性；（2）指标应该是可衡量的，具有明晰的衡量性；（3）指标应该是可达到的，具有相当的挑战性；（4）指标应该是相关的，具有明显的关联性；（5）指标应该是有期限的，具有具体的时间性。

附件 7“EVA 提升管理模板”分别从销售、生产、管理、研发、采购、投资、融资七个业务或决策环节分别对 EVA 按驱动因素进行了分解，制定了相应价值驱动绩效指标和责任部门，仅提供一个思路，未设定各 EVA 驱动因素目标值，也未设定绩效指标值。

企业可按照此思路制定价值驱动绩效指标和责任部门，在设定绩效指标时，应明确设定各绩效指标值，如“销售收入增长率 10% 以上”，并将各绩效指标落实到各责任部门。

在制定各部门绩效指标时，有时存在某个指标几个部门共同承担责任的情况，这时应将该指标进行分解，分别制定各责任部门的指标，这些部门分指标共同完成才能实现该指标的完成。如：材料成本降低 10%，生产部门、技术部门和采购部门都有责任，经过分解，生产部门、技术部门和采购部门分别承担降低任务的 45%、20%、35%，实现材料成本降低 10% 的目标。

（三）制定 EVA 提升措施

制定 EVA 提升措施的主要目的是指导各责任部门开展一些提升 EVA 的具体管理活动和行动措施，将 EVA 提升责任落实到相关部门的具体业务流程和管理活动，从而持续提升 EVA。附件 7“EVA 提升管理模板”分别从销售、生产、管理、研发、采购、投资、融资七个业务或决策环节针对各项驱动因素提出了一些提升 EVA 的活动措施，仅提供一个思路，供企业参考。

企业应指导各责任部门制定一些提升 EVA 的行动措施，作为各责任部门创造价值的行动指南和活动方向，广泛开展价值创造活动，形成价值创造的长效机制。

（四）开展绩效考核

为确保 EVA 提升目标的实现，企业应在绩效考核体系中，加强对各责任部门相应价值驱动绩效指标的考核，并与激励挂钩，考核指标不宜过多，但必须是关键和核心指标，包括财务层面绩效指标和非财务层面绩效指标。

第五章 Chapter 5 EVA 中心管理

一、概　　述

为形成 EVA 提升的长效机制，应建立 EVA 中心，每个中心能够单独评价 EVA 贡献，设定 EVA 目标和责任，采取措施努力提升，通过对 EVA 中心进行评价和考核，提升和改善 EVA 的关键环节和制约因素，最终提升企业整体的价值创造能力。

二、EVA 中心建立

EVA 中心即 EVA 价值管理和绩效考核中心，是企业下属或内部的一个可以对自身创造的 EVA 进行计量和管理的不同层次的责任中心，该中心 EVA 的提升最终导致整个企业 EVA 的提升，从而持续改善提高企业整体价值创造能力。

（一）建立 EVA 中心的原则

1. 可控性原则。应遵循价值创造主体与价值管理主体的一致性，即 EVA 中心主体应能够控制主体的收入、成本和占用资源。

2. 易操作原则。建立 EVA 中心应坚持操作简便的原则，采取简明、易懂模式来建立、计量、考核和管理各级 EVA 中心。

3. 渐进性原则。EVA 中心建立和管理尚处于摸索阶段，很少有成功经验可以借鉴，企业应结合本单位组织架构和业务构成，采取先试点方式，在总结经验的基础上全面推行。

4. 激励性原则。应建立起与 EVA 中心核算、管理相配套的考核和激励制度，调动 EVA 中心创造价值的积极性，有效发挥考核和激励对价值创造的引导作用。

（二）EVA 中心的建立方法

各企业应根据组织架构和业务板块建立本企业各层级 EVA 中心，以企业本部为一级 EVA 中心，层层分解建立各层级 EVA 中心。下面以集团公司为一级 EVA 中心建立各级 EVA 中心，供企业参考，见图 2－5－1。

其中：（1）集团公司为一级 EVA 中心。

（2）集团公司各专业公司（事业部）为二级 EVA 中心。

（3）各直管企业、各专业公司（事业部）管理的企业为三级 EVA 中心，三级 EVA 中心是具有独立法人资格的经营实体。

（4）各三级 EVA 中心下属子公司为四级 EVA 中心，四级 EVA 中心是具有独立法人资格的经营实体。

（5）四级 EVA 中心内部能对 EVA 产生较大影响的部门和车间为五级 EVA 中心，五级 EVA 中心一般不具有法人资格。

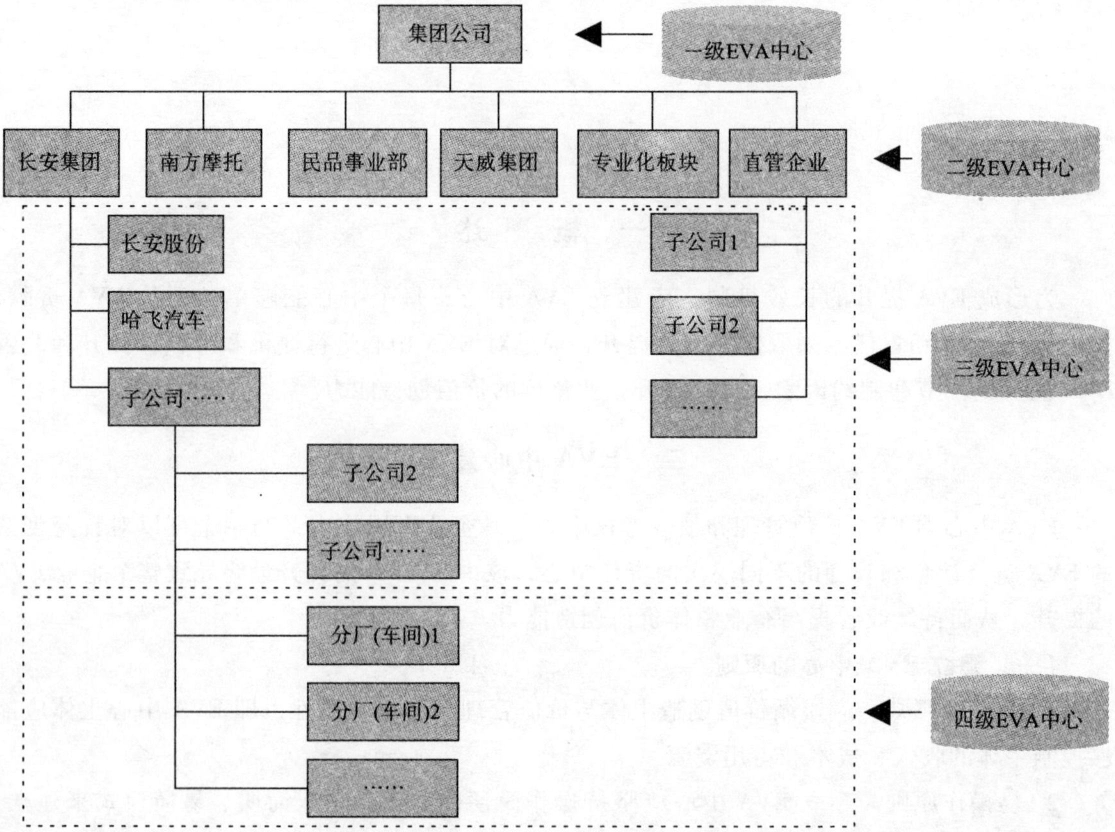

图 2-5-1　EVA 中心示例图

三、EVA 中心的价值管理权责

建立 EVA 中心的目的是合理划分各级 EVA 中心在价值创造中的不同权责，通过各级权责主体有针对性的价值创造管理活动，最终提升集团整体价值创造能力。

（一）一级 EVA 中心：主要从战略层面对价值创造进行管理

价值管理重点：以价值创造为核心开展战略规划和产业布局，战略投资、并购、整合和资源配置等决策。

在价值决策管理时，可用以下“EVA 增长矩阵图”来辅助决策。此外，在并购重组、新建项目投资前，也应将 EVA 作为首要决策依据，所有的投资决策，应以价值指标来衡量，重点投资成长性好、升值空间大、投资回报率高的项目，突出长期价值创造。见图 2-5-2。

在评估未来市场价值增长潜力时，应主要从“行业吸引力、竞争地位、行业未来发展潜力、与主业相关性和战略性地位”等方面考虑，特别是战略性地位，如军品业务。

为提升价值创造能力，应充分分析各产业的EVA回报率和未来市场价值增长潜力，以价值为基础进行产业规划、战略布局和配置资源。

对当前EVA回报率高、未来市场价值增长潜力大的产业，应重点投入，在资源配置上重点倾斜。

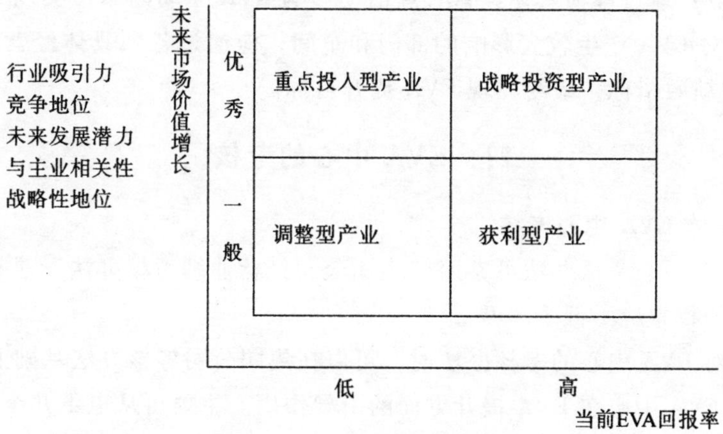

图2-5-2 EVA增长矩阵图

对当前EVA回报率高、未来市场价值增长潜力很小的产业，可稳定创造价值，不应再急于扩大规模，应控制投资规模，特别是减少股权资本投入，以规避市场萎缩的风险。

对当前EVA回报率低、未来市场价值增长潜力很大的产业，如果通过资源和技术投入能改善EVA回报率低的现状，应加大投入；如果受制于各种因素，如被某些企业市场垄断，再投入也很难改善EVA回报率时，应平稳发展。

对当前EVA回报率低、未来市场价值增长潜力很小的产业，应稳步发展，适当时可撤回投资。

（二）二级EVA中心：主要从资源配置层面对价值创造进行管理

价值管理重点：以价值创造为核心开展产业规划、业务布局、投资管理和资源配置。

同样，可以用以上“EVA增长矩阵图”来分析产业内各类不同业务板块的特点，确定各企业的不同发展模式，提出具有针对性的价值增长策略。

此外，应将EVA指标应用于投资项目评价，确保产业内新投入项目的投资回报水平高于资本成本，提高投资项目的经济效益和长期价值。

（三）三级EVA中心：主要从资源运行效益层面对价值创造进行管理

价值管理重点：提高现有资源的效益，立足主业增加收入，不断进行降本增效。全面清理企业资产，将资产划分为经营性和非经营性的两类资产，提高经营性资产的运行效率，挖掘非经营性资产的价值，清理盘活闲置、低效、无效的资产。调整企业资本结构，努力降低企业融资成本。培育未来长期价值，加大研发投入，开发、培育高附加值的产品和品牌，注重科技资源的有效利用和科研成果的快速转化，培育长期价值创造能力。

（四）四级 EVA 中心：主要从运营管理层面对价值创造进行管理

价值管理重点：提高价值链各环节运营效率和效益，包括设计、采购、生产、销售、物流等价值链环节，提高销售收入，降低各项成本费用，加快资产周转，特别是存货和应收账款周转，提高营运资金利用效率。

（五）五级 EVA 中心：主要通过具体生产经营活动来实现价值创造

价值管理重点：通过各项具体经营管理活动影响 EVA 驱动因素，实现 EVA 提升。五级 EVA 中心是那些对 EVA 产生较大影响的部门和车间，应通过各项具体经营管理措施来完成本部门 EVA 关键绩效指标，最终实现 EVA 提升目标。

四、EVA 中心的考核

（一）法人实体 EVA 中心考核

法人实体 EVA 中心考核办法可参照“集团公司经营业绩考核办法”进行，其中 EVA 在考核指标体系中的权重应不低于 30%。

企业在制定对 EVA 中心的考核办法时，可以在集团公司考核办法基础上进行灵活设计，以提高考核对各 EVA 中心在 EVA 提升方面的引导作用。主要可从以下几个方面着手：

1. 资本成本率。企业可以采取差异化的资本成本率进行考核。可参照本手册第二章中介绍的方法，针对不同行业、不同风险水平的企业采用不同的资本成本率。一方面能较公平的评价、考核和激励，另一方面能合理评价企业、项目和各项资源的价值创造能力，引导正确投资和资源配置。

2. EVA 计算中的会计调整。企业在进行考核时，可以增加一些 EVA 会计调整项目，更准确的反映价值创造情况。如可以在税后净营业利润中增加对技术改造和市场开发等资本化费用的调整，以鼓励企业加大对长期发展的业务投入；也可将当期计提的减值准备在扣除所得税的影响后加回到税后净营业利润中，同时还将资产减值准备的余额作为当期资本占用的一部分，加回到资本占用中去，以避免经营者的会计操纵行为，真实反映价值创造情况。此外，对一些由于社会原因造成历史负担很重的企业，对企业承担的历史负担支出扣除所得税的影响后加回到税后净营业利润中，对历史负担形成的资产不计入资本占用等等。

3. 考核指标可以丰富化。由于 EVA 指标存在不同规模企业间缺乏可比性的缺陷，可以增加一些指标来弥补这一缺陷，如增加 EVA 占营业收入比、净资产 EVA 率等指标。

（二）非法人实体 EVA 中心考核

对企业内部 EVA 中心，企业应对各 EVA 中心设立合理的绩效指标进行考核，绩效考核指标的设置可参照本手册第四章中介绍的方法。企业可将这些绩效指标作为企业对该部门综合考核的一部分指标，与综合考核一同开展。

此外，对企业内部以分厂、车间为责任中心建立的 EVA 中心，还应引入“目标 EVA 值”进行考核，在企业对分厂、车间考核的内部绩效考核体系中对目标 EVA 指标赋予恰当的考核权重。

1. 企业内部 EVA 中心目标 EVA 值和实际 EVA 值计算公式。

目标 EVA 值 = 目标收入 - 目标成本 - 目标资本成本

实际 EVA 值 = 实际收入 - 实际成本 - 实际资本成本

2. 计算范围。

（1）收入：指 EVA 中心从事生产、加工、劳务等价值活动取得的收入或转移的价值。

（2）成本费用：指 EVA 中心为生产产品或提供劳务而发生的成本费用，包括材料、人工成本、燃动费用、制造费用、专用工装、废品损失等成本费用。

（3）资本成本：指 EVA 中心所占用资源应承担的资本成本。EVA 中心所占用资源是该中心可以控制和计量的资源。一般包括：该中心组织和开展生产所占用的厂房、机器设备等固定资产（含大修理支出），该中心期末留存的原材料、低值易耗品、在制品库存等存货资产。

3. 计算方法。通过计算内部 EVA 中心的收入、成本费用和占用资源资本成本，来计算该中心直接创造的 EVA。

计算公式为：

EVA = 内部收入 - 内部成本费用 - 内部资源资本成本

其中：

内部收入 = 该 EVA 中心（车间）向下一个 EVA 中心（车间）交付的完工产品数量 × 内部转移价格 + 该 EVA 中心生产的直接对外出售的产品数量（劳务）× 市场价格

核算 EVA 中心内部收入时，价格按两种情况计算：如果产品、劳务是直接对外出售的，按市场价格进行计算；如果产品、劳务是企业内部流转的，按企业规定的内部转移价格来计算。

内部成本费用 = 材料 + 人工成本 + 燃动费用 + 制造费用 + 废品损失 + 专用工装

以上成本费用项目可按企业成本核算方法核算出各项目实际成本费用。

内部资源资本成本 =（占用的固定资产净值 + 期末存货）× 资本成本率

占用的固定资产应按照“独立占用直接计入、共同占用合理分摊”的原则进行计算。

附件1:

EVA 计算表

单位:　　　　　　　　　　年　月　日　　　　　　　　　　单位:万元

序号	项目 1	2	3	4	5	6	7 本年预算	8 本年实际	9 上年同期
1					主营业务利润	主营业务收入			
2				营业利润		主营业务成本			
3					0 0 0	主营业务税金及附加			
4			净利润		+ 其他业务利润	其他业务收入			
5		税后净营业利润			0 0 0	其他业务成本			
6				0 0 0		管理费用			
7					— 期间费用	销售费用			
8			0 0 0		0 0 0	财务费用			
9						营业外收支净额			
10	EVA	0 0 0		+	非营业利润	投资收益			
11					0 0 0	其他			
12				— 所得税	0 0 0	所得税			
13				调整因素 ×（1－25%）		研究开发费用调整数			
14			+			非经常性收益调整数			
15					0 0 0	利息支出			
16						货币资金			
17						存货			
18						应收票据			
19	0 0 0				流动资产	应收账款			
20		－资本成本	资本占用	资本占用		预付账款			
21						其他应收款			
22					0 0 0	其他			
23						固定资产			
24					+ 非流动资产	在建工程			
25						无形资产			
26		0 0 0	0 0 0	0 0 0	0 0 0	其他			
27						应付票据			
28						应付账款			
29					— 无息流动负债	预收账款			
30						其他应付款			
31					0 0 0	其他			
32					在建工程				
33				— 调整因素	0 0 0	在建工程			
34			×资本成本率						

附件2：

EVA敏感性计算表

单位： 年 月 日 单位：万元

序号	项目 1	2	3	4	5	6	基期数X 7	X＊(1+△X) 8	敏感性系数(λ) 9	变化△X(%) 10
1					主营业务利润	主营业务收入		0		
2						主营业务成本		0		5%
3					0 0	主营业务税金及附加		0		
4		税后净营业利润	净利润	营业利润	+ 其他业务利润	其他业务收入		0		
5					0 0	其他业务成本		0		
6				0 0	— 期间费用	管理费用		0		
7						销售费用		0		
8			0 0		0 0	财务费用		0		
9				+ 非营业利润		营业外收支净额		0		
10	EVA	0 0				投资收益		0		
11					0 0	其他		0		
12				— 所得税	0 0	所得税		0		
13			+	调整因素×(1－25%)		研究开发费用调整数		0		
14						非经常性收益调整数		0		
15					0 0	利息支出		0		
16					流动资产	货币资金		0		
17						存货		0		
18						应收票据		0		
19	0 0					应收账款		0		
20		－资本成本	资本占用	资本占用		预付账款		0		
21						其他应收款		0		
22					0 0	其他		0		
23					+ 非流动资产	固定资产		0		
24						在建工程		0		
25						无形资产		0		
26		0 0	0 0	0 0	0 0	其他		0		
27					— 无息流动负债	应付票据		0		
28						应付账款		0		
29						预收账款		0		
30						其他应付款		0		
31					0 0	其他		0		
32				— 调整因素	在建工程	在建工程		0		
33					0 0					
34			×资本成本率							

附件 3：

EVA 敏感性分析表

单位：　　　　　　　　年　月　日　　　　　　　　单位：万元

序号	项目 1	项目 2	项目 3	项目 4	项目 5	项目 6	基期数 7	本期数 8	△X 9	敏感性系数(λ) 10	对 EVA 变化△EVA 11
1					主营业务利润	主营业务收入			0	12.00	0%
2						主营业务成本			0		
3				营业利润	0　0	主营业务税金及附加			0		
4		税后净营业利润	净利润		+ 其他业务利润	其他业务收入			0		
5					0　0	其他业务成本			0		
6				0　0	— 期间费用	管理费用			0		
7						销售费用			0		
8			0　0		0　0	财务费用			0		
9						营业外收支净额			0		
10	EVA	0　0		+ 非营业利润		投资收益			0		
11					0　0	其他			0		
12				— 所得税	0　0	所得税			0		
13						研究开发费用调整数			0		
14			+	调整因素×(1－25%)		非经常性收益调整数			0		
15					0　0	利息支出			0		
16						货币资金			0		
17						存货			0		
18						应收票据			0		
19	0　0				流动资产	应收账款			0		
20		－资本成本	资本占用	资本占用		预付账款			0		
21						其他应收款			0		
22					0　0	其他			0		
23						固定资产			0		
24					非流动资产	在建工程			0		
25					+	无形资产			0		
26		0　0	0　0	0　0	0　0	其他			0		
27						应付票据			0		
28						应付账款			0		
29					— 无息流动负债	预收账款			0		
30						其他应付款			0		
31					0　0	其他			0		
32				— 调整因素	在建工程	在建工程			0		
33					0　0						
34			×资本成本率								

附件4：

EVA价值诊断报告大纲（参考）

第一部分 企业基本情况

简单描述企业的历史沿革、组织结构、主要产品、战略地位、发展规划等企业基本情况。

第二部分 宏观政策和行业形势对企业的影响

对影响企业价值创造能力的宏观环境及行业情况进行简单分析。包括经济、技术、社会等宏观环境及相关宏观政策变化和对企业的影响；分析企业所处行业（细分市场）整体发展趋势、竞争态势、获利状况及技术发展趋势，重点是主要竞争对手情况、客户消费倾向变化、行业整体盈利变动等情况。

第三部分 企业价值创造能力评价

（一）计算企业当期和历史EVA值、与行业对标指标情况，评价企业整体、所属子公司和各业务板块价值创造能力。

（二）企业当期敏感性计算结果，各项价值驱动项目的敏感度排序，各项价值驱动项目对EVA的影响变动值排序，哪些因素在创造价值，哪些因素在破坏价值。

第四部分 企业EVA增减原因分析

（一）从财务数据方面进行原因分析，包括企业整体和分业务板块财务数据分析。主要从销售收入、费用、利润总额、资产等主要财务指标来分析，并分析宏观经济政策和行业形势对企业整体或分业务板块的影响。

（二）深入到销售、生产、管理、投资等业务环节进行原因分析，对企业整体和所属子公司或所属各业务板块的增减原因进行详细分析。

第五部分 总结及改进措施

总结企业目前面临的主要矛盾和问题，提出EVA提升可选的解决办法和相应的改进措施。

第六部分 企业EVA目标规划

在上述价值评价、敏感性分析和原因诊断的基础上，根据企业战略规划、预算目标、行业对标和经营实际，提出 EVA 提升目标、提升方向，进行可行性研究，并提出具体措施。

附件：1. 各年度财务报表

2. 各年度 EVA 计算表

3. EVA 敏感性计算表

4. EVA 敏感性分析表

5. 有关行业对标资料

6. 企业发展规划、预算资料

附件 5：

EVA 提升路径图

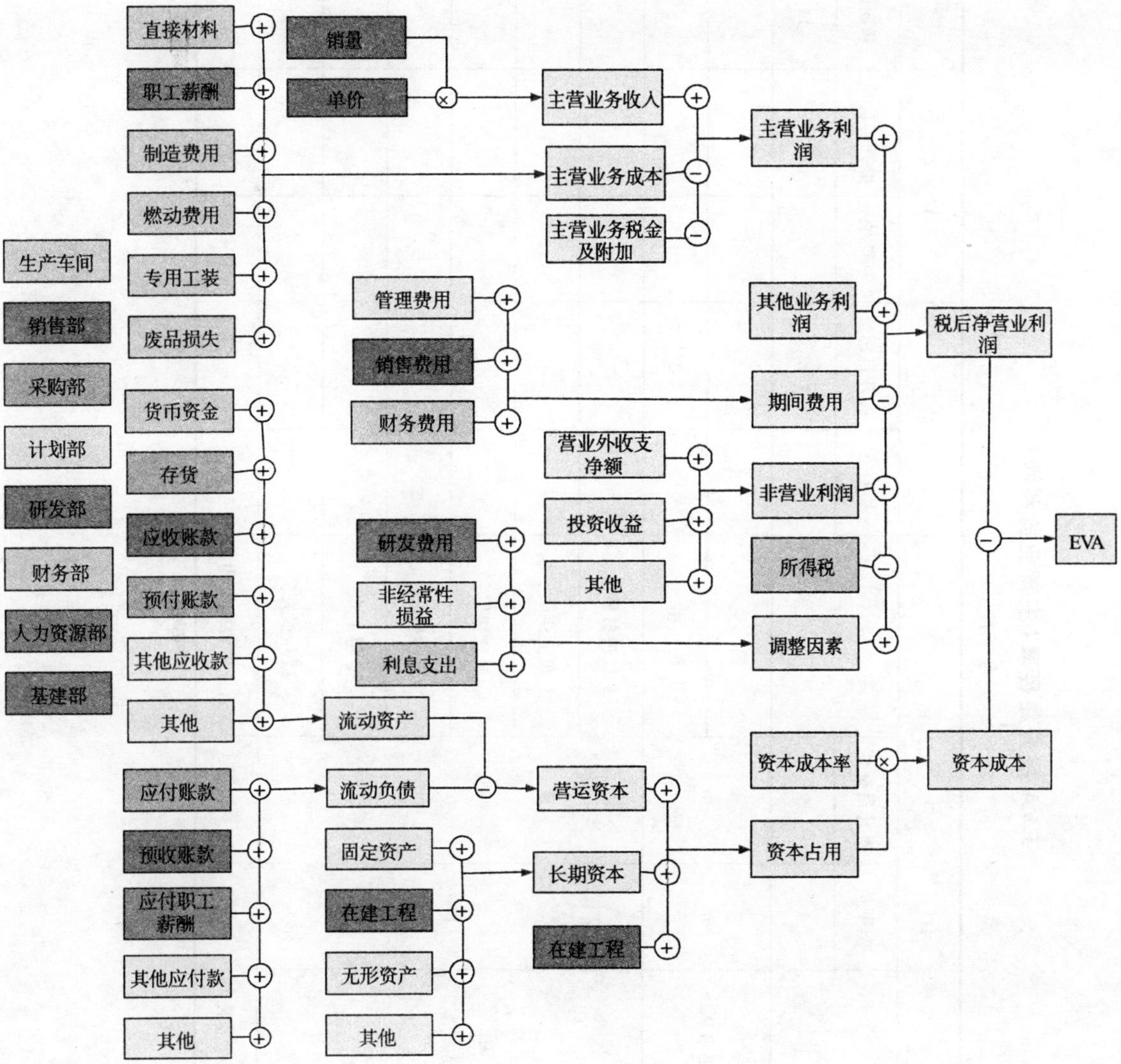

附件6：

EVA提升路径表（主营业务利润）

单位：　　　　　　　　年　月　日　　　　　　　　单位：万元

序号	项目						产品1		产品2		……	
	1	2	3	基期值	提升目标值	6	基期值	提升目标值	基期值	提升目标值	基期值	提升目标值
				4	5		7	8	9	10	11	12
1	主营业务利润		主营业务收入	0	0	销　量						
2						价　格						
3			主营业务成本	0	0	直接材料						
4						职工薪酬						
5						制造费用						
6	0	0				燃动费用						
7						专用工装						
8						废品损失						
9			主营业务税金及附加	0	0	主营业务税金及附加						

附件 7：

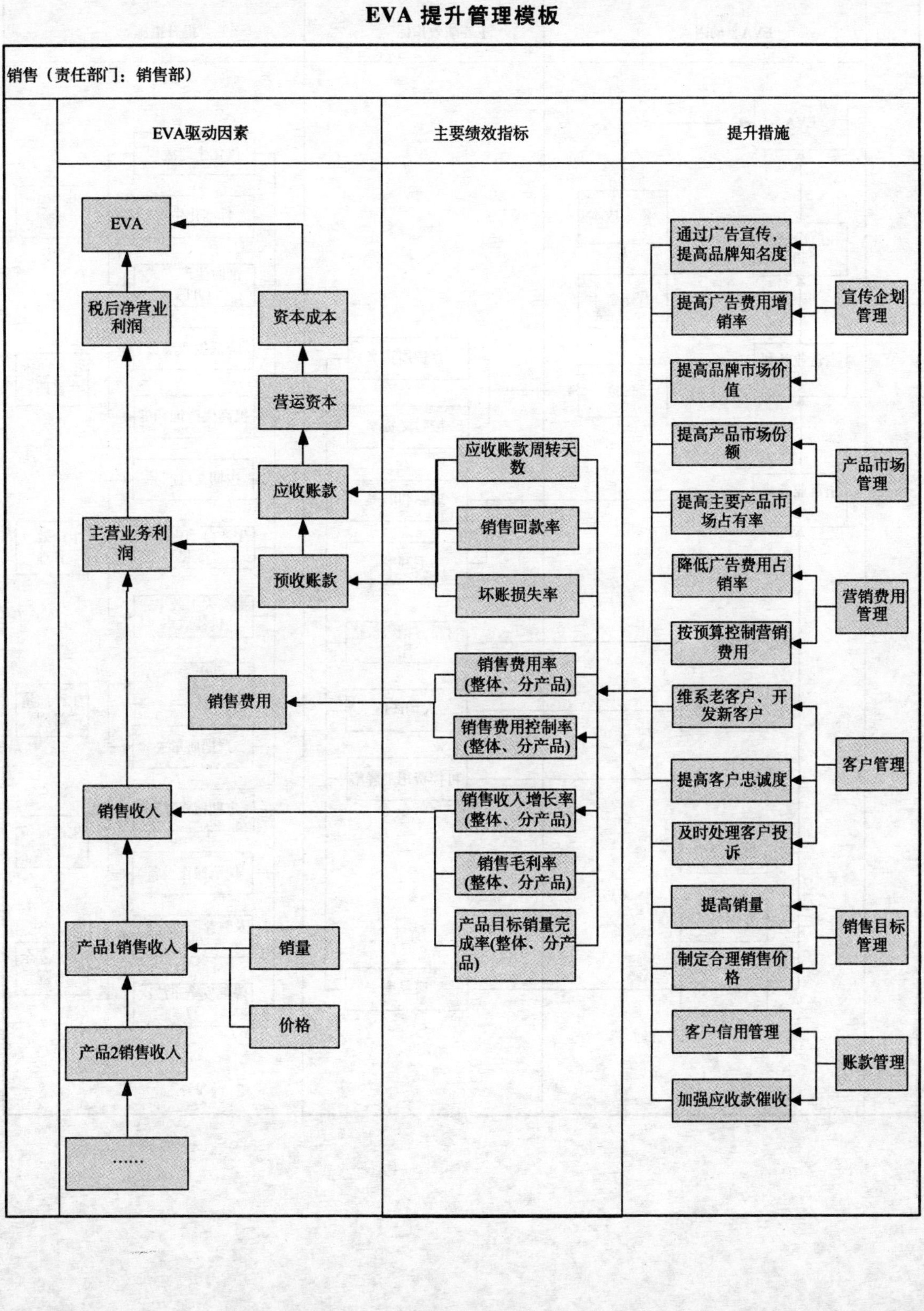
EVA 提升管理模板
销售（责任部门：销售部）
EVA驱动因素
主要绩效指标
提升措施
EVA
税后净营业利润
资本成本
营运资本
应收账款
预收账款
主营业务利润
销售费用
销售收入
产品1销售收入
产品2销售收入
……
销量
价格
应收账款周转天数
销售回款率
坏账损失率
销售费用率(整体、分产品)
销售费用控制率(整体、分产品)
销售收入增长率(整体、分产品)
销售毛利率(整体、分产品)
产品目标销量完成率(整体、分产品)
通过广告宣传，提高品牌知名度
提高广告费用增销率
提高品牌市场价值
提高产品市场份额
提高主要产品市场占有率
降低广告费用占销率
按预算控制营销费用
维系老客户、开发新客户
提高客户忠诚度
及时处理客户投诉
提高销量
制定合理销售价格
客户信用管理
加强应收款催收
宣传企划管理
产品市场管理
营销费用管理
客户管理
销售目标管理
账款管理

续表

生产（责任部门：各生产部门）			
	EVA驱动因素	主要绩效指标	提升措施

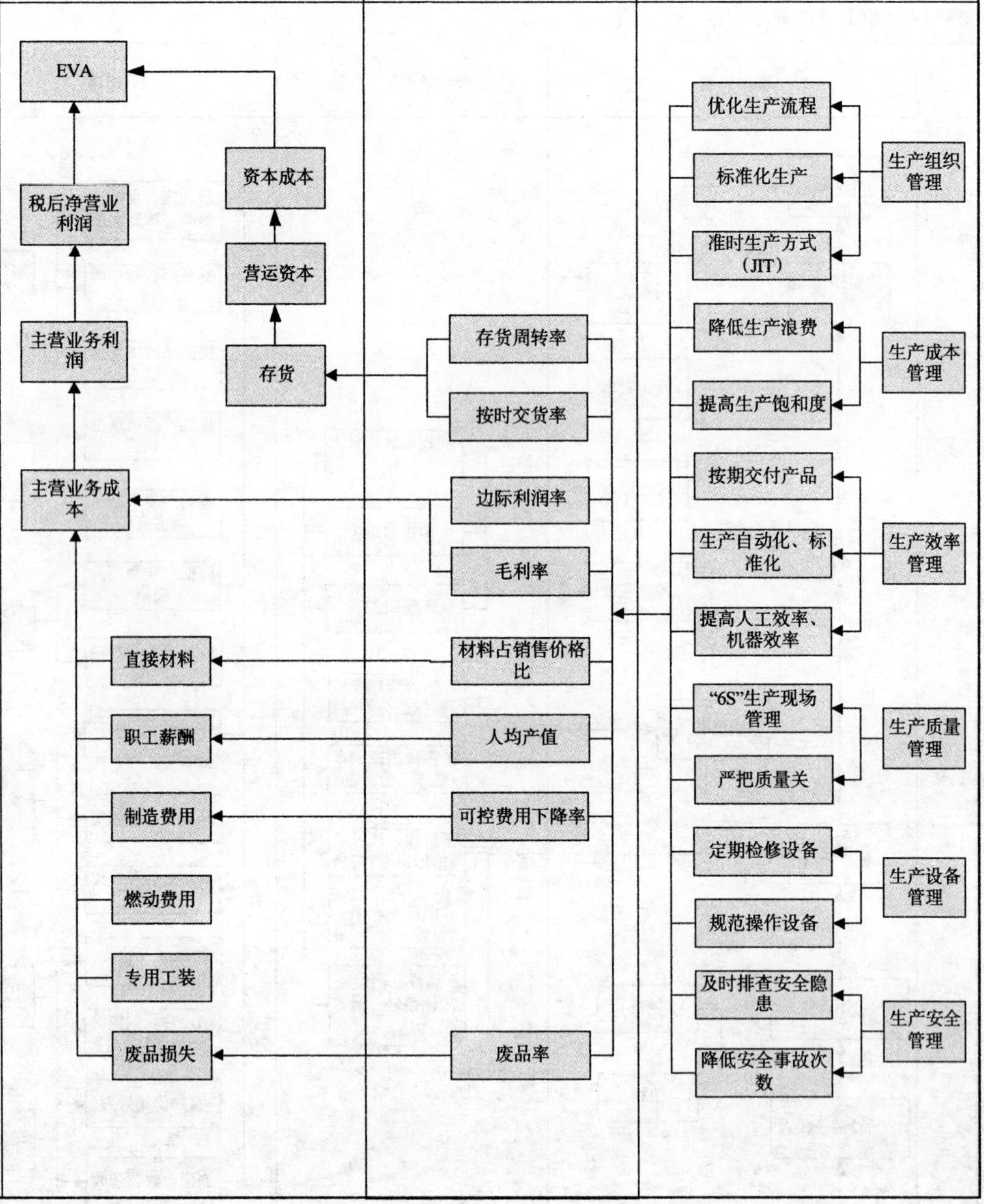

续表

管理（责任部门：财务部、人力部、信息部、审计部、资产管理部等管理部门）			
	EVA驱动因素	主要绩效指标	提升措施

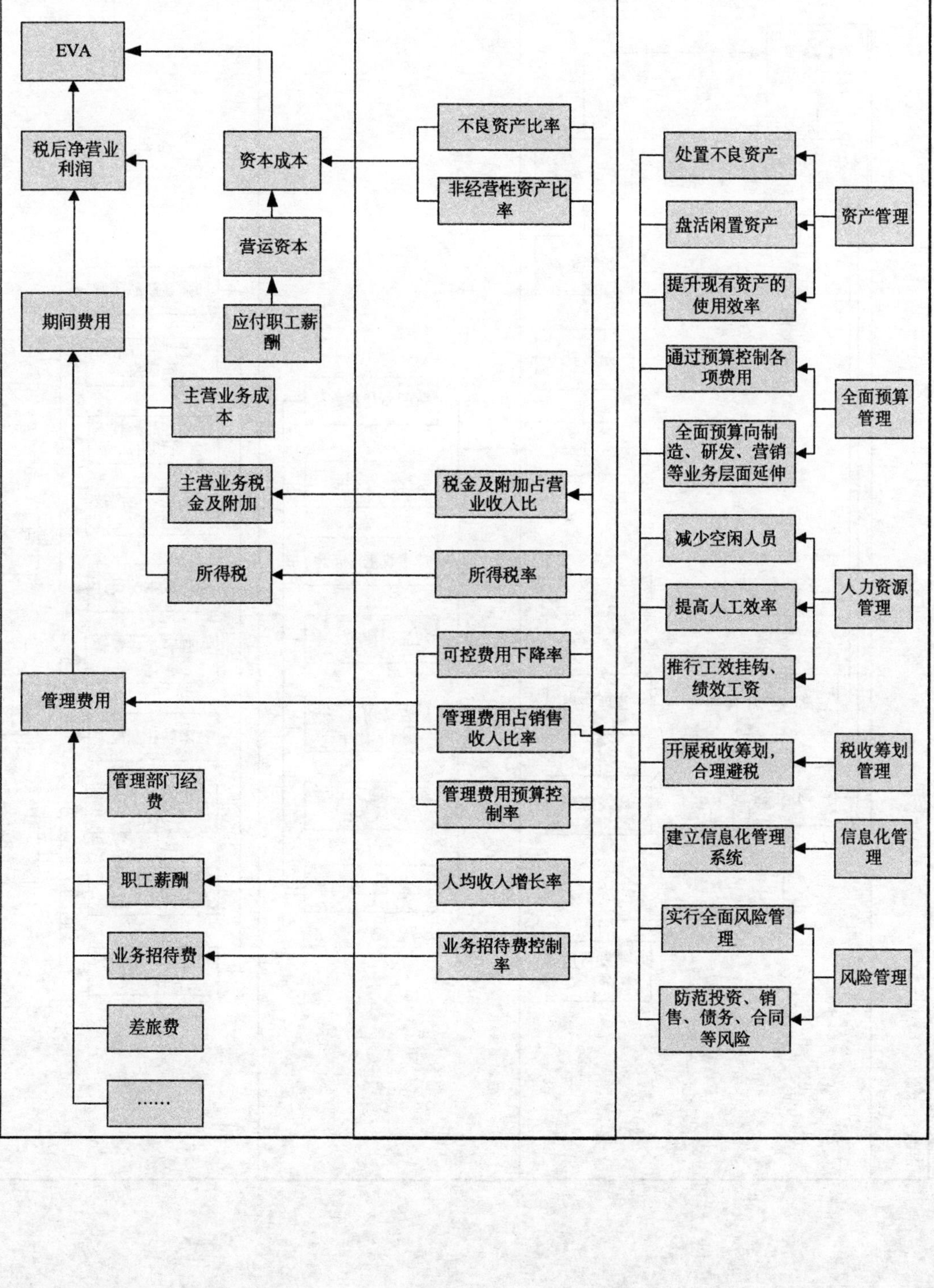

续表

研发(责任部门：技术研发部门和承担研发任务的其他部门)		
EVA驱动因素	主要绩效指标	提升措施

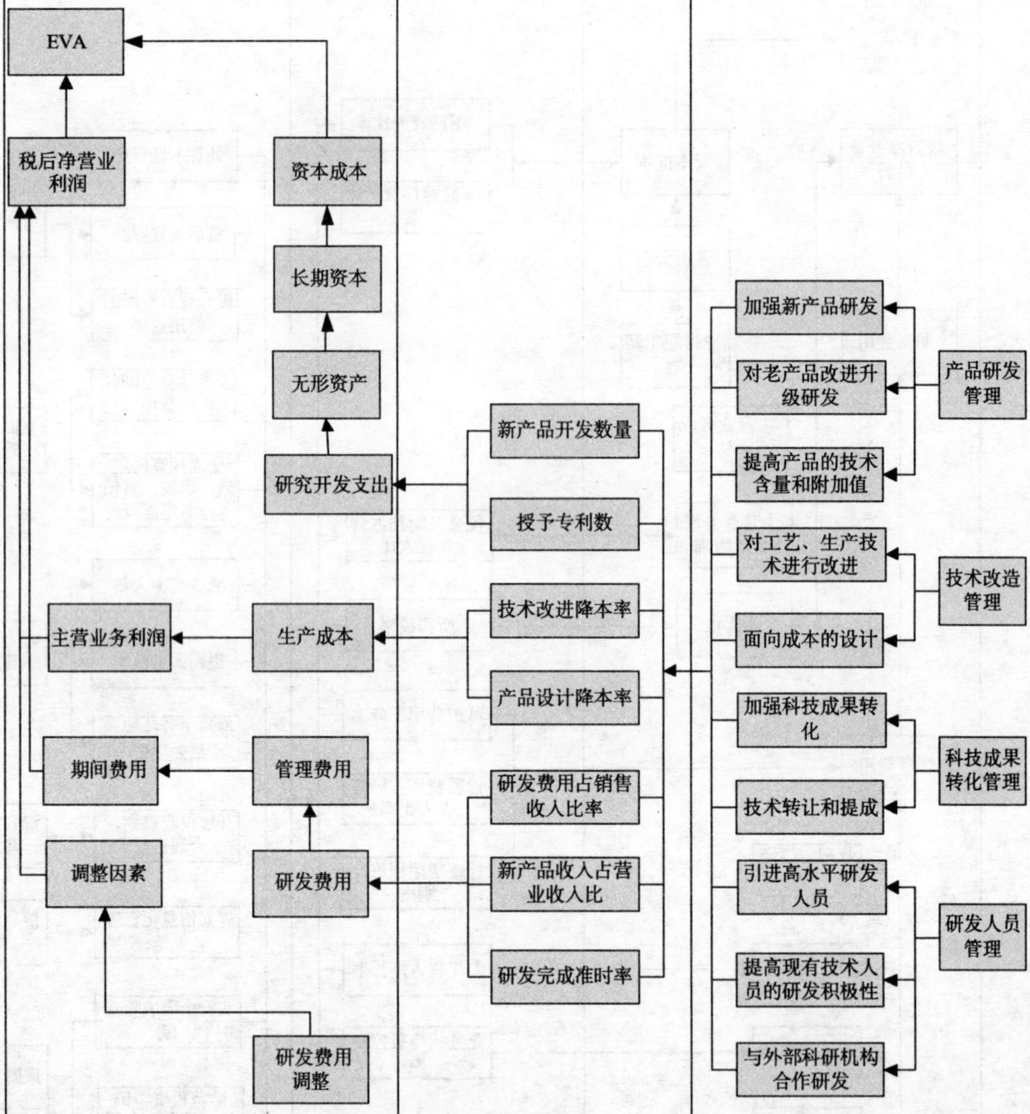

续表

采购（责任部门：采购部、仓管部）

EVA驱动因素	主要绩效指标	提升措施

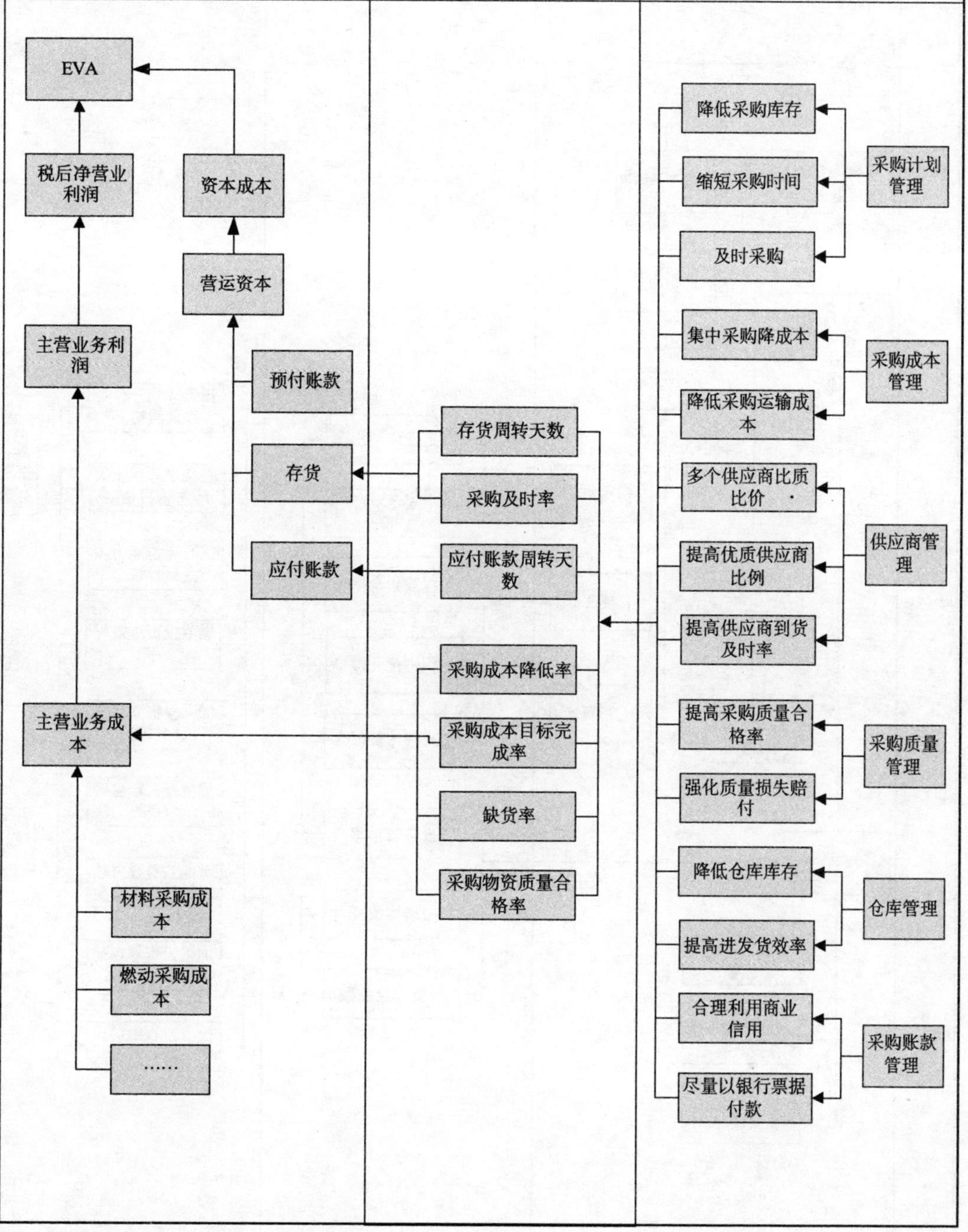

续表

投资（责任部门：固定资产项目投资和产权性投资决策和管理部门）		
EVA驱动因素	主要绩效指标	提升措施

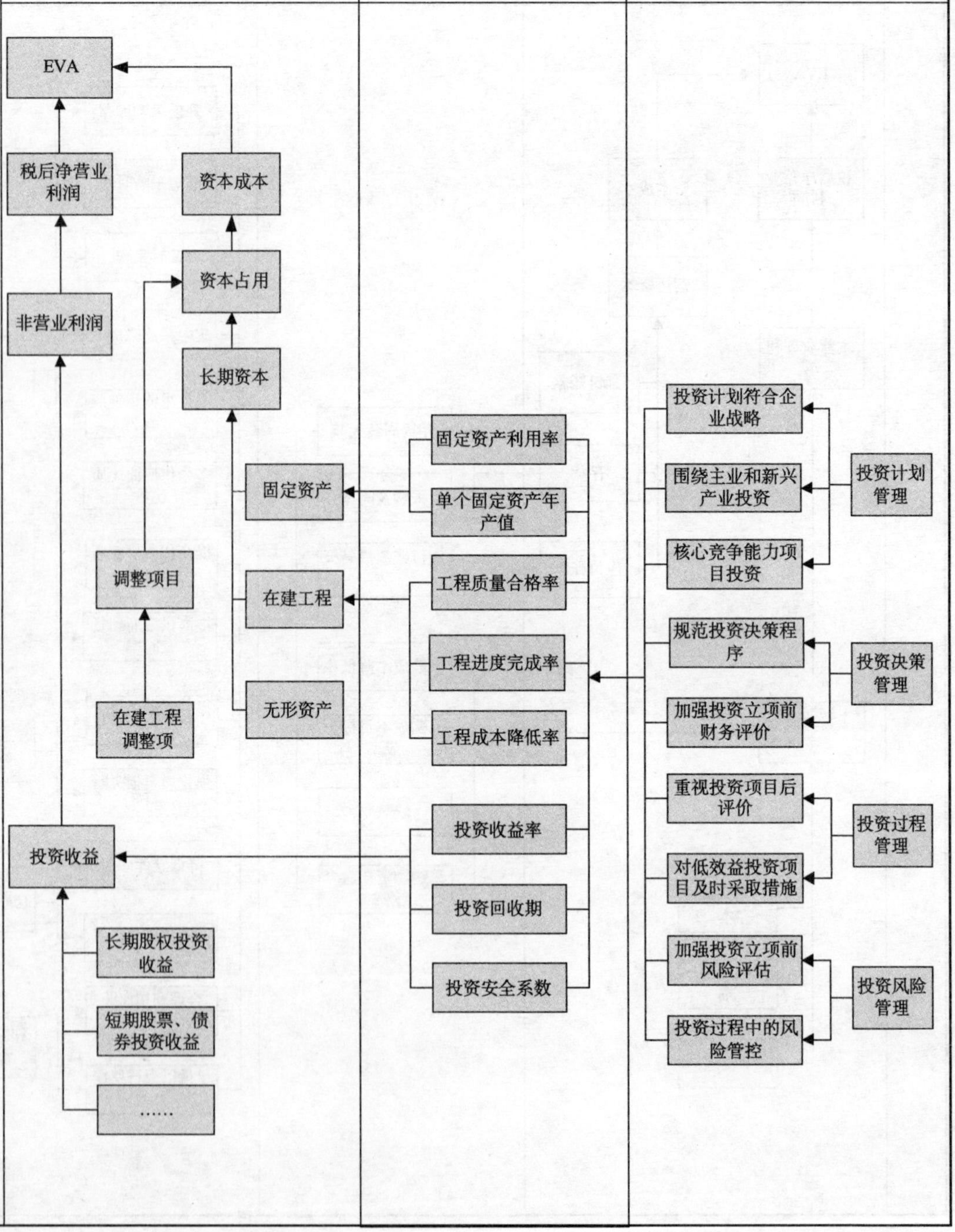

续表

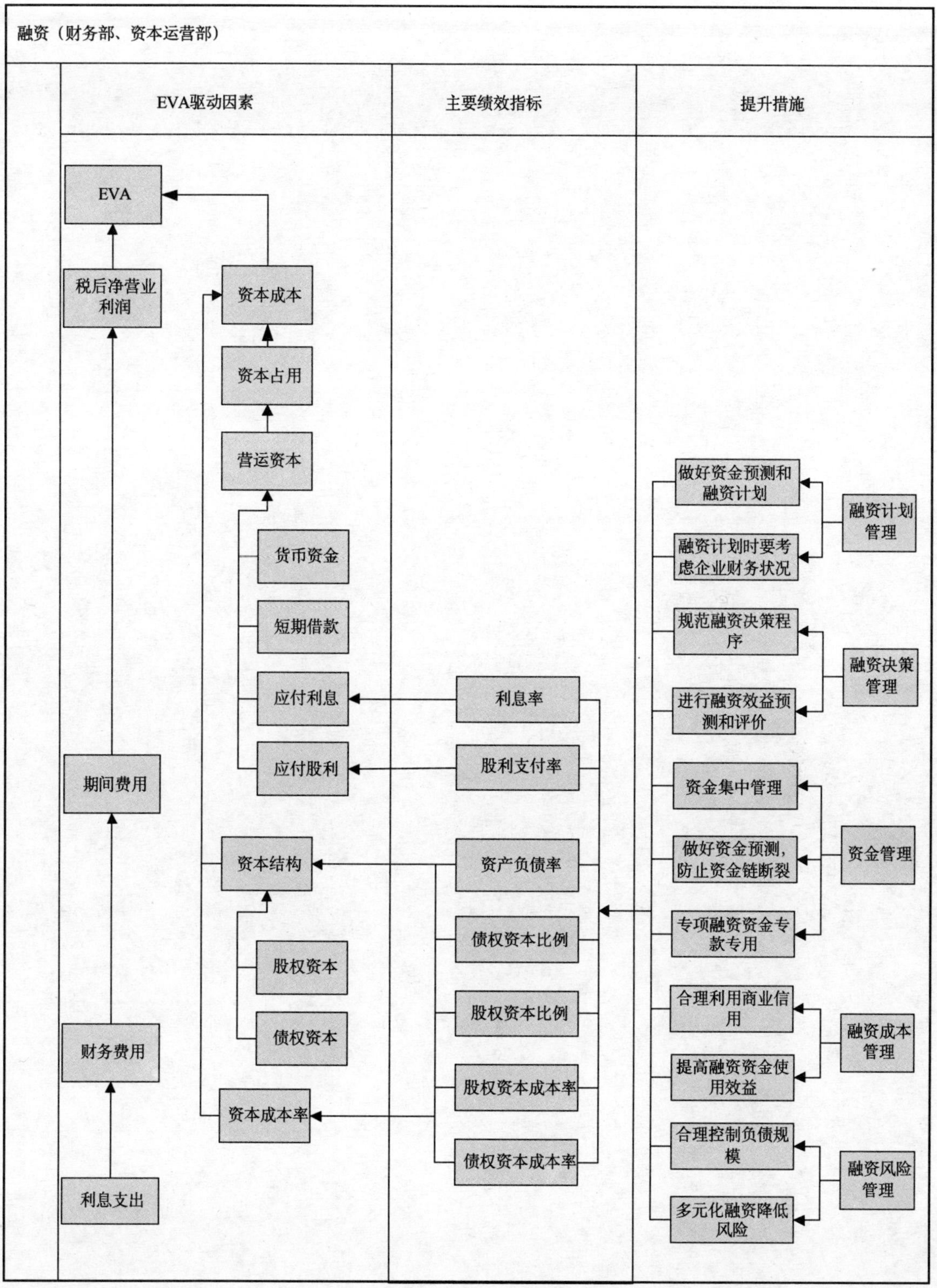
融资（财务部、资本运营部）
EVA驱动因素
主要绩效指标
提升措施
EVA
税后净营业利润
资本成本
资本占用
营运资本
货币资金
短期借款
应付利息
应付股利
期间费用
资本结构
股权资本
债权资本
财务费用
资本成本率
利息支出
利息率
股利支付率
资产负债率
债权资本比例
股权资本比例
股权资本成本率
债权资本成本率
做好资金预测和融资计划
融资计划时要考虑企业财务状况
融资计划管理
规范融资决策程序
进行融资效益预测和评价
融资决策管理
资金集中管理
做好资金预测，防止资金链断裂
专项融资资金专款专用
资金管理
合理利用商业信用
提高融资资金使用效益
融资成本管理
合理控制负债规模
多元化融资降低风险
融资风险管理

第三部分

经营预测手册

第一章 Chapter 1 经营预测概述

一、经营预测体系

“凡事预则立，不预则废”，市场经济中，企业若想立于不败之地，必须对企业现有的内部条件和外部环境有较好的把握，对未来将要发生的经济活动进行科学的预测。经营预测就是这样一种通过收集整理过去和现在发生的信息，通过一些科学的预测手段，对未来可能产生的经济效益以及发展趋势作出合理预判和推测的过程。其在企业的生产经营活动中起着至关重要的作用，是企业开展计划、预算、战略规划、产品定位、市场扩张、筹融资、新产品开发等经营活动的基础和依据。经营预测就像一盏明灯，引导企业顺利前行，规避风险，让企业常青不衰。世界一流大企业都非常重视经营预测工作，有着自己专门的经营预测团队，或是与麦肯锡咨询公司、波士顿咨询公司、国际联合咨询公司等著名的国际咨询公司进行长期战略合作。

（一）经营预测的原理

经营预测的科学性是基于经营活动的内在发展规律，对未来进行正确的分析、预见和判断。经营预测主要是基于以下原理：

1. 连续性原理，是指事物的发展具有一定的连续性，过去和现在事物中存在某种共同规律，这种规律表现在两方面：一是时间序列规律，事物自身在较长时间内所呈现的数量变化特征保持相对的稳定；二是因果关系规律，事物的发展变化受到相关要素影响控制。

2. 可测性原理，是指经济活动发展都有一定的必然性和偶然性，将偶然性因素从样本中剔除后，在对数据进行科学的归纳和敏锐判断基础上，发现事物的发展趋势具有可预见性。比如某期的半导体价格受到日本东部大地震影响价格迅猛上涨。

3. 相关性原理，指各种经济活动总是与某些驱动因素紧密相关，通过分析相互之间的关系，建立数学模型来分析事物变化规律。比如：通过回归分析模型预测产品价格走势与原材料价格变化的因果关系。

4. 类推原理，经济活动在构成和发展模式上往往存在某种相似性，可以根据已知的构成和发展模式类推出未来的变化规律。比如：通过对国外的电子信息发展历程可以类推国内信息化的未来趋势。

（二）经营预测的作用

经营预测的作用表现在企业内外部管理的方方面面，科学准确的经营预测为企业的各项经营管理工作提供重要的支撑作用，为企业的各项经营管理工作保驾护航。主要表现在：一是企业做出决策的依据和基础；二是企业提高竞争力的有力手段；三是企业进行科学管理的基础；四是企业全面预算、目标成本管理、平衡计分卡等管理手段基础。图 3－1－1 显示了经营预测在企业经营管理中的地位。

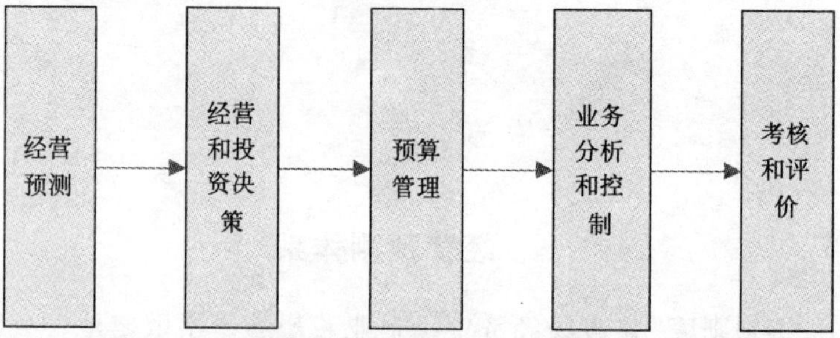

图 3－1－1　经营预测在企业经营管理中的地位示意图

二、经营预测方法和步骤

（一）经营预测的方法体系

经营预测广泛吸收应用数学、管理科学、数理统计、信息科学等领域的成果，大致可分为定性预测法和定量预测法两大类，见图 3－1－2。

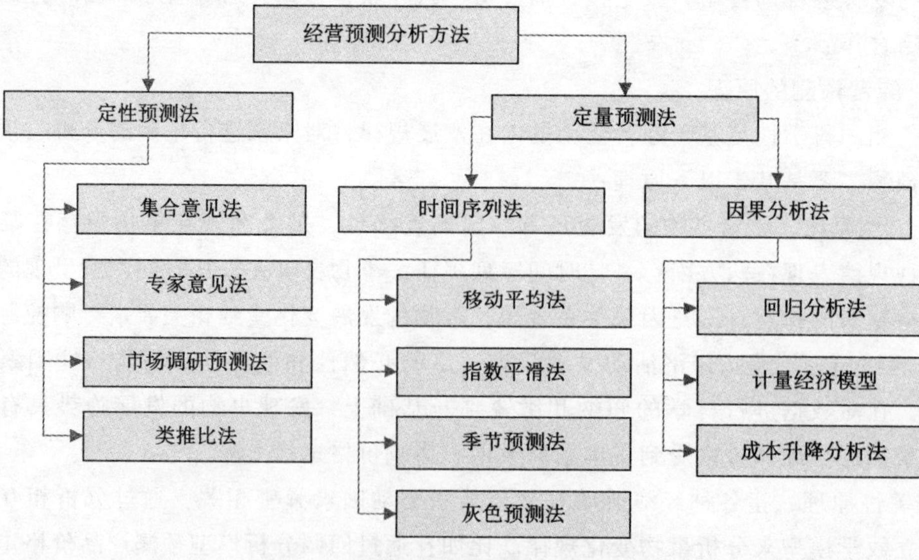

图 3－1－2　经营预测方法分类示意图

定性预测法也称判断分析法，是一种直观的预测方法，主要是凭借预测人员的经验和判断分析能力得出预测结果。定量预测法又称数量分析法，主要是应用数学方法，对各种经济数据进行科学加工处理，建立数学模型得出预测结果。

在实际应用中，定量分析法比较精确，但无法顾及某些非计量因素，需运用定性分析法将其考虑进去，但定性分析法又受制于主观因素的影响，因此，两种分析方法不是完全独立，而是相辅相成、取长补短的。以上这些方法会结合市场预测、成本利润预测和资金预测详细介绍。

（二）经营预测的主要步骤

经营预测是一项系统性和复杂性很高的工作，应通过编制、审核和批准三级审批管理制度来保证预测结论的科学严谨性，一般的预测步骤如下：

1. 明确预测目标值。企业的预测目标一般是围绕市场、成本、利润和资金四项指标来进行的。指标要达到的目的确定了，下一步就是运用科学的方法进行预测。

2. 收集、整理和分析资料。预测目标确定后，要对搜集的有关技术、经济、市场的资料进行加工、整理、归集、鉴别、去粗取精，找出各因素之间的内在的关系，从中找出事物发展的规律以及趋势，作为预测的根据。

3. 选择预测方法。每一种预测方法起到的效果不同，所以对不同的对象和内容要采用不同的预测方法，充分发挥各种预测方法的作用。

4. 实施预测。根据收集整理的资料信息，选择科学的预测方法进行定性、定量的分析和判断，揭示事物的发展规律及变化趋势，得出切合实际的预测值，为企业经营决策提供可靠信息。

5. 检查、验证。将实际值与预测值进行比对，验证预测的结果是否科学、准确，找出偏差的具体原因，并及时修正原选定的预测方法。对预测的信息数据多次进行反复的验证，以便得出正确的预测结果。

6. 根据企业战略目标修正预测结果。经营预测要与企业的战略目标相结合，找出战略目标与预测之间的差距，实现战略目标的可能性和努力的方向，制定相应的措施，指导企业经营管理。

7. 提供预测结论报告。向企业领导提供包括预测目标、预测过程、修正补充过程、经营目标和措施计划等内容的经营预测报告。

经营预测流程见图 3－1－3。

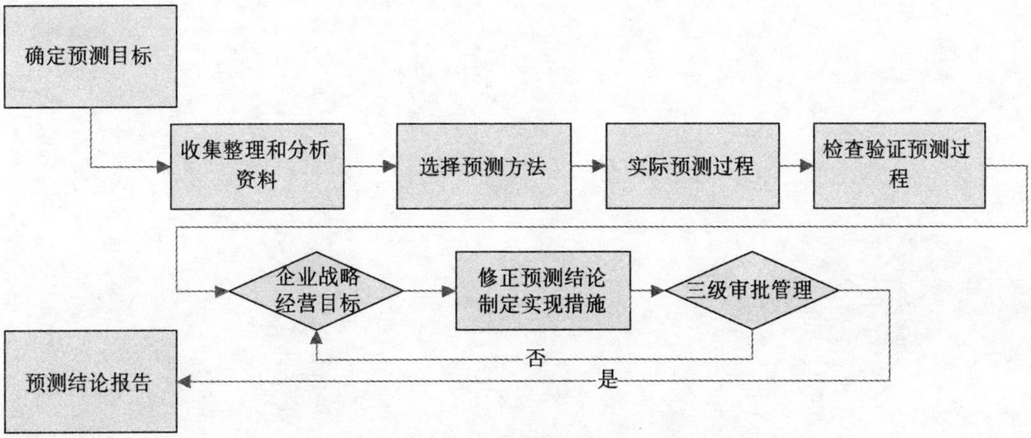

图 3－1－3 经营预测流程示意图

三、集团公司经营预测环境和基础条件

（一）目前集团公司各成员单位经营预测开展情况

社会上很多企业或多或少开展了一些经营预测工作，主要表现在进行年度预算、项目投资或其他情况下进行过市场、成本、利润和资金的预测分析，但是在实际运用中经营预测中存在以下问题：

一是预测的广度和深度不够，预测的逻辑性不够严谨，主观性随意性较强，生搬硬套指标情况普遍，预测结果缺乏的说服力，对企业的生产经营工作指导性不够。

二是企业对经营预测工作不够重视，没有建立长效机制，职责不明确，往往是以领导拍脑袋来代替科学的预测或是以简单的数据和表格敷衍了事，没有形成依据充分、逻辑严密、具有说服力和指导价值的专门预测报告。

三是各相关业务口缺乏专门经营预测人才，不熟悉预测方法，不会运用科学的预测工具，需要加强培训和学习。

（二）目前集团成员单位实施经营预测运用的基础条件基本具备

一是各成员单位的基础管理水平在不断提升，内部数据的统计、收集基本建立。

二是各成员单位的信息化工作得到有效推进，财务信息化已经基本完成，大部分单位都在进行或已经完成 ERP 体系建设，实现财务、业务信息一体化管理。

三是成员单位具备一定的人才储备或者具备引入相应专业人才的能力。

四是成员单位具备设置经营预测机构和责任职能的条件。

第二章 Chapter 2 市场预测

市场预测是指在未来特定时间内，对全部产品或特定产品销售数量与销售金额的估计，是在充分考虑未来各种影响因素基础上，经过问卷调查、客户走访、行业研究报告等搜集数据过程，结合本企业的销售实绩，通过一定的预测分析方法提出切实的销售目标，并就为了完成销售目标制定可行的工作措施和工作目标。

一、市场预测工作机制和流程

（一）市场预测工作机制

1. 市场预测的组织保障。市场预测要在分管经营副总经理的领导下，由市场部门牵头，组织技术和质量等相关部门，在市场调查的基础上对企业未来销售数量和价格进行预测，市场部门应建立市场预测机制和流程，设立专门职责负责市场预测相关事项，设立编制、审核、批准三级审查管理制度，确保预测的严谨性和准确性。

2. 市场预测的时间要求。企业战略规划时应对中长期市场进行预测；企业在进行年度预算时应对预算年度进行市场预测；企业在进行月度生产计划编制时应进行 T+3（未来三期）市场预测；企业在进行重大投资活动时须进行市场预测；企业认为有必要的其他情况下，也应进行市场预测。

（二）市场预测的工作流程

市场预测的工作流程见图 3-2-1。

二、市场调查

市场调查是销售预测的前提和基础，通过市场调查可以获取产品销量和价格变化趋势等的第一手资料。市场调查应在市场部门的统一组织下，以销售人员为主，由质量、技术等人员共同参与，企业进行市场调查的内容和方法见图 3-2-2。

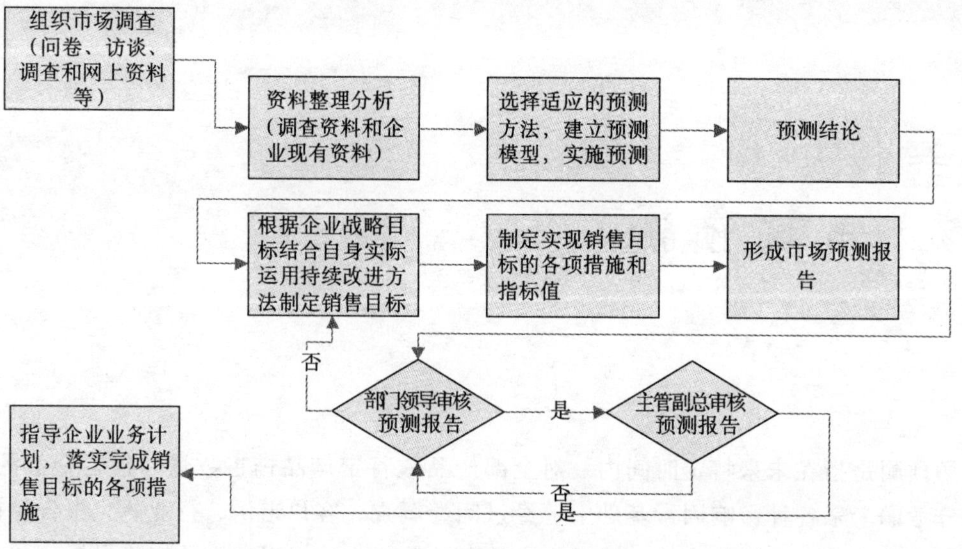

图 3-2-1 市场预测流程示意图

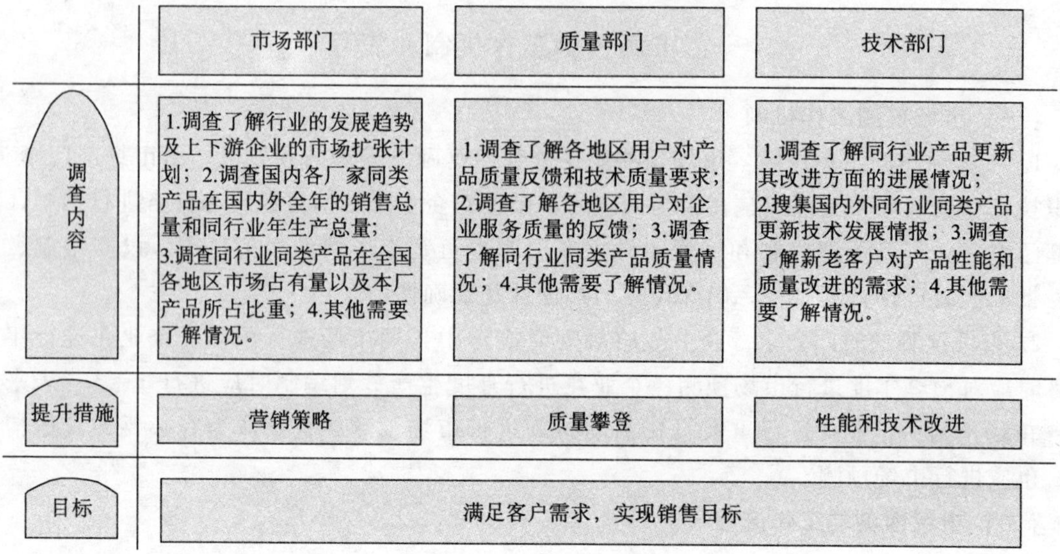

图 3-2-2 市场调查方法和内容示意图

调查的方法：

1. 抽样调查：征询各类型用户对本企业产品的质量、性能以及售后服务等各方面的意见，根据调查资料形成抽样调查书面分析报告。

2. 用户访问：企业主管领导、研发设计人员、销售人员每年至少需对用户进行一次访问，填写用户访问登记表同时形成书面调查汇报。

3. 征询用户意见：销售人员应利用与用户接触的各种机会，比如订货会等，广泛征询用户意见，形成书面汇报资料。

4. 整理、反馈问题：日常工作中要做好用户来函来电反映的各种问题，对其进行分类整理，及时反馈需要处理的问题。

5. 召开用户座谈会：企业应在必要时，召开用户座谈会，尤其要关注重点用户，对用户反映的质量意见及产品性能需求等情况，要加以重视。要与用户共同交流市场信息，进一步巩固供需关系，形成互赢合作伙伴，不断增加企业产品市场竞争力。

6. 建立用户档案：把各种用户尤其是重点用户的市场需求变化以及各种意见与要求记录在案，归集存档，以便跟踪处理解决。

三、市场预测方法和过程

在市场调查和企业历史销售数据的基础上，预测人员要对数据进行整理分析，找出数据之间的内在规律运用不同的预测方法对未来市场变化作出科学的估计和判断。市场预测方法有定性分析法与定量分析法两种，可见图 3－2－3。企业应根据实际情况选择适合的预测方法。

	方法	基本原理	预测期限范围	优点	缺点
定性分析法	判断分析法	将企业内部经营管理、销售业务人员的意见量化，通过预测概率和权重得出预测结果	近中期，近期预测效果较好	方法简单易用，在市场受到政策影响时能较好地预测	主观人为性强，要求销售人员经验丰富，权重不好把握
	调查分析法	依据调查数据判断后得出预测结果	短近中期，短近期效果较好	直观实用，调查对象目标性强，适合于工业企业预测	调查数据不一定准确，受制于商业秘密，需要主观判断。
	类推预测法	由已知情况推出类比对象的发展规律。	中长期，长期效果尚好	简单适用，操作性强	没有考虑不同的市场环境下的消费者喜好
定量分析法	时间序列分析法	根据市场的周期性规律来预测季节的市场变化	近中期，中期效果较好	预测精确，逻辑性强，与定性预测法结合，效果好	时间规律不好把握，数据分析难度大
	因果预测分析法	研究两个或两个以上变量间的相关关系，通过回归模型进行预测	近中长期，效果较好	预测精确，逻辑性强，与定性预测法结合，效果好	相关因素不好把握，数据分析难度大

图 3－2－3　市场预测方法比较

（一）判断分析法

判断分析法是指销售人员根据经验判断进行估计，然后由销售主管人员进行汇总、整理、分析，得出企业整体销售量预测值的一种方法。进行判断分析法时要注重自下而上的预测和自上而下的预测相结合，要充分听取销售人员的意见，更要注重企业的销售目标的实现。这方法适用于不便直接向客户调查的公司，对于近期的预测效果较好，时间越长预测效果越差。

影响市场预测的因素很多，彼此之间的关系也很复杂，应对它们进行仔细分析，综合考虑它们的影响。预测人员在自身的经验和知识的基础上要考虑以下外部和内部因素。外部因素如：（1）当前市场的状况；（2）企业过去的销售业绩；（3）经济发展趋势；（4）竞争对手情况；（5）客户的变化；（6）一般商业环境与市场的变化等。内部的因素有：（1）产品的价格；（2）产品的功能和质量；（3）企业提供的配套服务；（4）企业的生产能力；（5）各种营销手段的应用；（6）推销的方法等。

【例】 某公司需对某地区的销售情况进行预测，本地区有一位销售经理和两位销售代表，他们就自己了解的情况，分别进行了销售预测，具体数据见表3－2－1。

表3－2－1　　销售预测表

预测数	最高		最可能		最低		期望值	
	销售量（百件）	概率	销售量（百件）	概率	销售量（百件）	概率	销售量（百件）	权数
甲销售代表	600	0.2	500	0.6	400	0.2	500	1
乙销售代表	550	0.2	450	0.5	350	0.3	440	1
销售经理	500	0.3	450	0.5	300	0.2	435	2
综合预测销售量（百件）							452.5	

（二）调查分析法

通过对有代表性顾客消费意向的调查，了解市场需求的变化趋势，是进行市场预测的一种方法。这种方法直接面向客户了解市场需求具有较强的针对性，短近期预测效果较好。

调查分析法是根据二手资料数据（指常见于报纸、行业期刊和互联网上的经济统计年鉴、行业发展研究、细分行业研究和竞争对手市场份额等二手研究分析资料）和市场抽样调查数据（通常有实地调查法、问卷调查法、电话调查法和小组访谈法等），在分析研究的基础上预测判断销售份额。

【例】 某销售员调查所管片区内的客户预计销量表（表3－2－2）。

表3－2－2　　销　售　员

类型	客户名称	产品名称	上期订货量	预计订货量	订货概率（%）	订货量
			1	2	3	4＝2×3
现有客户	客户一					
	…					
潜在客户	客户一					
	…					
合计						

【例】某公司是一家摩托车生产企业，根据某地区调查资料可测算出市场潜量和该公司销售量（见表3－2－3）。

表3－2－3

家庭组别	家庭户数	每户年均购买额（元，按市场调查结果）	市场潜力（万元）	本公司市场占有份额	本公司销售潜量（万元）
年收入10万元以下	80000	100	800	30%	240
年收入10万元至20万元	20000	200	400	20%	80
年收入20万元至30万元	5000	300	150	20%	30
年收入30万元以上	1000	400	40	10%	4
小计	106000		1390		354

（三）类推预测法

在缺乏预测对象资料的情况下，可以通过寻找类似事物，利用类似事物的发展变化规律来研究对象未来的状态。

类比法的主要形式有：点类推到面、局部类推整体、类似产品类推新产品、相似国外市场类推国内市场等。企业在开拓新产品市场时一般运用类推法，主要预测潜在的市场购买力和需求量等，适用于中长期预测。

【例】彩色电视机与黑白电视机的功能相似，因此可以根据黑白电视机的市场发展过程类推彩色电视机的市场需求变化趋势。如“萌芽——成长——成熟——衰退”的生命周期研究。据调查，黑白电视机在5%以下家庭使用时，处在萌芽期；在15%以下家庭使用时，处在成长期；在30%以下家庭使用时，就进入成熟期；在70%以下家庭使用时，就进入衰退期。通过黑白电视机的生命周期可以预测彩色电视机、家用计算机和笔记本电脑等的市场需求预测。

（四）时间序列分析预测法

根据企业历史时间发生的一系列销售数据，按时间先后顺序排列，运用相应的数学方法，找出销售数列随时间发展呈现出的变化趋势，据此推断其未来发展趋势。影响时间序列的因素主要以下四类：长期趋势、季节变动趋势、循环变动和不规则变动。

对于季节性变动趋势，一般是农产品的变动大于工业品，消费品大于生产资料，非耐用消费品大于耐用消费品。下面就季节变动趋势举例如下：

【例】某公司2001—2002年的某产品销量如表3－2－4所示。预测2003年各月的销量。

表3－2－4

时序（t）	时间（2001年每月）	销售量（Y_t）	时序（t）	时间（2002年每月）	销售量（Y_t）
1	1	121	13	1	116
2	2	118	14	2	118

续表

时序（t）	时间（2001 年每月）	销售量（Y_t）	时序（t）	时间（2002 年每月）	销售量（Y_t）
3	3	115	15	3	99
4	4	100	16	4	93
5	5	94	17	5	76
6	6	82	18	6	77
7	7	74	19	7	71
8	8	77	20	8	69
9	9	80	21	9	62
10	10	79	22	10	72
11	11	88	23	11	72
12	12	97	24	12	90

确定预测模型，散点描绘图（见图 3－2－4）。

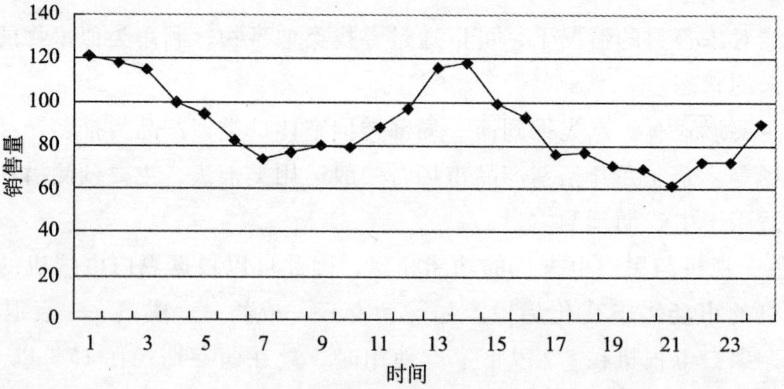

图 3－2－4　季节预测散点图

从散点描绘图可以看出，该产品销量呈下降趋势，且有明显的季节变动，上半年是销量下降，至 7 月份见底，下半年销量逐月增加。时序的波动幅度变化不大，可以考虑建季度型叠加趋势模型。

F（销量）$=a+b\times T$（时序）$+d_t$（季节增加）

第一步通过经验法得出直线趋势方程：

F（销量）$=a+b\times T$（时序）

$\overline{F}_1$（2001 年平均销量）$=\sum Y_1\div 12=93.83$

$\overline{F}_2$（2002 年平均销量）$=\sum Y_2\div 12=84.58$

则 $b=(\overline{F}_2-\overline{F}_1)\div(24-12)=-0.77$

$a=93.83-6.5\times(-0.77)=98.83$（注：6.5 为 93.83 的时间序）

则时序的趋势直线方程为：$F=98.83-0.77\times T$

第二步确定季节增量 d_t，见表 3－2－5。

表 3－2－5

时序（t）	时间（2001 年每月）	销售量（Y_t）	$F_1=98.83-0.77\times T$	$d_1=Y_1-F_1$	时序（t）	时间（2002 年每月）	销售量（Y_t）	$F_2=98.83-0.77\times T$	$d_2=Y_2-F_2$	$d_t=(d_1+d_2)\div 2$
1	1	121	98.06	22.94	13	1	116	88.82	27.18	25.06
2	2	118	97.29	20.71	14	2	118	88.05	29.95	25.33
3	3	115	96.52	18.48	15	3	99	87.28	11.72	15.1
4	4	100	95.75	4.25	16	4	93	86.51	6.49	5.37
5	5	94	94.98	－0.98	17	5	76	85.74	－9.74	－5.36
6	6	82	94.21	－12.21	18	6	77	84.97	－7.97	－10.09
7	7	74	93.44	－19.44	19	7	71	84.2	－13.2	－16.32
8	8	77	92.67	－15.67	20	8	69	83.43	－14.43	－15.05
9	9	80	91.9	－11.9	21	9	62	82.66	－20.66	－16.28
10	10	79	91.13	－12.13	22	10	72	81.89	－9.89	－11.01
11	11	88	90.36	－2.36	23	11	72	81.12	－9.12	－5.74
12	12	97	89.59	7.41	24	12	90	80.35	9.65	8.53

第三步预测 2003 年各月销售量，见表 3－2－6。

表 3－2－6

时序（t）	时间（2003 年每月）	$F_3=98.83-0.77\times T$	d_t	预测销售量 $y=F_3+d_t$
25	1	79.58	25.06	104.64
26	2	78.81	25.33	104.14
27	3	78.04	15.1	93.14
28	4	77.27	5.37	82.64
29	5	76.5	－5.36	71.14
30	6	75.73	－10.09	65.64
31	7	74.96	－16.32	58.64
32	8	74.19	－15.05	59.14
33	9	73.42	－16.28	57.14
34	10	72.65	－11.01	61.64
35	11	71.88	－5.74	66.14
36	12	71.11	8.53	79.64

（五）因果预测分析预测法

影响产品销售的因素很多，在诸多因素中，有的因素对产品销售起着决定性的作用，有的因素与产品销售存在某种函数关系，如果找出与产品销售相关的因素，即因变量与自变量之间的函数关系，就可以根据这种函数关系预测产品的销售量。因果预测分析法中最常用的是回归分析法。回归分析可以根据因变量和自变量的个数分为一元回归分析和多元回归分析，多元回归分析模型如下：

$Y=a+b\times X_1+c\times X_2+d\times X_3+\cdots$

下面通过 EXCEL 模型对一元回归分析举例。

【例】某公司历年的销售宣传费用与销售量的统计资料如表 3-2-7 所示。

表 3-2-7

年份	2002	2003	2004	2005	2006	2007	2008	2009	2010	2011
销售宣传费用（百万元）	2.8	2.9	3.2	3.2	3.4	3.2	3.3	3.7	3.9	4.2
销售量（万台）	25	27	29	32	34	36	35	39	42	45

销售宣传费用与销售量关系如图 3-2-5 所示。

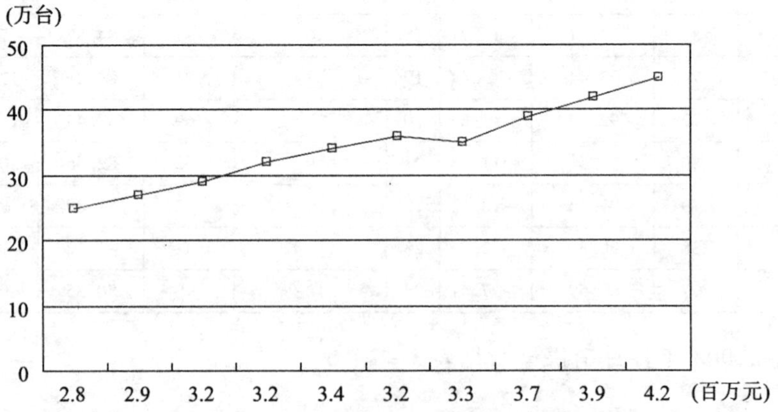

图 3-2-5 销量与宣传费关系散点图

销售量的增长与销售宣传费用之间存在着因果关系，通过图 3-2-5 可以看出，两者间可以通过一元线性回归建立函数模型来预测 2012 年的销售量的情况。

Y = a + b · X

Y 为销售量，X 为销售宣传费用，a 为直线在 Y 轴上的截距，b 为直线的斜率。

我们可以通过 EXCEL 表进行回归分析计算，见图 3-2-6。

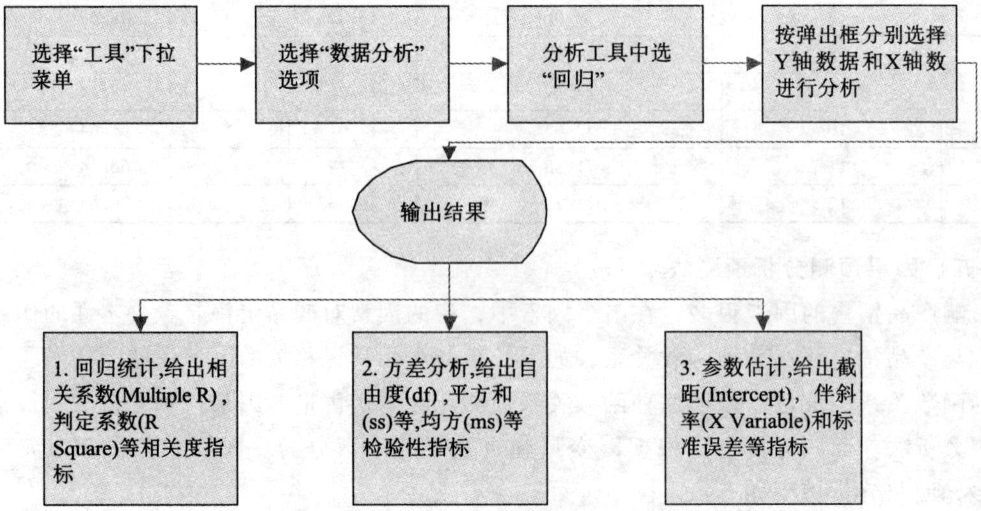

图 3-2-6 EXCEL 中回归分析步骤示意图

相关度指标 R 表示自变量 X 和因变量 Y 因果线性相关的程度，当 R 绝对值越接近 1 时表示线性相关程度越大，标准误差表示截距和斜率的相对误差值范围。

按上述计算得出市场预测模型函数如下：

$Y = -13.227272 + 14.090909 \cdot X$

R 为 0.956517276，表示销售宣传费和销售量之间的线性相关程度很高。

多元线性回归分析也可以按照上述方法得出模型函数，在运用回归分析时要注意：一是分析前绘制图形，查看是否具有线性关系及是否存在异常数据；二是回归分析假设因变量与一个或多个自变量之间存在线性关系；三是回归分析预测时，自变量尽量不要超出先前确立回归线性分析所使用的数据搜集范围。

6. 产品价格的预测

产品价格预测有很多的不确定性，影响因素较多，可以运用各种定性和定量的预测方法，充分考虑到产品成本、市场需求和竞争优势，综合企业的资金和利润情况等进行合理的估计。在具体预测时要关注以下事项：

一是产品定价的底限不能低于产品的变动成本加税金。产品变动成本是指生产产品直接消耗的各种付现生产资源，不含企业的各项固定费用，若价格低于变动成本则产品非但不能为企业提供边际贡献，而且产品自身的现金流都不能回收。

二是成本推动对产品价格预测的影响，在产业链的上游原材料价格普遍上涨或用工成本上升等情况下，行业的成本上升、价格上涨也能让客户所接受。

三是客户价值法价格策略，企业产品在客户眼中与同类产品的价值比较，比如：质量、品牌、性能和服务等，决定着客户愿意以什么价格购买企业的产品。一般企业应紧跟行业同类的先进产品确定自身产品的价格定位。

四是产品价格要与企业的资本实力相结合。在进行价格预测时要充分考虑到企业的战略目标和资金流的相互兼顾，当市场环境恶化、销售不景气时，资本实力弱的企业抗风险能力差，进行价格预测时应着重考虑企业的资金流安全。

四、销售目标与市场预测

企业的销售目标要在市场预测的基础上，结合战略目标综合考虑制定，销售目标应高于市场预测值。在确定销售目标时要制定销售保障措施，主要从内、外部考虑以下方面。

从内部来说，一是提升企业产品质量和服务，针对市场调查客户反映的产品质量和服务问题按照“二八”原则，布置质量和服务改进计划和目标；二是产品性能的提升，针对市场调查客户反映的产品性能改进意见，由技术和研发部门制订相关的目标和措施；三是根据销售目标生产管理部门要进行合理的生产组织安排，满足市场的供应，以及其他方面。

从外部来看，一是要加强促销，通过广告、宣传、走访等方式增强客户的影响力和认同度；二是积极挖掘潜在客户或开发新客户拓展销售市场；三是关注大客户，点对点沟通服务，不断扩大业务量，以及其他方面。

五、市场预测报告

市场预测报告一般由题目、目录、正文、附件等部分组成。

1. 题目。一般是把市场预测的单位、时间、内容、编制、审核和批准等简明信息列示于报告的封面。

2. 目录。提交的市场预测报告内容较多，需要有一个目录能明晰地显示整篇报告的结构，如：

一、市场预测的范围和组织实施 …………………………………………（ ）页
二、行业市场变化的主要影响因素分析 …………………………………（ ）页
三、企业 SWOT（内部优势和劣势，外部机遇和威胁） ………………（ ）页
四、市场预测数据的搜集和预测模型的选择 ……………………………（ ）页
五、预测过程和综合分析 …………………………………………………（ ）页
六、预测结论和销售目标 …………………………………………………（ ）页
七、完成销售目标的建议和工作目标 ……………………………………（ ）页
八、附件 ……………………………………………………………………（ ）页

3. 正文。按照目录要求内容完成销售预测报告，正文要求简明扼要，逻辑严谨，数据准确，实事求是，尽量用表格和图表说话。正文需要关注的要点是：市场预测要和销售目标相结合，找出市场预测和销售目标之间的差距，分析存在的差距原因，找出提升市场的关键点。报告中的完成销售目标的建议要从产品质量提升、产品性能改善和营销策略制订等方面着手，使企业生产经营真正以销售为龙头，服务于客户的需求，实现既定的销售目标。

市场预测要具体到客户和产品，如表 3－2－8 所示的例子。

表 3－2－8　××××年××月至××××年××+3 月销售目标表

片区名称	客户名称	产品 1						…						合计		
		销量			单价			销量			单价					
时间 T+2		t	t+1	t+2	t	t+1	t+2	t	t+1	t+2	t	t+1	t+2	t	t+1	t+2
华东	客户 1															
	客户 2															
	…															
华北	客户 1															
	客户 2															
	…															
…	…															
合计																

4. 附件。主要是指正文没有提及，但又与正文相关必须说明的部分，它是对正文进行的详细补充。

第三章 Chapter 3 成本利润预测

成本利润预测是指在市场预测的基础上运用一定的科学方法，对未来成本水平和利润变化趋势作出科学的估计。进行成本利润预测，有助于提高决策的准确性，使经营管理者易于选择最优方案，作出正确决策。成本利润预测为降低产品成本和增加利润空间指明方向和奋斗目标。

一、成本利润预测工作机制和流程

（一）成本利润预测的工作机制

1. 成本利润预测的组织保障。成本利润预测要在总会计师的指导下，由财务部门牵头，组织市场、生产和技术等相关部门对企业未来一段时期内的成本利润变动趋势进行预测。财务部门要建立预测的工作机制，设立预测责任岗位，通过编制、审核和批准三级审批制度来确保预测结果的严谨和准确。

2. 成本利润预测的时间要求。企业战略规划时应对中长期成本利润进行预测；企业在进行年度预算时应对预算年度进行成本利润预测；在编制滚动预算时要进行成本利润预测；当企业生产经营发生重大波动时要进行成本利润预测（非季节性波动超过20%）；企业认为有必要进行成本利润预测的其他时点。

（二）成本利润预测的工作流程

见图3－3－1。

二、成本利润预测数据搜集

要做好成本利润预测工作，历史财务数据的搜集和成本动因的分析工作非常重要。可由财务部门牵头，组织生产、技术、质量和人劳等部门对以下数据进行整理和归集。

1. 对历年的成本数据进行整理。见表3－3－1。

2. 财务历史数据的搜集整理，包括收入、利润、管理费用、财务费用、销售费用、研究开发费和税金等。并对影响费用变化的成本动因应进行分析。

3. 整理生产、统计、人劳、技术和质量等历史数据，包括产量、工艺定额、工时定额、能源消耗定额、质量指标，劳动生产率等。

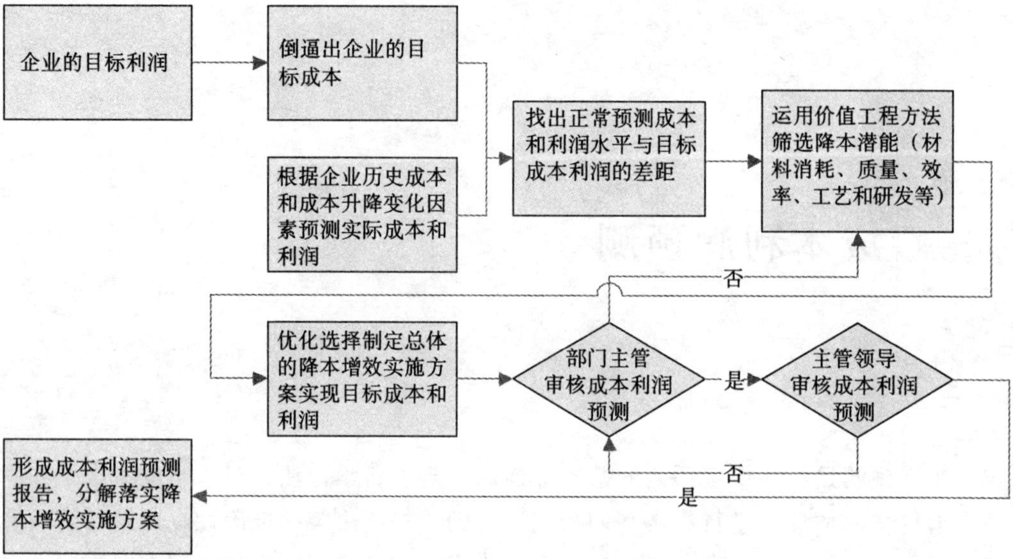

图 3－3－1　成本利润预测流程示意图

表 3－3－1

序号	成本费用项目			产品 1						产品…					
				××年度			…年度			××年度			…年度		
				产量：			产量：			产量：			产量：		
				总成本	单位成本		总成本	单位成本		总成本	单位成本		总成本	单位成本	
					固定成本	变动成本		固定成本	变动成本		固定成本	变动成本		固定成本	变动成本
1	直接材料成本														
	材料名称	单位消耗	单价	—	—	—	—	—	—	—	—	—	—	—	—
其中	材料 1			—			—			—			—		
	…			—			—			—			—		
2	燃料动力														
	材料名称	单位消耗	单价	—	—	—	—	—	—	—	—	—	—	—	—
其中	电			—			—			—			—		
	…			—			—			—			—		
3	直接酬薪														
4	专用费用														
5	废品损失														
6	制造费用														
7	合　计														

4. 整理对企业成本费用变动产生影响的各类数据，包括：劳动生产提高率、采购价格上涨率、动力费用上涨额、职工薪酬增长率、利率的变化、设备效率的提升等，见表3-3-2。

表3-3-2 影响成本的部门指标变动情况表

序号	部门	指标	同比指标变动情况	变动情况简要说明
1	生产部门	产量		
2		低值易耗消耗		
3		工装模具效能		
4	技术部门	工艺流程		
		工艺定额		
5	质量部门	质量指标		
6	采购部门	材料价格		
7	设备管理部门	设备效率		
8		设备维护成本		
9		设备能耗		
10	劳资部门	劳动效率		
11		人工成本		
12		工时定额		
13	能源管理部门	能源价格		
14		节能减排		
15	财务部门	利率		
16		借款规模		
17	销售部门	运输单价		
18	各业务部门	部门经费		

三、成本利润预测方法

预测成本利润时，要对搜集到的各项数据进行成本性态划分，并结合目标成本法、本量利分析法和成本升降变化预测等方法来预测未来的成本和利润。

（一）目标成本法

目标成本法是一种以市场为导向（Market－driven），对有独立制造过程的产品进行利润计划和成本管理的方法。目标成本法是在测定目标利润的基础上，运用倒算来测定目标成本和费用。

生产单一产品下的产品目标成本＝预计销售收入－应缴税金－目标利润

生产多品种条件下的全部产品目标成本＝Σ预计销售收入－Σ应缴税金－总体目标利润

【例】某公司生产甲产品，假定产销平衡，预计甲产品的销售量为5000件，单价为600元（不含税），同行业先进的销售利润率为20%。则要求预测该企业的目标成本如下：

目标利润 = 5000 × 600 × 20% = 600000（元）

目标成本 = 5000 × 600 − 600000 = 2400000（元）

如果该公司在生产甲产品的同时还生产乙产品，预计乙产品的销售量为3000件，单价为400元（不含税），同行业先进的销售利润率15%，在这种情况下预测企业总体的目标成本如下：

总体的目标利润 = 5000 × 600 × 20% + 3000 × 400 × 15% = 780000（元）

总体的目标成本 = 4200000 − 780000 = 3420000（元）

确定总体目标成本后，公司需要通过价值链分析工具和作业基础管理将目标成本进行分解到各分厂（车间），工序和班组，制订目标成本考核，通过轻罚重奖来确保目标成本的责任落实到位。

（二）成本性态的划分

企业成本性态也称成本习性，就是对成本的变动与业务量之间的依存关系进行分析，通常划分为固定成本、变动成本。固定成本是指在发生额在相关业务量范围内不直接受业务量水平的影响，在一定期间内发生的成本总额固定不变。变动成本是指在特定的业务量范围内，其总额会随业务量的变动而变动的成本。成本性态划分可以分为直接法和回归分析法。

1. 直接法就是对每一个成本动因进行固定和变动的区分，如表3－3－3例示。

表3－3－3

序号	成本费用项目		产品1			…			合计
			产量			产量			
			成本费用总额		单位变动成本	成本费用总额		单位变动成本	
			固定成本	变动成本		固定成本	变动成本		
1	制造成本	直接材料							
2		直接职工薪酬							
3		燃料动力							
4		其中：水电气							
5		燃油							
6		…							
7		专用工装							
8		废品损失							
9		制造费用							
10		其中：职工薪酬							
11		办公							
12		机物料消耗							
13		折旧							
14		…							

续表

序号	成本费用项目		产品 1			…			合计
			产量		单位变动成本	产量		单位变动成本	
			成本费用总额			成本费用总额			
			固定成本	变动成本		固定成本	变动成本		
15	期间费用	管理费用							
16		其中：职工薪酬							
17		办公							
18		税金							
19		保险							
20		…							
21		财务费用							
22		其中：利息支出							
23		手续费							
24		…							
25		销售费用							
26		其中：差旅费							
27		宣传费							
28		运输费							
29	合计								

2. 使用回归分析法可以将成本性态划分为变动成本和固定成本。运用回归分析法可以将单位成本、人工成本、燃料动力费用、销售费用及小时维修费等项目的成本性态进行分析和预测。

【例】某公司上半年的 A 产品成本和产量如表 3 – 3 – 4 及图 3 – 3 – 2。

表 3 – 3 – 4

月份	1月	2月	3月	4月	5月	6月
成本（万元）	1600	1700	1500	1300	1750	1200
产量（台）	1000	1100	900	800	1200	700

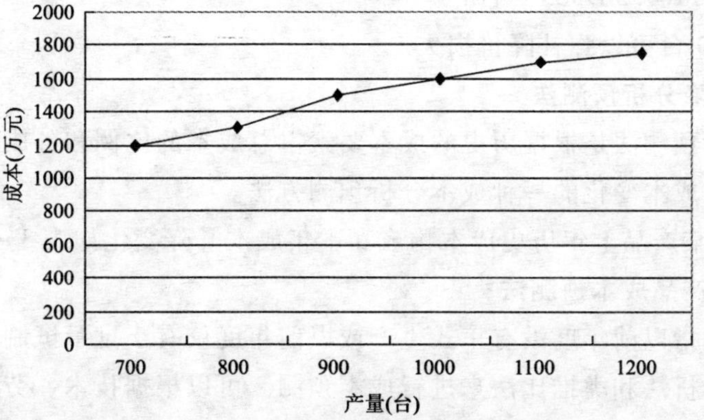

图 3 – 3 – 2　成本产量关系散点示图

通过前例的 EXCEL 分析可以得出模型函数如下：

Y = 409.047619 + 1.157142857 · X

R 为 0.983837921，表示销售宣传费和销售量之间的线性相关程度很高。

通过上述模型，在成本动因假设不变的情况下可以进行不同的产量下成本预测。

（三）本量利分析法

本量利分析是成本、业务量和利润三者依存关系分析的简称，它是指在成本习性分析的基础上，运用数学模型和图式，对成本、利润、业务量与单价等因素之间的依存关系进行具体的分析，研究其变动的规律性，可以用来预测企业在保证目标利润实现时的保利变动成本、保利固定成本和保利销量。

本量利公式如下：

利润 = 销量 × 销售单价 - 销量 × 单位变动成本 - 固定成本

【例】接上例，假设 A 产品当前销量为 1100 台，售价 2 万元/台（不含税），到下半年售价下跌至 1.95 万元/台（不含税），要保持原来的利润固定成本、变动成本和销量上应如何进行成本预测？

一是减少固定成本开支：1100 ×（2 - 1.95）= 55（万元）；

降低固定成本可以通过减少辅助生产工人、控制公用燃动费开支、降低非生产用机物料消耗和减少设备的维修成本等方式实现。

二是减少变动成本支出：

单位变动成本的期望降低值 = 销售单价降低额 = 2 - 1.95 = 0.05（万元/台）

变动成本的降低可以由将降价损失转嫁到材料供应商、改进工艺降低材料消耗、加强考核减少材料浪费和再利用、提高生产效率降低人工成本、通过环保节能降低燃动费、提高质量减少废品损失等方式实现。

三是增加销量弥补降价损失：

降价前利润 =（2 - 1.157142857）× 1100 - 409.047619

= 518.0952383（万元）

降价后销量 =（518.0952383 + 409.047619）÷（1.95 - 1.157142857）

= 1169.369369（台）

即增加销量 70 台可以弥补降价损失。

（四）成本升降分析预测法

成本升降分析预测法是根据历史的成本要素占总成本的比例和各成本要素的增加或减少的百分比来计算总成本变化的一种成本分析预测方法。

【例】某公司某产品上年历史成本构成和本年成本升降变化如表 3 - 3 - 5 所示。

（五）不可比产品成本预测法：

不可比产品是指以前年度没有正式生产或以前年度仅有小批量试制的产品。不可比产品可以按定额计算分析法和类推比法来进行成本预测。可以根据技术、劳资和质量等部门提供的材料消耗定额、工时定额和质量指标等对不可比产品的部分成本项目进行预测计算，可以

表 3－3－5

成本项目	材料成本			人工成本			燃料动力	废品损失	制造费用	成本合计
	材料消耗	材料单价	材料成本	数量	计件工资	人工成本				
单位	公斤	元/公斤	元	件	元/件	元	元	元	元	元
上年单位成本	2.5	3	7.5	1	4.8	4.8	2.4	1.5	2.9	19.1
成本项目占比			39.30%			25.10%	12.60%	7.90%	15.10%	100%
本年预计变动	消耗降低 10%	价格上升 8%		效率提升 15%	工资增加 10%		降低 6%	质量提升 7%	产量提高 2%	
预计变动对总成本的影响百分比			降低 39.3%×[1－(1－10%)×(1+8%)]			降低 25.1%×[1－(1÷(1+15%))×(1+10%)]	降低 12.6%×[1－(1－6%)]	降低 7.9%×[1－(1－7%)]	降低 15.1%×[1－1÷(1+2%)]	
降低额			0.21			0.21	0.14	0.11	0.06	0.73

根据与不可比产品相似的可比产品类推出不可比产品的其他成本项目，如单位燃料动力费用、制造费用等。将整个预测结果与相似产品成本和目标成本进行比较分析，确保预测成本的合理性。

（六）直接法进行利润的预测

在市场预测和成本预测的基础上，利用直接预测法可以很好地预测出利润。以表 3－3－6 所示为例。

表 3－3－6　××年××月利润预测表

序号	项目名称	上期实际	本期预测值
一	营业收入		
	其中：主营业务收入		
	其他业务收入		
二	营业成本		
	其中：主营业务成本		
	其他业务成本		
三	营业税金及附加		
四	管理费用		
五	销售费用		
六	财务费用		
	营业利润		
七	投资收益		
八	营业外收支净额		
九	其他		
	利润总额		
十	所得税		
	净利润		

四、目标成本费用指标控制

目标成本制定后要建立起全企业的成本指标控制体系，将目标成本和目标利润分解落实到各个责任主体，形成“人人肩上有指标，千斤重担人人挑”的全员控制成本的降本增效格局。

1. 生产管理部门负责产品的生产数量、规格品种和完工期等指标的控制。

2. 物资采购部门负责原料、燃料、外协配套件等消耗指标和材料利用率指标的控制。

3. 设备动力部门负责水、电、汽能源消耗指标、设备维修保养指标以及设备完好率指标的控制。

4. 技术研发部门负责新产品研制和老产品技术改造的目标成本，以及负责归口技术革新、技术改造、设计图纸等费用指标的控制。

5. 人力资源管理部门负责劳动生产率、人工成本、和工时利用率等指标的控制。

6. 质量管理部门负责废品损失率、废品损失限额以及检验费等指标控制。

7. 行政管理部门负责行政管理费用指标控制。

8. 工具管理部门负责自制工具和工具消耗成本等指标控制。

9. 销售部门负责销售费用指标的控制。

10. 财务部门负责折旧费、利息等指标的控制。

11. 车间（分厂）负责归口目标成本指标。

分厂目标利润 = ∑分厂转移收入 - ∑产量 × 单位目标成本

分厂实际利润 = ∑分厂转移收入 - ∑产量 × 单位实际成本

五、成本利润预测报告

成本利润预测报告一般由题目、目录、正文、附件等部分组成。

1. 题目。一般是把成本利润预测的单位、时间、内容、编制和批准等简明信息列示于报告的封面。

2. 目录。提交的成本利润预测报告内容较多，需要有一个目录能明晰地显示整篇报告的结构，如：

一、成本利润预测的目的和组织实施 ……………………（ ）页

二、成本利润预测的历史数据 ……………………（ ）页

三、成本利润动因的未来的变动趋势 ……………………（ ）页

四、预测过程和综合分析 ……………………（ ）页

五、预测结论和成本利润目标值 ……………………（ ）页

六、完成目标的措施和目标成本的分解 ……………………（ ）页

七、附件 ……………………（ ）页

3. 正文。按照目录要求内容进行成本预测。正文要求简明扼要，逻辑严谨，数据准确，实事求是，尽量用表格和图表说话。

成本利润预测重点要对历史数据进行搜集整理，包括，材料定额、定额工时，历年的单位成本数据和产量等，并要充分地预测未来各成本动因的变化趋势：工资增长比例，燃动费用的价格上涨，产量的增长，劳动生产率的提高和材料价格的变化等。在确保目标利润情况下综合分析后，制定各项目标成本控制指标，定时对各种偏差进行分析，以发现问题、提出措施、解决问题，保证目标成本和利润的实现。

表 3－3－7　　目标成本费用表

单位名称	产品名称	产量	目标单位成本							目标成本费用
			材料成本	直接人工	动力费用	专用工装	废品损失	制造费用	成本小计	
一分厂	产品一									
	产品二									
	…									
…	产品一									
	产品二									
	…									
费用目标	管理费用									
	财务费用									
	销售费用									

4. 附件。主要是指正文没有提及，但又与正文相关必须说明的部分，它是对正文的详细补充。

第四章
Chapter 4
资 金 预 测

资金预测是指企业对将来进行生产经营活动所需资金，以及扩展业务所需追加资金的估计和测算，是企业制订筹融资计划的重要依据，是企业编制资金预算的前提。

一、资金预测工作机制和流程

（一）资金预测工作机制

1. 资金预测的组织保障。资金预测要在分管财务的副总经理的指导下，由财务部门牵头，组织计划、生产、采购和销售等相关部门对企业未来一段时期内的资金变动趋势进行预测。财务部门要建立预测的工作机制，设立预测责任岗位，通过编制、审核和批准三级审批制度来确保预测结果的严谨和准确。

2. 资金预测的时间要求。企业在编制年度预算时要对预算年度的资金情况进行预测；企业应编制每个月的资金预测；当企业生产经营出现重大波动时要进行资金预测（非季节性波动超过20%）；企业认为有必要的其他情况下进行资金预测。

（二）资金预测的职责和流程

企业资金预测一般分为固定资产资金预测和流动资金需求预测。对固定资产资金需要量的预测一般是通过投资决策、编制资本预算完成的。资金预测流程见图3-4-1。

二、资金预测方法

（一）因素直接分析法

按照资金的来源项目和支出项目来预测未来资金的盈余情况。这种方法一般适宜于短期的资金预测，在企业的日常生产经营活动中大都用到这种方法。

资金的来源和支出项目分为经营活动、筹融资活动和投资活动。经营活动的资金来源是企业能否健康周转的关健，担负着企业的造血功能，应逐笔对客户的应收账款进行账期管理，落实收款责任人，跟踪监督检查款项回收情况。经营活动的资金支出项目要考虑到客户的账期情况后进行供应商账期信用管理，形成“量入为出，目标盈余”的良性资金循环。在进行收支预测时各相关的责任单位应提供各种收支的支撑表格和相关的资料。

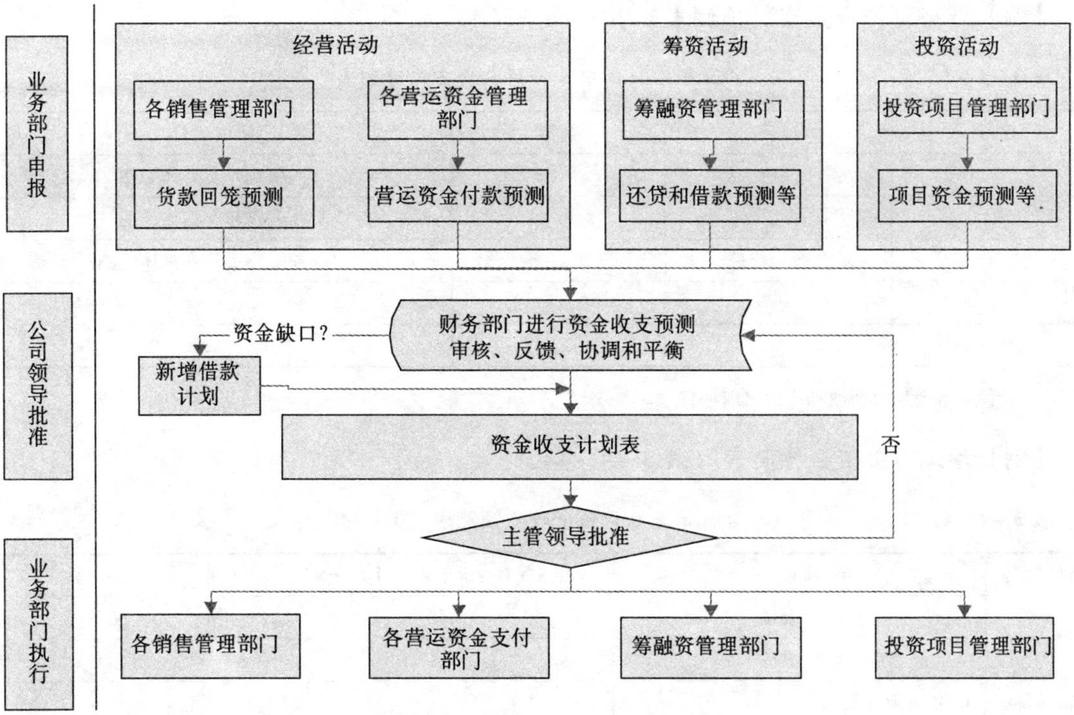

图 3－4－1 资金预测流程示意图

【例】按月编制客户应收款表如表 3－4－1。

表 3－4－1　　××年××月应收款计划执行表

片区	客户名称	逾期未回款	本期到期应收款	应收款合计	预计回款时间计划	本期实际回款金额	催收责任人	责任领导
1	2	3	4	5＝3＋4	6	7	8	6

注：要求对每笔发货进行账期管理，到期账款回收情况由财务人员进行监督和考核。

【例】按月编制供应商应付款表如表 3－4－2。

表 3－4－2　　××年××月应付款计划执行表

类别	供应商名称	逾期未付款	本期到期应付款	应付款合计	预计付款时间计划	本期实际付款金额	责任领导
1	2	3	4	5＝3＋4	6	7	8

注：应付账款的付款按照合同约定账期，合同约定的账期要与应收账款账期相匹配。

【例】业务部门资金支付预测表如表3－4－3。

表3－4－3　　××部门××年××月资金支付计划表

序号	项目	金额	明细项目
1	差旅		差旅费开支具体说明
2	办公		办公费开支具体说明
3	业务招待费		业务招待费开支具体明细
4	…		…
合计			

注：部门业务费用要列细具体的明细项目。

【例】滚动月度资金预测表（表3－4－4）。

表3－4－4　　××年××月资金收支预测表（T＋2）

责任部门	项目	××年××月	××年××＋1月	××年××＋2月	备　注
	期初余额				
	一、经营活动现金项目				
市场部	1. 主营业务收入				
…	2. 其他业务收入				
…	3. 其他收入				
	（一）经营收入合计：				
材料部	1. 主要材料支出				
…	2. 辅助材料及零配件支出				
…	3. 工资及工资性支出				
…	4. 动力费用支出				
…	5. 办公费用支出				
…	6. 税金				
…	7. ……				
	（二）经营支出合计：				
	（三）经营性现金净流入：				
	二、投资活动现金项目				
…	1. 投资收益				
…	2. 处置固定资产				
…	3. 其他				
	（一）投资活动收入合计：				
…	1. 项目建设支出				
…	2. 购买设备支出				
…	3. 其他				
	（二）投资活动支出合计：				

续表

责任部门	项目	××年××月	××年××+1月	××年××+2月	备　注
	（三）投资活动现金净流入：				
	三、筹资活动现金项目				
…	1. 借款				
…	2. 其他				
	（一）筹资活动收入合计：				
…	1. 还贷				
…	2. 利息支出				
	（二）筹资活动支出合计：				
	（三）筹资活动现金净流入：				
	四、期末现金余额				

（二）销售百分比法预测增量资金

销售百分比法主要是预测销售额的增加对资金的需求量，销售百分比法主要假设资产、负债额与销售额之间存在稳定的百分比关系，根据预计销售额和相应的百分比预计资产、负债和所有者权益额，然后利用会计等式确定融资需求。这种方法适合预计中长期的资金需求量。进行预测时要注意区分随销售收入变动而变动的敏感项目和不随销售收入变动的非敏感项目。

1. 经营性现金、经营性应收项目、经营性存货和经营性应付项目是随销售收入变动的敏感项目。

2. 固定资产主要是看销售收入增长后企业的固有生产能力的满足程度，可以通过产能估算及设备增添明细对固定资产增加额进行预计。

3. 借款及各种长期负债应逐一分析还款期限，根据不同情况分析填列增减额。

4. 权益性资本，应充分考虑股利分配和当期利润增加的盈余。

【例】某公司2001年资产负债表（经过适当调整后的报表，剔除了经营偶然因素）、销售收入见表3－4－5。2002年预计销售收入增长30%，税后净利润3%，公司生产能力有富余，预测新增资金2340万元。如表第25行所示。

表3－4－5

A	B	C	D	E	F
	项目名称	2001年	敏感性	百分比	2002年预测
1	流动资产				
2	货币资金	5500	Y	7.86%	7150
3	应收账款	12500	Y	17.86%	16250
4	预付账款	500	Y	0.71%	650
5	其他应收款	15000	N		15000
6	存货	5200	Y	7.43%	6760

续表

A	B	C	D	E	F
7	非流动资产				
8	长期股权投资	24000	N		24000
9	固定资产	35000	N		35000
10	在建工程	3700	N		3700
11	一、资产总计：	101400			108510
12	流动负债：				
13	短期借款	21500	N		21500
14	应付账款	4500	Y	6.43%	5850
15	应付职工薪酬	2100	Y	3.00%	2730
16	应交税费	200	Y	0.29%	260
17	非流动负债：				
18	长期借款	10000	N		10000
19	二、负债合计	38300			40340
20	所有者权益				
21	实收资本	17400	N		17400
22	资本公积	27700	N		27700
23	未分配利润	18000	Y		20730
24	三、所有者权益合计：	63100			65830
25	融资资金需求量				2340
26	负债和所有者权益总计	101400			108510
27		0.00			0.00
29	销售收入	70000			91000

新增的资金总量减去当年的留存盈余为当年需求资金量。

（四）资金增长趋势预测法

资金增长趋势预测是运用回归分析法原理对过去若干期的营业收入及资金总额的历史资料进行分析、计量后，确定营业收入与资金需用量的线性回归模型，并据此推算未来期间的资金量的方法。这种方法适合于长期的资金需求预测。

【例】某公司2001—2005年营业收入与资金总量的资料如表3-4-6所示。若2006年的营业收入预测为12000万元，预测2006年的资金总量。

表3-4-6

项目	2001年	2002年	2003年	2004年	2005年	2006年
营业收入	6000	7000	8000	10000	11000	12000
资金总额	4780	6932	7330	8000	8467	?

线性关系图见图 3-4-2。

通过前例的 EXCEL 分析可以得出模型函数如下：

Y = 1873.58139 + 0.6224069 · X

R 为 0.904623，表示销售宣传费和销售量之间的线性相关程度较高。

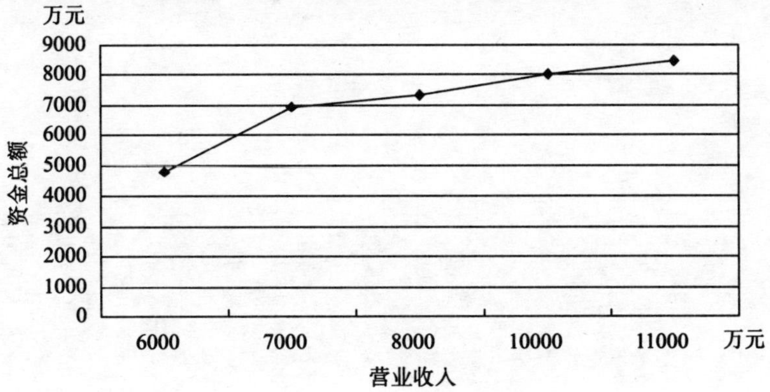

图 3-4-2 营业收入资金总额关系散点示图

则 2006 年资金总量为：

Y = 1873.58139 + 0.6224069 × 12000

= 9342.46 万元

三、资金预测报告

资金预测报告一般由题目、目录、正文、附件等部分组成。

1. 题目。一般是把资金预测的单位、时间、内容、编制、审核和批准和等简明信息列示于报告的封面。

2. 目录。提交的资金预测报告内容较多，需要有一个目录能明晰地了解整篇报告的结构，例如：

一、资金预测的范围和组织实施 …………………………………… （ ）页

二、资金预测的历史数据搜集 …………………………………… （ ）页

三、资金预测的方法选择 …………………………………… （ ）页

四、资金预测过程和综合分析 …………………………………… （ ）页

五、预测结论和建议 …………………………………… （ ）页

六、附件 …………………………………… （ ）页

3. 正文。按照目录要求内容进行成本预测，形成正文。要求正文简明扼要，逻辑严谨，数据准确，实事求是，尽量用表格和图表说话。

资金是企业的血液，企业资金流的安全健康是企业得以生存的基础，资金预测报告要对近期资金变化趋势和中长期资金盈余和短缺进行预测。

短期资金预测后形成的资金收支平衡计划表具有刚性约束力，没有计划的项目不允许列支，而且支付的情况还要看资金收入计划的落实和执行情况，按照量入为出的原则，保证计划的有效。

4. 附件。主要是指正文没有提及，但又与正文相关必须说明的内容，它是对正文进行的详细补充。

第四部分

标准成本手册

第一章 Chapter 1 标准成本简介

一、标准成本法概述

（一）主要特征

标准成本法，也称标准成本会计，是管理会计的重要组成部分。它是以预先制定的标准成本为基础，把标准成本与实际成本进行比较，核算和分析成本差异的一种产品成本计算方法，也是加强成本控制、评价经济业绩的一种成本控制制度。它的核心是按标准成本分析和反映产品成本的形成过程和结果，并借以实现对成本的控制。①

相比于实际成本，标准成本具有如下特征：

一是标准成本是事前计算的成本，具有显著的前瞻规划特征。它反映的是企业应该以何种必要“代价”（资源）制造出满足客户需求的产品。“标准成本对于经营企业来说就像船员的罗盘，它能反映出企业这只航船月复一月的适当航线与航程。”②

二是标准成本本质上不是成本核算方法，而是成本管理和控制技术。从技术层面看，标准成本主要被当做计划和控制的工具，是包含了成本标准制定、标准执行核算、差异分析与反馈报告和改进矫正等若干环节的成本管理过程③；从行为层面看，标准成本法可以作为一种业绩评价手段，用以牵引成本责任单位按照既定成本策略完成加工制造过程，如图4-1-1所示。

三是标准成本在实务操作上是工艺技术、制造安排和效益评估三者平衡协调的产物。成本标准的制定应以工艺技术为基础，结合当期制造流程和计划，同时应对资源耗费进行投入产出效益分析。标准成本执行差异分析也应分析工艺执行和生产安排的偏差。

（二）标准成本的分类

在成本会计教材里面，标准成本可有多种类型，每一种类型都有一定的管理使命，对应不同的目标，在实务操作中，建议使用如下三种标准成本：

---

① 于增彪：《管理会计研究》，中国金融出版社2007年版。

② 同上。

③ 同上。

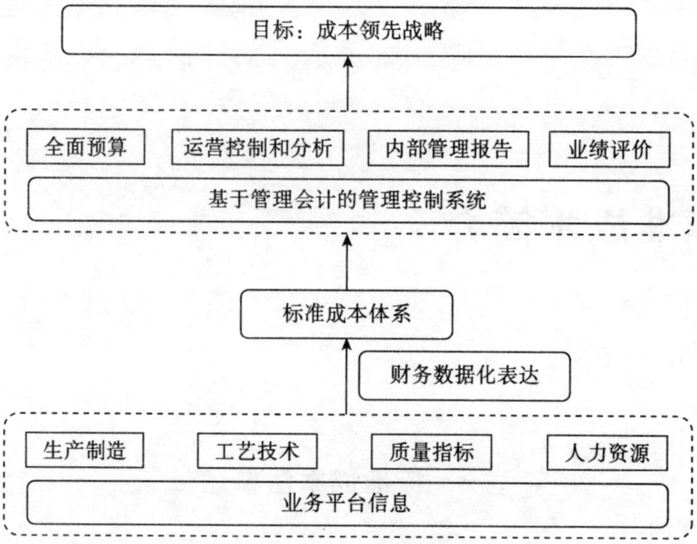

图 4-1-1 预算信息系统功能图

一是理想标准成本，即根据最佳技术条件和资源保障，不考虑或很少考虑各种现实（短期）瓶颈因素计算的标准成本，作为中长期成本目标，在制定战略时作为工艺技术革新和成本领先的牵引。

二是正常标准成本，是在理想标准成本的基础上考虑当年生产安排、技术、供应等约束因素而计算的标准成本。正常标准成本是在比较接近“真实”加工制造背景下模拟计算的成本，更接近实际，用以作为编制成本预算的基础，也可以用以编制内部转移价格和实施定价决策。

三是现实标准成本，即在成本预算执行过程中将非人为因素且短期内无法改进的成本执行差异调整正常标准成本得出的计算结果。主要用来作为业绩评价参考，也可以作为第二年修订标准成本的参考。

（三）标准成本管理的总体原则①

一是注重实用原则。在实际管理活动中不应过分拘泥于上述标准成本的概念和规范，应强调在现有技术、生产条件下，结合外部竞争环境制定一个可容忍的成本“标杆”，将标准成本建设成年度所有成本管理活动的基础和指挥棒，使其具有较强的现实指导性和时效性，能够为全面预算管理、差异分析管理、供应链管理、业绩评价提供基准。

二是动态管理原则。标准成本作为管理基础和标杆既不能“总是变”，也不能“老不变”，必须动态看待和管理标准成本。频繁的“变”会导致标准成本作为指导标杆的刚性丧失，无法借助其对成本管理的各种行为进行评价；刻板的“不变”又会导致标准成本渐渐脱离生产经营实际，失去其参照意义。通常的原则是：一是在一年期间，标准成本一经指定，非有重大技术、生产变化，标准成本维持“不变”，以确保其刚性权威；二是一定要形

① 张德勇等：《大型制造企业的标准成本体系建设实践》，2014 年。

成机制每年对相应标准项目进行定期修订，以保证其贴近实际，反映战略性的成本目标。

三是持续改进创新的原则。在开展标准成本实践过程中要顺应企业文化和经营行为的连续性特征，充分借鉴并发挥企业自身的管理积淀和优良传统，注重在已有的管理成果和经验基础上进行创新和深化，在可达成既定目标的前提下尽量避免颠覆性创新，减少管理风险。

二、标准成本法的主要功能

1. 成本规划与控制工具。与企业历史上曾达到的成本为控制依据相比，标准成本可以最大限度减少各种偶然因素对成本数据的影响，以"应该"发生的成本作为成本控制的依据。如标准成本可运用于全面预算，建立在标准成本数据库基础上的成本预算更能够充分体现业务驱动性，同时预算编制效率和准确性都明显提高；标准成本可运用于实施企业成本领先战略，以标准成本为基础的成本预算在编制时可融入成本控制目标，执行预算成本意味着达到基本的成本领先目的，同时标准成本本身可以作为企业成本战略的长期目标牵引成本持续优化①。其逻辑见图4－1－2。

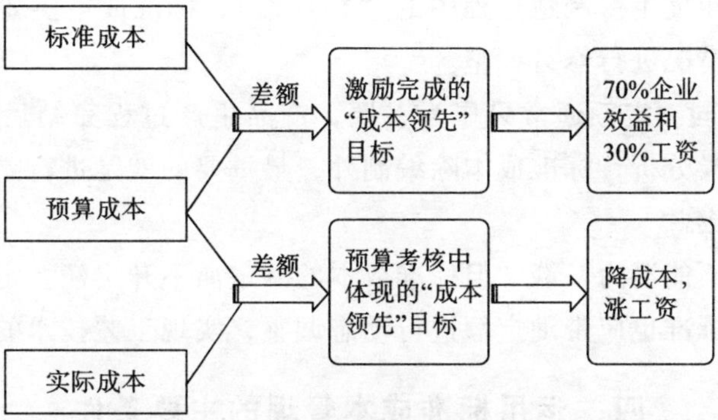

图4－1－2　成本领先战略实施逻辑图

2. 支撑经营决策。标准成本既包含金额因素又包含数量因素，可以克服实际成本计算延后性的弱点，作为日常运营决策的基础信息，如可用于定价决策、内部转移价格测定、存货批量推算等。

3. 促进基础管理水平提升的手段。标准成本系统涉及工艺路线、产品设备匹配、材料消耗、人工消耗等多种基础数据，通过推行标准成本法，可以构建基于工艺路线的各种生产资料的标准用量系统，也可以通过进行作业分析和历史成本数据统计，构建标准费用系统，对保证企业的各项基础数据的真实性和强化企业制造业务中的人、机、料、法、环等基础管理有着较为显著的作用。

三、成本标准和工艺定额比较

集团下属企业基本都有消耗定额，财务部门通常会据此计算成本，定额可以作为制定成

---

① 张德勇等：《大型制造企业的标准成本体系建设实践》，2014年。

本标准的基础但不能替代标准成本管理。二者主要区别如下：

1. 制定的目的不同。定额的编制责任单位绝大多数是工艺技术部门，编制定额的目的是指导加工制造过程中的工艺路线执行。也就是说，定额的主要使命是保证工艺实现，指导成本管理只是定额的“副产品”而非其主要功能。标准成本的编制单位一般为财务或计划部门，其主要使命是用最低的资源投入生产出客户接受的产品，强调的是经济性。成本标准的制定应综合平衡技术、效率、保证供应和经济性等多方面因素。这是标准与定额最大的不同点。

2. 数据颗粒度差异很大。首先，定额的主要使命决定其通常不需要关注价格，即单位成本，定额通常只有数量因素，缺乏材料价格、单位人工等数据，标准成本既有量的标准也有价格标准；其次，只要能够达到指导加工制造过程的目的，定额不一定按照成本项目面面俱到，长久以来很多单位就只有材料消耗定额，或材料消耗和工时定额，标准成本制定过程中原则上应按照六个成本项目分别制定金额和消耗量标准。

3. 数据时效不同。定额一经制定，除非有大的技术革新或调整，应较长时间不变，也就是说定额不需关注年度生产制造过程中的“特殊性”，标准成本主要用于管理和控制，要求每年根据各种实际情况进行修订调整。

4. 管理的目的不同。定额通常只作为参照，产品生产过程完结后只要质量过关，一般不会对照定额进行差异分析，标准成本除编制外，最重要的就是进行差异分析，找出成本执行差异并确定改进方案。

虽然定额与标准不能混为一谈，但标准成本的制定离不开定额，定额是确定成本标准的基础，同时每年修订标准也应带动定额进行动态调整，实现工艺技术的进步。

四、运用标准成本管理的主要条件

标准成本管理主要应遵循如下原则：

1. 标准成本管理一般适用于成熟产品，它们具有较稳定的物料结构和工艺路线，最好有一定的经验数据反映各种资源消耗情况。但在目前市场和商业模式变化日趋频繁的情况下，成熟产品的界定也在不断变化，很多生命周期很短的产品总是不断有细节变化和创新，只要制造过程的主线不变，就可以把各种仅有细微变化的产品归并为一类产品进行标准成本管理。

2. 标准成本法较适用于以实物形态为价值承载转移形式的产品。限于目前技术、测量手段的限制，以实物形态承载和转移价值的产品比较易于标准化计量，而以设备能力和人工工时进行价值转移的产品数据不易于测量，更无法评判标准。

3. 成本标准项目的多少应与企业当前管理水平相适应。成本标准的制定工作量较大且需要数据档案积累，且标准执行的差异分析涉及技术、生产安排等多个方面，标准太过复杂，超越了企业管理现实，会导致执行和分析困难，反而不容易聚焦于短板，提升管理水平。

4. 对材料成本标准益抓大放小。有的工业产品的制造非常复杂，用到的原材料，特别是辅助材料种类非常多，但消耗量不大，对产品成本影响较小，制定标准时应抓住主要原材料或对成本影响较大的原材料制定详细标准，辅助原材料标准可以相对简单设定。

5. 标准成本法应优先考虑用于成本规划和控制。教科书介绍的标准成本制度是一种核算与控制相结合的管理方法，但在实际运用中我国企业因管理基础等原因刚开始运用标准成本往往执行差异较大，用于核算会导致差异处理不当，最好是先由成本管理控制，逐步过渡到控制与核算并用。

第二章
Chapter 2 标准成本法的制度建设和组织机构

一、标准成本制度建设

标准成本是以制造工艺为基础，结合企业已有的或可能获得的生产条件进行制定的。因此标准成本的起点是工艺，在标准成本的制度中，至少应包括表4－2－1所列的项目和主要内容。

表4－2－1　　标准成本制度内容一览表

项目	主要内容	备注
组织机构	明确牵头部门及职责	
	产品研发部门职责	
	工艺技术部门职责	
	能源管理部门职责	
	人力资源部门职责	
	生产管理部门职责	
	工装管理部门职责	
	管理费用管理部门职责	
	价格管理部门职责	
标准成本制定工作流程	原材料成本标准制定流程	
	人工成本标准制定流程	
	能源成本标准制定流程	
	工装磨具成本标准制定流程	
	制造费用成本标准制定流程	
	标准价格制定工作	
标准成本修订工作流程	各项标准成本项目修订制度设计	
	负责修订的相关部门职责界定	
	修订流程设计	

续表

项目	主要内容	备注
标准成本与实际成本差异分析	各标准成本项目差异分析职责界定	
	各项目差异分析一般流程	
	各项目差异分析结果反馈与改进制度设计	
	标准成本差异分析结果运用规定	
标准成本核算规定	明确规定标准成本是否用于核算	
	标准成本制度核算制度规定	
	标准成本相关差异的计算、分摊等核算内容规定	
标准成本的用途	标准成本在全面预算管理中的运用规定	
	标准成本在经营预测中的运用规定	
	标准成本在投资决策中的运用规定	

二、标准成本组织责任体系

表 4－2－2 列示了企业主要责任部门及其主要工作职责。

表 4－2－2　　主要责任部门及其主要工作职责一栏表

标准成本项目	责任部门	工作职责	备注
标准材料及废损成本	产品设计部门	确定及定期优化工艺手段及路线；为标准作业动作和标准作业时间的制定提供技术支持	
生产组织流程	生产管理部门	负责主持确定标准作业动作；确定生产组织安排，标准物流路线，标准车间布置、设备安排使用标准，并对相应改进提出具体意见	
标准燃料动力成本	能源管理部门	确定燃料动力标准用量，对标准用量的改进提出具体意见	
标准人工成本	人力资源部门	制定标准作业时间，制定工时、效率标准和人工成本标准，并对相应的改进提出具体意见	
标准工装成本	相关责任部门	确定各项工装模具的标准寿命，对工装模具开发时的寿命指标提出具体意见	
标准制造费用	财务部门	组织划分变动制造费和固定制造费；确定各项制造费用标准；主持对各项制造费用标准的改进提出具体意见	
标准价格	财务部门	负责组织确定及修订各项价格标准	

三、标准成本工作流程

标准成本工作流程见本部分附录一。

四、标准成本系统框架

标准成本系统框架可见图4-2-1。本手册的标准成本以标准工艺路线为主线，通过完善物料清单和标准工时系统，结合标准价格体系制定各种成本项目的标准数据。本手册特别强调标准成本的各种数据，尤其是资源消耗用量数据必须来源于制造工艺路线，由分析生产制造环节的各种作业动作予以确定，不能由财务人员依据历史数据分析来判断。

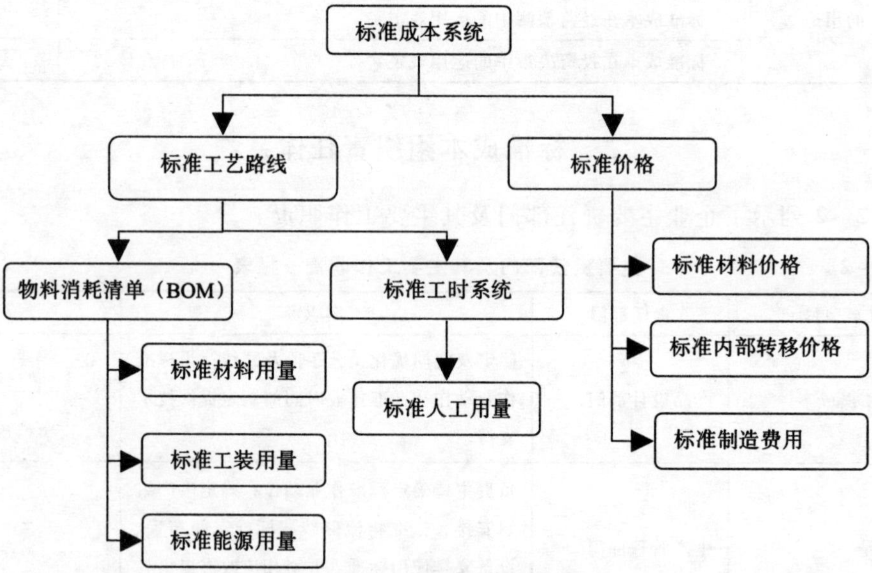

图4-2-1 标准成本系统框架图

第三章 Chapter 3 物料清单（BOM）简介

一、物料清单的定义

物料清单也称为BOM表（Bill Of Material简称BOM），是详细记录一个产品（项目）所用到的所有材料及相关属性，亦即，母件与所有子件的从属关系、单位用量及其他属性。在有些系统称为材料表或配方料表①。物料清单示意图见图4-3-1。

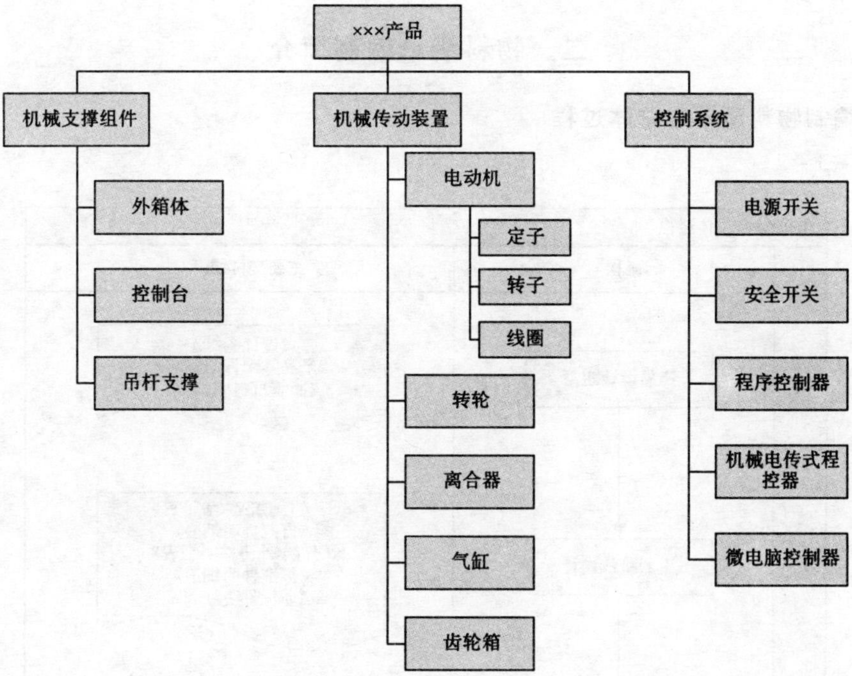

图4-3-1 BOM分解示意图

物料清单是设计和制造环节的重要技术文件，同时也广泛运用于运营管理领域，如客户订单管理、采购物流管理、制造计划和定额制定等。实践表明，物料清单必须进行动态的管

① 马伟明：《基于ERP和MES的生产编排系统的研究与开发》，2009年。

理，其维护比初始编制更重要。物料清单充分体现了数据共享和集成，是编制标准成本的基础。根据产品的复杂程度，物料清单可以是单层的，即产成品下全部是原材料结构；也可以是多层的，即产成品下是一级或多级半成品（零部件）结构，再往下是原材料结构。物料清单应该具有如下特点：

一是必须完整。物料清单用以指导工艺路线和制造流程，不完整的物料清单很容易导致物料保障和生产制造过程出现障碍。

二是结构化。不论是用图还是表格编制的物料清单都必须结构层次清晰。每种零部件、半成品和原材料的从属关系和加工制造顺序关系必须清晰，能够表现加工制造的流程。同时各种物料的数量和计量单位必须明确。

三是具有相对稳定性。物料清单是基础性的技术文件，涉及多领域、多层系的运用，经常变化会导致后续工作混乱。但稳定并不代表不改进，物料清单的变动一定要有相应记录和档案管理。

四是各种物料应进行编码。物料编码是实现物料快速识别和标准化管理的有效办法，如果要借助信息系统实施成本管理，编码就是基础数据准备工作。物料编码的要点在于每种物料的编码应遵循相同的规则，且具备唯一性。

二、物料清单编制简介

（一）编制物料清单的总体过程

见图4－3－2。

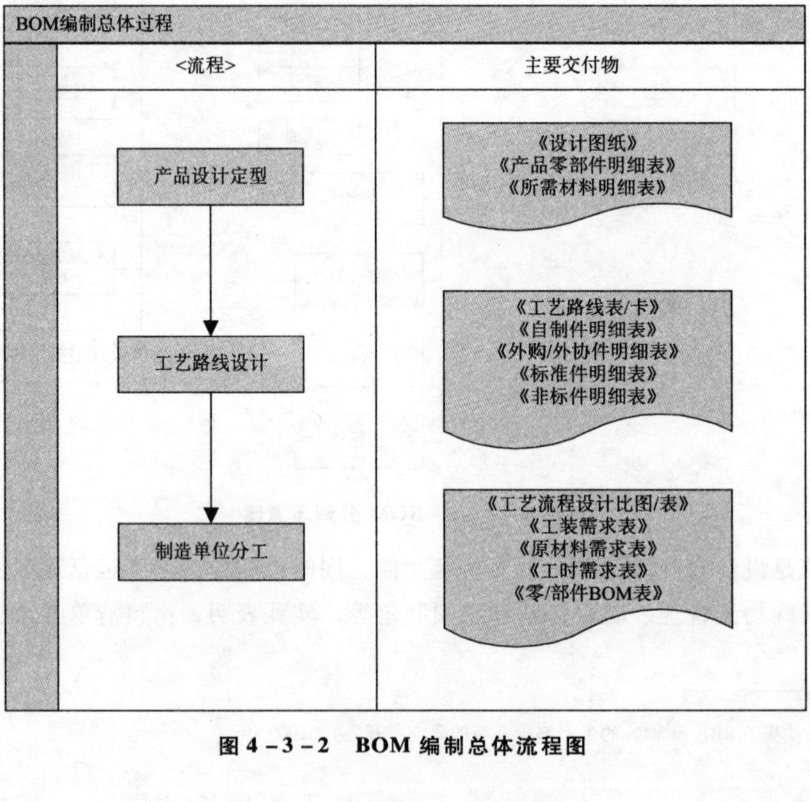

图4－3－2　BOM编制总体流程图

物料清单的编制过程也就是产品从设计定型到可以批量进行正常生产的管理过程。正常情况下至少应经历产品设计定型、工艺路线设计和制造单位分工三个阶段。

（二）产品设计定型阶段

由于很少有产品只通过一个步骤就可加工完成，因此，产品设计定型后应首先确定产品零部件结构，示意图见图4－3－3。

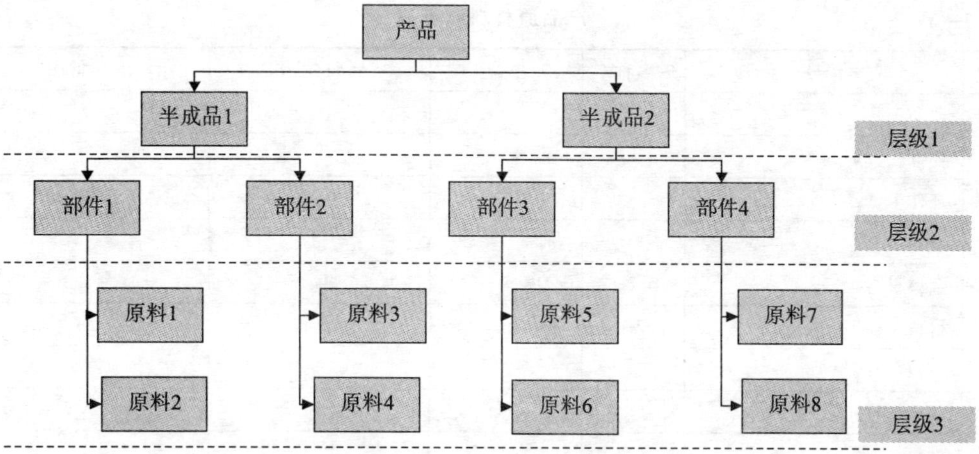

图4－3－3　产品零部件结构示意图

确定产品零部件层级结构的重点有二：一是应将每种产品按照“半成品—部件—原材料”的层级进行完全分解；二是各种零部件结构层级应清晰，通常情况下，半成品为一个层级、部件为一个层级、原材料为一个层级。

在确定零部件结构层级后，研发设计部门应负责编制产品零部件明细表，典型样表见表4－3－1。

表4－3－1　产品零部件明细表

编码号	产品代号	名称	材料/规格	单位	数量	备注
×××	产品1					
×××	半成品1					
×××	部件1					
×××	零件…					
×××	…………					
×××	半成品2					
×××	部件2					
×××	零件…					
	…………					

表4－4－1中的产品一般指能够对外提供的制成品；部件一般指应由若干个部分（零件、分部件）组成的，可以继续拆分的半成品；零件一般指不采用装配工序制成的单一成品。

设计零部件明细表的要点是一是对各种零部件的类型和规格应在表的“材料/规格”栏标注清楚；二是计量单位应清楚明确；三是对物料的规格、包装等要素有特殊要求的应在“备注”栏标准清楚。

除产品零部件明细表外，研发设计部门还应负责会同采购部门编制产品原材料明细表，主要是列出制造产品所需要的各种原材料明细，典型样表见表4－3－2。

表4－3－2　产品原材料明细表

序号	代号	名称	单位	标准/规格	备注
1	产品1				
主料	坯件				
…	坯件1				
…	…				
…	金属材料				
…	材料1				
…	…				
…	非金属材料				
…	材料1				
…	…				
.	电器元件				
…	元件1				
	…				
辅料	辅料1				
	辅料2				
…	…				
2	产品2				
…	…				

产品原材料明细表应由产品研发部门负责编制，但必须建立研发部门与采购、财务等管理部门的沟通、协商平衡机制，研发部门重点对产品的质量、性能把关负责；采购、财务等部门重点对供应链效率、成本等指标把关负责，最理想的产品原材料明细表应该是既能保证产品质量性能的客户要求，又有利于供应链采购并控制成本。

三、工艺路线和工艺规程设计阶段

（一）工艺路线设计

工艺路线设计阶段的主要工作是工艺部门会同生产部门一要在编制工艺路线表/卡的同时将产品零部件明细表中的各种零部件区分为自制件、外购件、外协件，制造标准化程度较高或管理较好的企业还可以将零件划分为标准件和非标准件；二要根据工艺路线将零部件的生产加工任务划分到各个车间和分厂；三要确定加工不同零件需要用到的工装、量具、盛具等。直接进行工艺规程设计的产品一般是加工过程较简单的产品，加工过程复杂或零部件组成较多的产品一般是在先设计绘制加工工艺图，再进行工艺路线设计，带确定后再进行工艺规程设计并固化为技术文件。工艺路线和工艺规程与工艺路线相比最重要的是在加工工艺过程中界定了加工行为的责任部门。零部件工艺路线表示例见表 4－3－3。

表 4－3－3　　零部件分配明细表

编号	名称	规格描述	种类	分配去向	备注
	产品 1				
	部件 1				
	零件 1		国标□　厂标□　非标□	自制	
	零件 2			外购	
	零件 3			外协	
	产品 2				
……	……	……	……	……	……

表 4－4－4　　自制零部件信息一览表

加工责任单位：

编号	名称	规格描述	种类	工艺路线	工艺动作描述	工装需求	备注
	产品 × ×						
	零件 × ×			1/下料— 2/热处理— 3/金工— 4/总装	……	1. 工装 1 工装 2 … 2. 工装 1 工装 2 …	
	零件 × ×						
	零件 × ×						
……	……	……	……	……			……

工艺路线一栏一般需要预留较大空间，工艺路线一般是按照零部件在不同工序或班组生产流转顺序填写，在工艺路线中每个重要工序（工步）应进行编号，如表 4－3－4 所示。工艺路线必须经过审核才能生效、下发。工艺路线的审核是一个统筹、协调、平衡的过程，需要考虑到其他产品的生产制造等问题，因此通常情况下工艺路线的审核不能是一条条审核，一定是一个产品整体审核。工装需求栏中前面的数字代表工艺路线编号，如表 4－3－4，“1”代表工艺路线 1：下料，“2”代表工艺路线 2：热处理…。

管理基础较好的企业可以填写工艺动作描述一栏，通过描述工艺动作，可以为实现作业的标准化提供最基本的依据，是标准成本与作业基础管理结合的桥梁。

（二）工艺规程设计

工艺管理部门组织生产管理部门和各生产车间（分厂）根据工艺路线加工要求编制各

类工艺规程。工艺规程通常以工艺规程表或工艺规程卡的形式编制，一是要反映材料和工时的消耗，二是将工艺流程与生产设备匹配。在编制工艺规程环节，重点要确定材料消耗定额、各重要工序（工步）质量指标、工时定额、工装消耗标准等。样表如表 4－3－5。

表 4－3－5　　零部件工艺定额明细表

制造责任单位：×××　　　　零件名称：××

<table>
<tr><th rowspan="2">工艺路线</th><th rowspan="2">工艺规程</th><th colspan="3">投入材料</th><th rowspan="2">工时定额</th><th colspan="2">工装定额</th><th rowspan="2">匹配设备</th><th rowspan="2">额定功率</th><th colspan="4">能源消耗定额</th></tr>
<tr><th>材料名称</th><th>良品率</th><th>消耗定额</th><th>名称</th><th>消耗定额</th><th>水</th><th>电</th><th>气</th><th>蒸汽</th></tr>
<tr><td rowspan="6">工序 1</td><td rowspan="3">工步 1</td><td>材料 1</td><td></td><td></td><td rowspan="6"></td><td>工装 1：</td><td></td><td>设备 1</td><td></td><td></td><td></td><td></td><td></td></tr>
<tr><td>材料 2</td><td></td><td></td><td>工装 2：</td><td></td><td>设备 2</td><td></td><td></td><td></td><td></td><td></td></tr>
<tr><td>……</td><td></td><td></td><td>……</td><td></td><td>……</td><td></td><td></td><td></td><td></td><td></td></tr>
<tr><td rowspan="2">工步 2</td><td>材料 1</td><td></td><td></td><td>……</td><td></td><td>……</td><td></td><td></td><td></td><td></td><td></td></tr>
<tr><td>……</td><td></td><td></td><td>……</td><td></td><td>……</td><td></td><td></td><td></td><td></td><td></td></tr>
<tr><td>……</td><td></td><td></td><td></td><td></td><td></td><td></td><td></td><td></td><td></td><td></td><td></td></tr>
<tr><td rowspan="3">工序 2</td><td>工步 1</td><td></td><td></td><td></td><td></td><td></td><td></td><td></td><td></td><td></td><td></td><td></td><td></td></tr>
<tr><td>……</td><td></td><td></td><td></td><td></td><td></td><td></td><td></td><td></td><td></td><td></td><td></td><td></td></tr>
<tr><td>……</td><td></td><td></td><td></td><td></td><td></td><td></td><td></td><td></td><td></td><td></td><td></td><td></td></tr>
<tr><td>……</td><td></td><td></td><td></td><td></td><td></td><td></td><td></td><td></td><td></td><td></td><td></td><td></td><td></td></tr>
</table>

这类表的编制要点说明如下：

1. 零件工艺定额明细表以数量作为计量单位，是制定标准成本的直接依据。

2. 基础管理水平不高的企业可以不按照公布细分各种定额，仅细分到工序一级，待基础管理水平提高后，再行细分。

3. 用量较少，占材料费用比重很小的辅料可以用金额反映，也可以不细分到工步。

4. 上述工艺规程相关表格应附有工艺图纸，各种表格与图纸的版本应对应管理，并保存好档案。

（三）消耗定额的测定方法简介

前文已述，大多数的标准成本制度建立在定额管理的基础上，定额是工艺技术对各种资源耗费的数量要求，完成工艺规程编制（整理）后，主要资源的定额，如原材料和工时定额即可测定出来，如果按照表 4－3－5 在工艺规程中还附加了设备和功率等信息，能源的消耗也可以推算出来。各个成本项目定额中，原材料和工时定额是最重要的两个组成部分。也是企业经营管理的重要基础数据，不论是确定采购量和采购批次、管理用工人数、提升生产效率都涉及两个基础定额。两种定额的测定需运用工程测量方法，现简要介绍如下：

一是材料消耗定额的测定。应由工艺技术部门首先根据工艺和设计要求进行材料的分解计算，确定成品（可以是零件、半成品或产成品）的净消耗量，其次工艺技术部门应会同采购部门按照可采购到的原材料规格计算相应下料、改型等损耗，最后还应会同生产部门在实际制造加工过程中进行测试调整才能确定材料消耗定额。同一个零件的材料消耗定额数据至少应分为零件或产品净重、下料损耗和工艺加工损耗三组数据，在制定标准成本时的材料成本标准也需分为至少三个标准数据。

二是工时消耗定额的测定。通常需要测定人员操作和设备运转两种标准工时。测定人员操作工时时应注意选择合适的操作人员样本量，操作人员的技能应保持中上熟练水平；较长的操作动作需按照工艺规程划分为相对可计量的、独立的操作阶段（单元），以方便测定操作时间；测定出的人工操作工时应在正常生产操作过程中跟踪监测一段时间，以便对数据进行调整，最后方可确定标准操作工时。测定设备加工工时定额需考虑正常的生产条件和加工批次，基础管理较好的单位可针对不同加工批次产品进行设备工时弹性测定。

四、产品物料清单汇总

完成各个零部件的物料清单表的编制后，需要编制产品物料清单汇总表，样表如见表4－3－6。

表4－3－6

×××产品							
					整理时间：2008/11/11	版本号：××	
名称	编码	规格	精度	位置	用量	工艺技术要求	备注
××产品							
其中：××部件							
××材料							
××材料							
……							
××部件							
××材料							
……							
工艺规程图							

表4－3－6编制要点说明：

（1）产品物料清单汇总表的主要用途是反映产品零部件构成的全貌。有条件的企业还可以反映制造产品主材的数量。

（2）通常情况下，企业应给各种原材料和零部件按照固定规则进行标准化编码，编码应坚持唯一性原则，以便于各个不同产品的汇总表的比较。

（3）每个产品或重要部件的汇总清单最好配上简要的工艺加工流程图，便于物料种类、数量和规格等的对应理解。

（4）部件或零件的排列顺序可以选择按重要性或工艺流程两种标准进行分类排列。

（5）工艺技术要求一栏主要应描述加工工艺精度、误差容忍值，重要加工动作或对设备的要求等内容。

（6）最好数据化描述材料规格。

（7）重要说明内容可于表后附备注说明。

第四章
Chapter 4 标准成本的编制和维护

一、内部价格的制定

在 BOM 表编制的过程中，工艺技术部门和生产制造部门已经将与产品成本有关的数量标准制定出来，财务部门应综合运用经营预测的各种方法（见《经营预测运用手册》）合理预测各种原材料和能源的价格，通过预测的价格和数量标准，即可计算产品的标准成本。各种价格的预测应把握以下原则：

1. 方法科学原则。价格预测的准确与否直接决定了标准成本的准确性，预测价格必须用科学的方法和工具，有条件的企业应更多借助信息系统预测各种价格的走势，进而预测价格。

2. 与预算目标挂钩的原则。运用标准成本编织成本预算的企业在预测价格特别是原材料价格时应考虑价格与年度预算目标的关系，一是年度预算目标对于大宗原材料价格的敏感程度；二是预测价格可能出现的弹性范围与预算目标弹性范围的对比；三是判断以最高预测价格确定的标准成本能否实现为最低预算目标所支撑。

3. 留有余地原则。预测的价格时应尽量避免取最高或最低的预测值，通常情况下建议取平均值作为价格预测的数据。

二、标准成本的编制

编制标准成本与编制产品物料清单的流程步骤基本一致，即先编制各个零部件的标准成本，在汇总编制产品的的标准成本。最终确定的标准成本应从成本项目和产品构成两个方面描述产品已适用于不同的管理需求。

（一）零部件原材料标准成本编制

零部件原材料标准成本编制样表见表 4 – 4 – 1。

表 4－4－1　　零部件原材料标准成本表

制造责任单位：×××　　零件名称：××

工艺路线	工艺规程	原材料	良品率	消耗定额	材料价格	标准材料成本	标准废损成本
工序 1	工步 1						
	工步 2						
	……						
工序 2	……						
	……						
合计							

要点说明：

上表的标准废品成本中仅包含材料费用，制定标准废损成本主要是对原材料进行投入产出的闭环管理。使用有色金属等价值较高原材料的企业还应进一步将废损成本分解为工艺消耗废品标准成本和回收边料价值；若加工费用较高的企业应根据实际在标准废损成本中加入加工制造费用。

（二）标准能源成本制定

例表见表 4－4－2。

表 4－4－2　　零部件标准能源成本表

制造责任单位：×××　　零件名称：××

工艺路线	工艺规程	水			电			气			蒸汽			合计
		定额	单价	标准成本	定额	单价	标准成本	定额	单价	标准成本	定额	单价	标准成本	
工序 1	工步 1													
	工步 2													
	……													
工序 2	……													
	……													
合计														

（三）标准人工成本的制定

根据《零部件工艺定额明细表》可以制定标准人工成本，见表 4－4－3。

表 4－4－3 的编制说明：

（1）工艺动作描述不仅包括加工的主要工艺动作，也包括对上下料、产品运输等环节的主要动作描述。

（2）工时消耗一栏，管理基础达不到的企业可先按照工序进行测定，在提升基础管理的同时逐步细化道工序（工位）。

表 4－4－3　　零部件标准人工成本表

制造责任单位：×××　　零件名称：××

工艺路线	工艺规程	工艺动作描述	工时消耗	年度工时单价	标准人工成本
工序 1	工步 1				
	工步 2				
工序 2	工步 1				
	……				
	……				
……					

（3）工时单价一栏由人力部门按照每年的职工薪酬水平进行测定后填写，实行计件工资制或混合工资制（注：及计件或计时与固定工资制结合）的单位，由人力部门协同财务部门以每年的薪酬预算为基础对推算年度工时单价。

（4）实行阶梯式工资制度的单位年度工时单价可能不止一栏，按照实际级次填写，在计算标准人工成本时，按照中间级次计算。

（四）标准工装成本的制定

在传统的成本核算中，工装成本通常都用工时作为分配标准在产品之间进行分配，编制标准成本后，根据《零部件工艺定额明细表》，可以将工装成本（尤其是专用工装成本）按照不同产品品种进行归集，可以更加准确真实地揭示每个产品应负担的真实工装成本，见表 4－4－4。

表 4－4－4　　零部件标准工装成本表

制造责任单位：×××　　零件名称：××

工艺路线	工艺规程	工时定额	工装定额		匹配设备	工装单价	标准工装成本
			工装名称	消耗定额			
工序 1	工步 1		工装 1：		设备 1		
			工装 2：		设备 2		
			……		……		
	工步 2		……		……		
			……		……		
	……						
工序 2	工步 1						
	……						
	……						
……							

表4－4－4的编制说明：

（1）若工装成本占总成本比例不大且通用工装较多的企业，为简化管理和核算仍可采用工时定额分摊工装成本。

（2）工装单价由财务部门在每年编制年度预算时确定。

（五）标准制造费用的制定

制造费用是成本项目中和工艺路线关联较少的项目，而且制造费用项目多，成本性态复杂，导致了制造费用的标准数据来源困难，目前来看，比较常用的有两种确定标准制造费用的方法：一是历史成本分析法，二是成本性态划分法。

1. 历史成本分析法。历史成本分析法主要是通过分析以往年度每个车间（分厂）的制造费用发生额和产品产量来推算车间（分厂）的年度标准制造费用。再按照一定的分配标准将制造费用分摊至各个产品，形成各个产品的标准制造费用。见表4－4－5。

表4－4－5　　零部件标准制造费用表（历史成本分析法）

单位	××年		××年		……年		执行年度	
	产量	费用总额	产量	费用总额	产量	费用总额	产量	费用总额
车间1								
……								
分厂1								
……								

表4－4－5的编制说明：

（1）统计表明，制造费用的总额与车间（分厂）的产量成一定相关性，可以通过分析以前年度的产量和制造费用总额的关系推算出执行年度的制造费用总额。

（2）在预测执行年度的制造费用总额时，可以使用《经营预测运用手册》中的预测方法对以前年度的数据进行平滑处理，使推算的结果各家准确。

（3）确定了执行年度的标准制造费用后，财务部门按照一定的分配标准（如产量、工时等）将每个车间（分厂）的制造费用分配到产品作为标准制造费用。

2. 成本性态划分法。成本性态划分法是指将制造费用的各个项目按照与之相关联的标准进行划分，一般的制造类企业制造费用至少可以按照三个标准进行划分：固定、工时、产量。样表见表4－4－6。

表4－4－6的编制说明：

（1）固定制造费指在年度期间变化不大的制造费用，薪酬、折旧和办公费用在编制年度预算时根据员工薪酬水平、企业资产状况和各种费用标准进行确定。

（2）机物料消耗、低值易耗品、运输费、实验检验费等结合相关定额和往年历史数据根据预计的产量进行测定。管理基础薄弱的企业开始可以不细化到产品，按照整个车间（分厂）的产量进行测定，再按一定的标准分配到各个产品。

表 4-4-6　　零部件标准制造费用表（成本性态划分法）

制造责任单位：×××

项目	固定制造费			制造产量标准				工时标准	
	薪酬	折旧	办公费	机物料消耗	低值易耗品	运输费	实验检验费	能源费	劳动保护
产品 1									
产品 2									
……									
合计									

（3）能源费和劳动保护费等与工作时间相关性较强的费用结合相关定额和往年历史数据根据预计的工时进行测定。

（4）通常来说，成本性态划分法确定的标准制造成本比历史成本分析法更加准确，管理的指导意义更强，但此方法对基础管理水平要求较高，工作量较大。

（六）产品标准成本的制定

将各零件的标准成本数据汇总，可以编制产品标准成本表（见表 4-4-7）：

表 4-4-7　　产品标准成本表

项目	制造单位	单位工时	预计产量	标准材料成本	标准人工成本	标准能源成本	标准工装成本	标准废损成本	标准制造费用	合计
零件 1										
零件 2										
…										
组件 1										
…										
合计										

表 4-4-7 编制说明：

（1）有外购组件或零部件的，应在标准成本栏填写相应的外构成本，并注明外购件。

（2）原材料价值比较高的产品，如使用有色金属等原材料的，应加入标准废料回收价值。

三、标准成本管理的注意事项

（一）标准成本需要定期维护修订

标准成本和产品物料清单的很多项目和数据都与年度产量或各种消耗标准挂钩，因此标准成本的维护和管理至少应分为两个层次：日常维护和年度修订。标准的维护需综合考虑订单交货期、质量达标和经济效益三方面因素平衡，标准维护最好是技术、制造和财务部门联动。在有投资项目完成或工艺革新有成果时应对材料消耗定额进行工艺分析，修订工艺技术进步对定额的影响。但新工艺和新定额达到正常生产条件需要一定实验过程，在工艺试验和小批量试制是应注意收集定额消耗数据，分析前后变化，并做好记录的档案管理。

在标准成本维护和管理中应充分发挥生产管理、统计和物流部门的作用。生产管理部门应建立原材料投料计划审核机制并加强在制品管理，应以定额消耗量为基础根据工艺技术情况和在制品情况及时调整控制在制品量。统计部门应加强工序、班组层级的投入产出原始数据记录和档案保存管理，管理较好的企业应加强对基础统计数据进行分析。物流供应部门必须严格执行材料消耗工艺定额，材料发放前必须对领料计划按材料定额和投料计划进行核对，防止超额领料。制造责任单位应严格执行按定额下料，齐全实耗与定额差异记录、做到料头料尾残料的综合利用或收集并进行记录。

（二）确保物料投入产出标准闭环

标准成本编制中的一个重要环节是补充完善物料投入产出标准。包括：成品材料标准消耗量、废品损失材料标准消耗量，及边角余料回收标准量3个标准，实现物料投入与产出各环节的闭环。工艺质量部门应对产品制造流程中的各个环节进行物料投入产出实地测试，根据测试结果结合良品率、下料率、消耗定额等工艺指标制定三个标准。

（三）确保标准成本编制效率和质量平衡

标准成本的制定和运用必须考虑效果与效率的平衡。产品种类较多的企业可以通过合理划分产品系列的方法提高编制效率，减少维护工作量。即对于同一系列不同型号的产品，选择其中产量大，生产状态较稳定的一个品种详细编制标准成本，其他型号以该产品为基础通过修正差异项目编制标准成本。制造工艺的相近性和物料投入的相似性是划分产品系列的基本原则。即划分为同一系列的产品的加工制造工艺应该类似或相同，平时长江电工采用的标准时工艺路线相同程度达90%以上，制造同一系列产品所用的物料也应基本相同。

（四）编制时注意划分成本性态

和传统成本核算相比，标准成本的编制更加注重对工艺路线和制造约束条件的分析，这为成本性态分析提供了可能。如：可以在制定各项产品标准成本过程中借助工艺路线分析将成本项目分解为变动和固定两大部分，并将混合成本性态项目按照变动和固定类别分开编制标准，为编制弹性预算和定价决策提供基础数据支撑。

第五章
Chapter 5 以定额为基础建立标准成本体系

标准成本运行的关键是科学编制标准成本，编制是运用的起点，也是最关键的一步，科学的编制方法是确保标准成本实际运行效果的基础。上一章介绍了规范的标准成本编制方法，但在实际操作中，企业通常具备一定管理基础，一般不会从工艺技术层面开始实施标准成本编制。本章结合企业现实，介绍一种通过五个主要因素，逐步将工艺消耗定额修订为成本项目标准，编制标准成本的方法。

一、以定额为基础的标准成本体系总体架构[①]

将消耗定额作为标准成本编制的基础，可以通过找出实际制造过程中资源耗费的影响动因，并将实际耗费与定额的差异量化分析，最终将定额修订为成本耗费标准，使工艺技术、生产制造、财务管控三者有机结合，形成以实现成本领先战略为目标的标准成本体系。标准成本编制架构如图 4-5-1 所示。

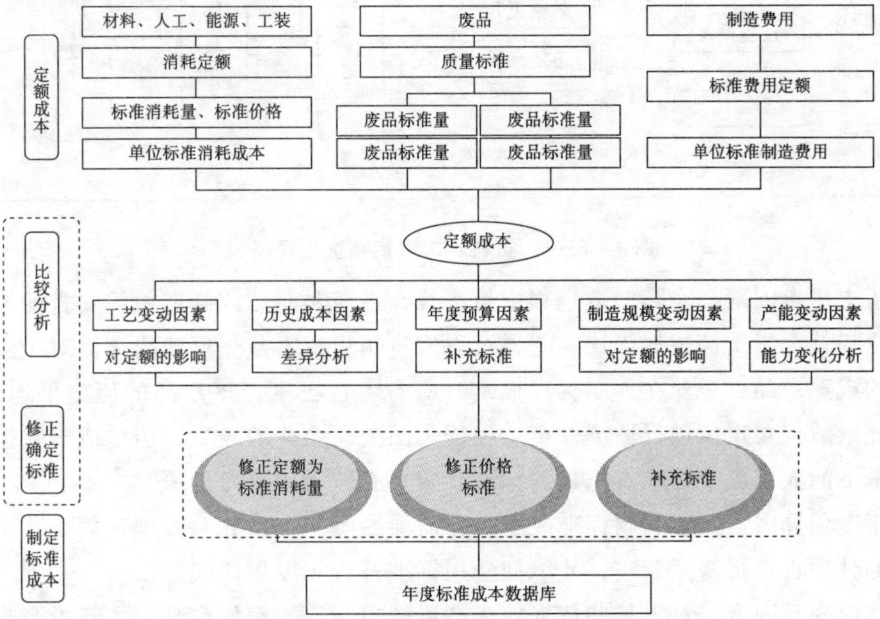

图 4-5-1 由定额修订为标准结构图

① 张德勇等：《大型制造企业的标准成本体系建设实践》，2014 年。

二、编制优化产品的定额成本

运用消耗定额的数量数据和标准价格体系可以计算产品的定额成本。编制定额成本并不是简单将消耗定额和标准价格相乘计算。本步骤的主要目的是将工艺规程和加工制造过程与定额数据匹配，用经济数据“语言”反映加工制造过程，使成本数据、工艺制造流程和责任单位一一对应。

首先技术部门将产品按照总体工艺路线分解为零部件（原材料）清单，其次制造管理部门依据技术部门的工艺规程再将零部件分解至各制造责任单位，最后各级财务人员针对各单位负责的零部件采用定额和标准价格计算定额成本。经过3年的努力，目前长江电工标准成本数据库中的产成品定额成本条目共计有7个产品系列45个品种共6435条。

三、考虑五个因素将定额调整为标准①

在定额的基础上重点考虑五个主要调整因素对工艺消耗定额指标进行修订，推导出成本标准：

一是工艺进步因素。企业通常每年都会投资购买的新设备以改善加工制造条件，这些投资带来的自动化水平提升等都会带来工艺技术水平的进步，工艺进步自然促进材料消耗和能源消耗的下降及劳动效率的提升。在每年编制标准成本时可以参考结合工艺技术的进步情况对原材料消耗定额、能源消耗定额和工时定额等进行修正。见图4-5-2。

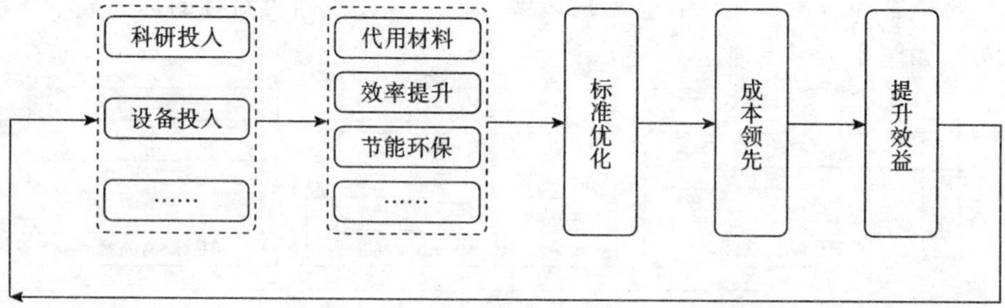

图4-5-2 材料、工时定额优化逻辑图

二是历史成本因素。实际制造过程中生产线存在瓶颈制约或制造组织安排的不均衡性会使实际制造耗费大于定额数据，这一差异可以通过历史成本数据反映出来。对于已批量投产一段时间的成熟产品，企业在编制标准成本时应参考过去生产该产品的历史平均成本数据，尤其是消耗量数据对定额进行适度修正。根据集团公司企业的经验，历史成本数据对专用工装、小批量下的人工成本等成本项目的标准制定具有较大的参考价值。

三是年度预算因素。在编制标准成本时，需要参照年度预算对各项定额尤其是制造费用定额中的部分项目进行修正调整，才能使费用标准符合年度生产实际。

四是规模变动因素。对于某些依据较小产量规模制定定额的产品，如新投产产品、原来

① 张德勇等：《大型制造企业的标准成本体系建设实践》，2014年。

销量不佳产品等，因市场变动或订单增加产量规模发生大幅度变化时，其制造过程中所用的各种原材料的利用率和劳动效率等会相应上升，企业在制定标准成本时要修正相应定额。

五是产能变动因素。通常情况下不同产品的产能每年会有一定变动，主要受几个因素影响：一是每年订单变化情况，企业会根据销售结构变动统一调配产能；二是投改技措等固定资产投资会改变整个或部分产品的生产约束条件，对相关产品的产能也有影响；三是加工人员的熟练程度不断提高也会使产品产能一定程度提高。生产能力的变动会导致诸如折旧、生产一线管辅人员工资等固定成本的单位摊销额发生变化，在制定费用标准和单位人工成本标准时会根据产能的变动对费用定额和工时定额进行修正。

第六章 Chapter 6 标准成本制度下的核算和差异分析

一、标准成本制度下的核算

在国外，管理基础较好、成本差异不大的企业采用标准成本进行核算的情况比较普遍，但我国企业因基础管理薄弱、数据传输及时性等原因，使用标准成本进行核算的还不多。采用标准成本制度进行核算应遵循如下总原则。

一是必须专门设置成本差异科目反映各种成本差异。在一些管理会计教材上成本差异科目下只反映直接材料成本、人工成本和加工费成本三项差异，按照我国的实际情况，本手册建议原则上标准成本仍然按照六个成本项目反映成本差异数据，以准确反映各类差异，变异分析差异原因。

二是注意各会计期末对成本差异的处理方法应符合成本制度要求。各成本差异账户的累计发生额，反映了本期成本控制的业绩。按照集团公司《成本管理办法》的相关要求，在月末（或年末）对成本差异的处理不得采用调整销货成本与存货法，只能采用结转本期损益法，将各种差异反映在当期损益中。

三是注意标准成本制度下的非直接计入费用的分摊方式。建立标准成本系统后，最好配合信息系统对于各种成本费用尽量直接计入对应产品；对于确实无法直接计入成本费用，应根据其作业过程的特征，明确影响其作业的关键标准要素，运用关键标准要素作为分摊成本的依据。值得注意的是，和传统的成本核算相同，分摊标准和要素一经确定，应保持相对一致，变动时应进行审批，以保持成本数据的可比性。

二、标准成本执行差异分析

标准成本差异分析的方法在大多数管理会计教材里都有详细介绍，此处不再赘述。在此强调差异分析的几个重要原则：

1. 差异分析必须由表及里，从差异数据分析深入作业基础层面。即差异的数据分析的结果应可以识别并反映理想的标准作业环节（包括标准业务流程、标准工艺、标准制造动作等）和实际作业环节之间的差异。

2. 差异分析必须起于分析，止于改进。标准成本系统中必须设计的差异分析后的反馈和改进机制，同时应对差异的趋势进行定期评估。

3. 必须建立差异记录档案。应对历次差异分析及作业改进进行整理分类，并建立完备的记载档案，作为成本标准调整和工艺技术改进的依据。

4. 差异分析必须界定责任。差异分析得出结果后一定要界定相应责任部门，才能支持后续改进。如产生了材料采购价格差异，应分清是采购部门未能按标准价格采购，还是因生产计划调整导致急购材料造成价格浮动。

5. 差异分析的难点是制造费用差异分析。制造费用的性质决定其通常无法直接计入单项产品成本，采用的统一分摊率也不一定符合管理规律和控制需求。制造费用的差异分析往往无法解释真正的差异产生原因。再次建议对于制造费用的差异分析应把握要点：一是需对比期间内总制造费用进行差异分析，解释各费用项目差异金额并查找原因；二是抓住重点差异项深入分析，制造费用往往项目很多，抓住金额或影响较大的项目分析差异即可；三是科学确定分摊率，分摊率应根据费用性质和管理需求确定，不必统一，但也不能过多，造成分摊复杂；四是尽量减少制造费用项目，变间接计入为直接计入。

第七章 Chapter 7 基于作业的标准成本法简介

一、对作业成本法的理解

作业成本计算法是将间接成本和辅助资源更准确地分配到作业、经营过程、产品、服务及顾客中的一种成本计算方法。在作业成本计算法下，许多组织资源的使用并非用于构成产品的实物形态，而是提供一系列各种辅助作业活动，从而能为各类顾客生产产品和提供服务。作业成本法的目的不是将共同成本分配到产品，而是对用于各种作业的资源进行计量和定价，这些作业主要指辅助生产、交货及顾客服务。①

作业成本法是制造技术水平发展到一定阶段的产物。它代表的是加工产品过程中单一功能设备逐渐减少，大型自动化综合功能设备越来越多，这些设备的维护、调试和保养耗费的资源接近甚至大于制造产品的直接成本，同时从产品生命周期全成本角度看，辅助性、非直接性制造成本所占比重越来越大，单纯以产品为核算单位计算成本会造成成本扭曲越来越大，已影响到相应决策。与传统成本计算方法比较，作业成本法具有如下特点：

1. 核算对象是作业而非产品。成本计算对象从产品转变为作业是作业成本法最直观的特点。这种转变更好地适应了运用智能化大型设备实现制造加工的企业现实。同时转变也带来了作业库的概念，即需要象产品归类一样的把相同（近）特征的作业归为一类。

2. 作业成本法拓展了成本计算范围。在传统成本计算方法下因计算规则和手段限制列入间接费用的资源耗费借助作业库的概念可以直接计入各种作业，进而计入产品成本。减少了分摊方式带来的成本扭曲。

3. 作业成本法的重点通过计算作业管理成本动因。通常情况下作业是以行为为载体的资源耗费方式，不便于测量和计量，作业具有不同的动因，有些动因是价值创造因素，有些动因无法创造价值，可以优化。运用作业成本法就是通过计算各种作业的资源耗费来分析探求作业背后的驱动动因，直至达到管理并优化动因的目的。

二、标准成本法与作业成本法的结合点

应该说，标准成本管理实施到一定程度后，企业会逐步发现标准成本管理的局限性。体

---

① 罗伯特·卡普兰著，吕长江译：《高级管理会计》，东北财经大学出版社 2009 年版。

现在：一是制造费用的分摊准确性未得到根本解决，特别是部分企业随着技术改造，投资的大型复杂设备越来越多，具有间接特性的制造费用占成本的比重会越来越大，更加剧了标准成本信息的扭曲；二是标准成本通常只管理价值链中制造环节的成本，从全价值链角度分析，前端设计、采购，后端的销售等项目的成本管理标准成本都鲜有涉及。要解决上述问题，标准成本法和作业成本法的结合运用显得很有必要。标准成本法至少可以从三个方面与作业成本法结合使用：

1. 采用作业成本法解决制造费用的标准制定问题。在大多数制造类企业。直接材料和直接人工都可以采用标准成本进行有效管理。对于能源和专用费用项目则应根据加工工艺和设备状况进行判断，如果工艺相对简单，设备辅助费用不高或专用费用指向性较强时可以采用标准成本方法管理；如果工艺流程复杂，与产品的对应性不强时就应判断相应成本项目的作业动因，按照动因制定成本标准。在制定制造费用标准或编制制造费用预算时，按照主要动因对作业项目进行划分，根据作业编制相应标准，此时的产品标准成本被分解为产品标准成本和作业标准成本两个部分。

2. 采用作业成本法管理非制造环节的产品成本。对制造环节的前段如设计研发阶段和采购环节和后端的成品仓储和销售环节进行作业动因分析，并编制相应的作业成本标准，在根据不同的决策内容将作业成本分配计入产品标准成本，构成决策成本指导经营决策。

3. 利用作业管理完善动因标准，细化标准项目。

本部分的附件详细列示了标准成本实施的工作流程。

附件：

标准成本实施建议工作流程

作业说明	备注
1. 制定标准成本需求：库存成本计算以标准成本制需求 库存成本计算以实际分批月加权平均成本制及计算实际价差及量差需求 为求成本管理之目标需求	
2. 标准成本人工认定：标准成本值是否由人工自行认定(如果为 N 则需以产品的标准工时及标准工资率来认定)	
2-1. 标准工资率设定：由财务单位于基本资料系统「生产线资料建立作业」设定每一条生产线(成本分摊中心)之标准人工成本及标准制造费用及制造费用分摊之依据	基本资料系统提供「生产线别明细表」予审核时之参考
2-2. 审核资料 Y/N：由财务单位审核所输入的标准工资率资料是否正确(如果为 N 则需重新修改资料)	
2-3. 标准工时设定：由生管或工程单位于产品结构系统「产品制程建立作业」设定产品的标准工时资料	
2-4. 审核资料 Y/N：由生管或工程单位审核所输入的标准工时资料是否正确(如果为 N 则需重新修改资料)	产品结构系统提供「产品制程明细表」予审核时之参考

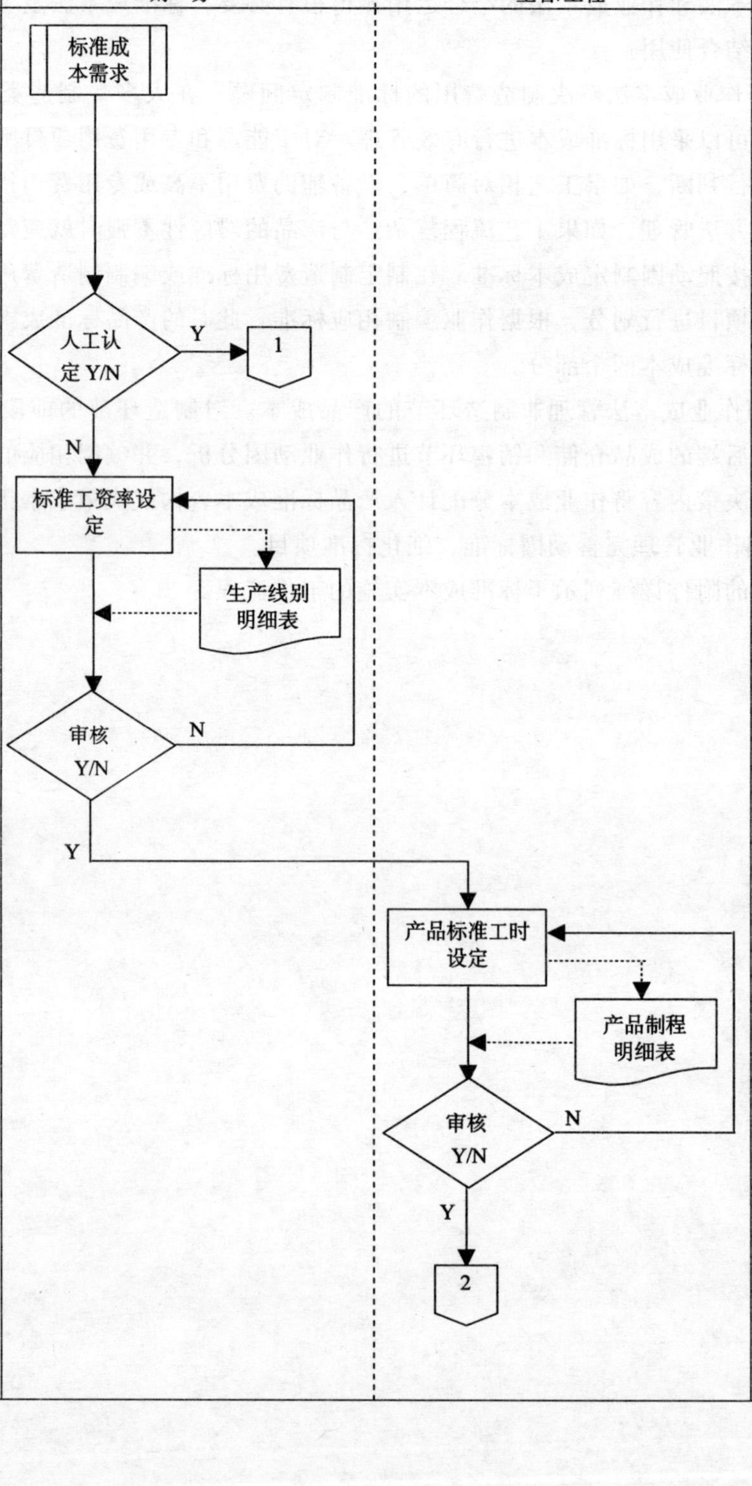

续表

作业说明	财　务	生管工程	研发/MIS	备　注
3. 人工及制费输入： 由财务单位于库存管理系统『品号资料建立作业』的成本页输入各品号的本阶标准人工成本及本阶标准制造费用及本阶标准加工费用	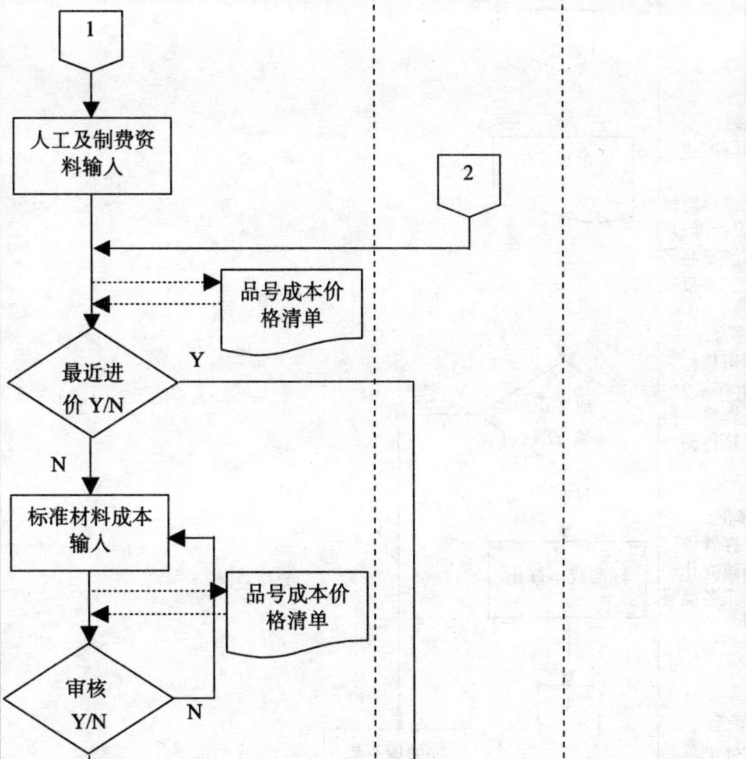			输入人工制造费用时需视品号属性，如果属性为 M 件则输入本阶人工及本阶制费；如果为 S 件则输入本阶加工
4. 最近进价为材料成本 Y/N: 标准材料成本是否以最近进价认列(如果为 Y 则不需输入标准材料成本)				库存管理系统提供『品号成本价格清单』供审核是否有最近进价数据
5. 标准材料成本输入： 由财务单位于库存管理系统『品号资料建立作业』的成本页输入各品号的标准材料成本				输入标准材料成本的品号属性为 P 件
6. 审核标准材料成本： 由财务单位审核标准材料成本是否正确(如果不正确需重新修正资料)				库存管理系统提供『品号成本价格清单』供审核材料成本是否正确
7. 低阶码正确否 Y/N: 低阶码是否正确(如果低阶码未更新，需请研发或 MIS 单位先更新低阶码)				
7.1 低阶码计算更新： 低阶码没有更新需由研发或 MIS 单位于产品结构系统『低阶码计算更新作业』自动更新低阶码				
8. 标准成本计算更新： 由财务单位于产品结构系统『标准成本计算更新作业』自动累算品号的标准成本				

续表

作业说明	财　务	备　注
9. 打印标准成本表： 由财务单位打印标准成本表 于产品结构系统『单阶标准成本表』『多阶标准成本表』及库存系统『品号成本价格清单』三种报表 10. 标准成本正确否： 由财务单位主管审核标准成本是否正确(如果为N则需重新修正资料，再执行标准成本计算更新) 10-1. 标准成本修正： 由财务单位于库存管理系统『品号资料建立作业』的成本页修正各品号的标准成本资料 11. 标准成本表存查： 由财务单位存查标准成本表	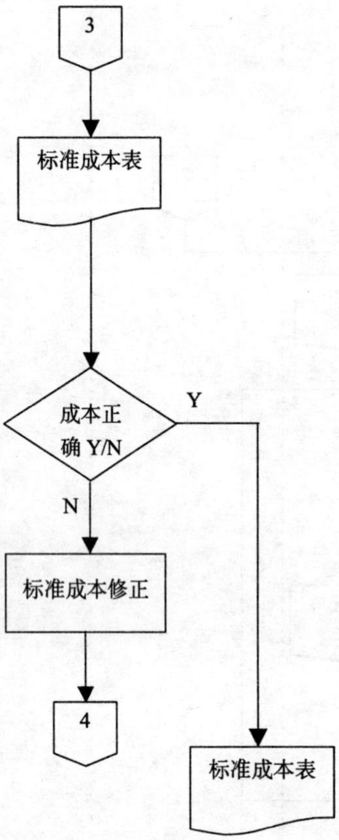	

第五部分

投资决策手册

第一章 Chapter 1 投资决策体系

一、投资决策概述

1966 年，美国哈佛大学的弗农教授提出了产品生命周期理论，为企业投资决策提供了理论解释。

拥有知识产权优势、具备持续创新能力的公司，总是能够维持公司的技术优势地位，引领产品未来的发展方向，从而获得新产品的创新利益。然而，新技术不可能被长期垄断，新产品都要经历从上市、发展、成熟和衰退四个连续的生命周期。所以，企业为了更好地获得产品周期的超额利润和有效规避行业衰退的市场风险，投资行为将成为企业面对产品生命周期四阶段更迭的必然选择。

在新产品投入市场初期，创新企业由于拥有新技术的垄断优势，在行业中缺乏强有力的竞争对手，基本上可以控制产品市场，获得绝大部分的市场份额，企业便能轻松赚取高额的垄断利润。从第二阶段产品增长期开始，基于对高利润的追逐，具有较强技术研发能力的公司也将开始进行投资，新公司的生产投资必将引起市场产品供给的增加，产品边际利润便会减少。在第三阶段产品成熟期，越来越多的企业投资于相同产业，所有企业都只得到行业的平均利润，市场格局由寡头竞争转为完全竞争，产品边际利润进一步降低。到了第四阶段产品衰退期，创新企业早已不能满足市场的平均利润，便会开始新一轮的产品研发，以期继续保持其在行业的技术垄断优势，于是一个新产品的生命周期开始了。

产品生命周期理论验证了企业在成长发展过程中离不开投资，投资一般是以预期的经济或社会效益为目的的资金投入行为和过程，这里指的资金是广义的。投资决策就是对投资项目进行经济技术指标和社会效益进行分析和评价，在项目之间进行优选或对单个项目的可性行进行评估。

企业的投资具有投入资金多，投资周期长、经营风险大、外界不确定因素多和影响不可逆等特点，因此投资决策的好坏直接关系到企业的长远发展，甚至直接与企业的生死存亡相关。

二、投资决策分类

投资项目按照投资的主体可以分为以下几类：

1. 固定资产投资，即为建造、购买或更新经营性和非经营性建筑物、仪器、设备、运输工具等所进行的投资。

2. 产权性投资，即通过独资、控股、参股形式投资设立新公司，或购买其他公司股份、认购增资，包括兼并、收购以及增资扩股。

3. 研发投资，即为研究开发新产品和进行企业技术革新而投入的人力、物力、财力和各种试制试验费用。

4. 其他投资，包括小型技术改造措施、信息化建设、节能减排、环境保护、军品维护、消防、保卫保密等投资。

三、投资决策流程

企业投资是一项系统复杂的工程，涵盖了企业的市场、技术、经济、生产、研发、财务和社会的各个方面，在投资管理过程中前期工作非常重要，是投资决策的关键环节。图5－1－1显示了投资决策的全过程。

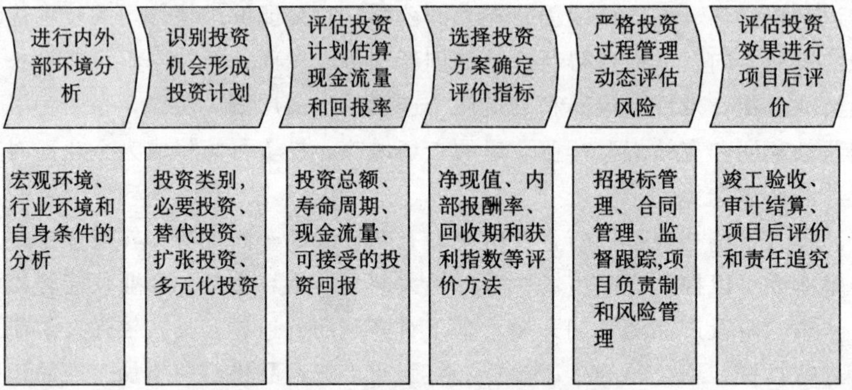

图5－1－1　投资决策全过程示意图

第二章
Chapter 2
投资决策基础

一、投资决策外部环境

企业所处的外部环境及其变化与企业的生存发展密切相关。企业外部环境主要是行业环境和经济宏观环境，通过对外部环境分析可以使企业在项目投资过程中趋利避害，把握投资时机，减少投资风险。

（一）宏观环境分析

良好的宏观环境可以为企业注入强劲的政策动力和经济增长能量，为企业提供广阔的市场空间和众多的潜在投资机会，促进企业的长远发展。

1. 政治环境。

政治平稳：稳定、和平、自由市场经济的政治环境是投资的基础。

政策导向：投资国家大力支持和重点扶持的行业和享受国家政策优先发展的地方区域，避规国家产业政策限制和重点调整的行业。

2. 经济环境。

经济增长：持续、稳定、快速的经济增长，必将扩展市场空间，提高投资利润，增加投资机会。

经济周期：通过经济景气指数、GDP、PMI、CPI 和失业率等经济指标判断经济处于繁荣、衰退、萧条和复苏期，在复苏期和繁荣期社会购买力强劲和技术革新加速，营造了良好的投资环境，衰退和萧条期要考虑投资延迟或投资退出。

3. 财政金融环境。

货币政策：存款准备金率保持较低水平和预期利率水平保持平稳或降低，有利于减少资本成本和融资风险，增加投资收益；紧缩的货币政策将增加投资成本和财务风险。

汇率影响：预期汇率水平保持平稳或适度贬值，有利于增加出口，扩大市场需求，减少投资的经营风险。

减税政策：各种减税政策（所得税降低、增值税转型、出口退税降低，营业税改革等）能够拉动消费，扩大市场，减少投资成本、增加投资收益，降低投资风险。

（二）行业环境分析

通过对所处行业环境的分析，了解行业的的生命周期、进入难易程度和行业调整等情况，来发现行业的投资机会和投资风险。

1. 行业周期。通过行业的市场增长率、行业的平均毛利率和竞争的激烈程度，参考技术换代情况可以识别出行业所处的生命周期。

当行业增长率和毛利率较高，竞争厂商不多时行业处于成长期；当行业增长率保持平稳，毛利率下降和竞争激烈时行业处于成熟期；当行业停滞增长，利润微薄甚至亏损并且有新的替代技术或产品出现时行业处于衰退期。

企业在行业处于成长期和成熟期时介入或追加投资，追逐高增长高利润带来的高投资回报。

2. 行业壁垒。行业壁垒是投资决策必须要考虑的重要因素，行业壁垒一般可分为政策、技术、品牌、规模和资金等，在企业处于行业中时，企业要根据自身的核心竞争力结合所处行业的壁垒优势，加大投资，巩固行业地位，获取超额的投资回报。企业要进入行业时，要充分评估自身实际情况和可以利用的外部资源，谨慎投资。

3. 产业结构和技术调整。企业要顺应产业结构调整和技术更新的趋势，选择有潜力的产业和技术进行投资。随着世界经济的全球化，一体化，产业结构和技术更新表现在以下两方面：产业结构由劳动密集型向资本密集型、技术知识密集型转变，由制造初级产品业向制造中间产品、最终产品的产业转变，由传统技术向智能自动化、生物工程、节能环保技术转变。

二、投资决策内部环境

投资决策需要对企业内部的投资环境进行分析，包括企业的战略需求、SWOT 分析、市场份额、自身盈利能力和筹集资金能力。

1. 战略需求。企业的总体战略明确了企业未来的发展方向、企业产品的市场定位和产品的盈利水平等，规划了企业投资项目决策的基调。企业的投资项目必须在总体战略的指导下进行，投资既要符合企业未来的发展方向，也要体现企业在行业中的地位，更为重要的是在投资完成后，产品投入市场能够给企业带来预期的收入，实现预期的利润目标。若投资与企业预期一致，可以在企业原有投资的基础上进行追加投资，或在相关业务投资上实现资源共享，以实现企业产品和服务最优化的，降低企业整体投资成本。

2. SWOT 分析（优势，strengths；劣势，weaknesses；机会，opportunities；威胁 thrests）。见图 5 - 2 - 1。

3. 市场分析。市场分析是投资项目成功的关键，企业必须进行有效的市场分析，首先企业需要通过网络查询、行业报刊杂志、实地调查、潜在用户走访等方式，对商品的需求、流通渠道、经营形势、替代产品、产品竞争对手等方面进行详尽的市场调研，尽可能地取得完整、确切、及时的市场信息，以便获得正确的市场调研结论。再者需要根据市场调研报告，正确运用科学的市场分析方法，对市场需求、市场供给、市场竞争、产品、市场综合等内容进行分析，并对为实现产品生产、销售而开展的项目投资方案进行分析（方法见本书第三部分，经营预测手册）。

企业内部条件		企业外部环境	
优势	产权技术　成本优势 特殊能力　产品创新能力 规模经济　良好财务资源 高素质管理人员　行业领先者 良好客户关系 适应力强经营战略	机会	纵向一体化　市场增长迅速　能争取新用户群 有进入新市场或市场面的可能　在同行业中竞 争业绩优良　扩展产品线满足用户需要
劣势	战略方向不明　设备老化　竞争地位恶化　产品 线范围太窄　技术开发滞后　营销水平低于同行 管理不善　战略实施历史记录不佳　不明原因 导致利润率下降　资金紧张　相对高成本	威胁	市场增长较慢　竞争压力大　不利的政府政策 新的竞争者进入行业　替代产品销售额逐渐上 升用户需要转变　通货膨胀递增

图 5-2-1　SWOT 分析矩阵图

4. 筹资和盈利能力分析。企业筹措资金能力和盈利能力是进行投资的基础，过度投资会加重企业经营负担，导致资金链风险。企业要根据自身的实际情况适度投资。在进行筹资和盈利能力分析时应考虑以下方面：

（1）销售净利率指标、权益报酬率指标，可以选取近三年的财务数据进行分析。一般要求三年盈利能力指标持续增长。

（2）资产负债率指标，资产负债率一般不宜超过 80%，带息负债率不超过 40%。

（3）现金支付能力指标，现金支付能力 = 上年度末可动用的货币资金 + 上年末短期投资 - 上年末短期借款 + 本年度预算经营现金净流量 + 可随时使用的银行授信额度。一般要求不少于当年的应付投资额。

（4）投资项目的资本金的出资比例一般不低于 30%。

三、投资机会把握

企业对投资机会的把握，必须建立在对宏观环境分析的基础上、充分了解行业价值链和企业价值链形成的全过程，收集行业和产品信息，发现企业在价值链中的优势和劣势，结合企业的发展战略，挖掘投资机遇。通过对标管理和持续改进方法，实现资源配置的最优化与价值实现的最大化。图 5-2-2 为投资机会分析图。

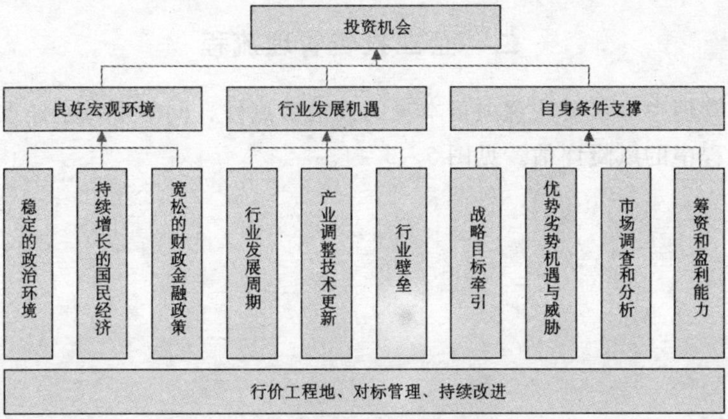

图 5-2-2　投资机会分析图

第三章 Chapter 3 企业投资管理

一、企业投资管理机制

企业董事会是投资决策的最高权力机构，负责审定企业中长期投资规划、年度投资计划、重大专项投资计划和方案，董事会可授权董事长、总经理行使投资决策权。

企业应指定项目实施管理负责人、技术负责人、经济负责人、财务负责人，落实相应的管理组织机构，建立责任制体系，落实各项管理职责。项目实施中应严格执行国家有关工程质量管理的法规和集团公司有关管理办法，制定公司项目管理办法和工作制度，重点建设项目建设工程质量、安全管理等工作制度。

企业应根据自身的发展需要，在符合集团公司的发展规划的前提下，按照增强核心竞争力、提高投资收益、防范投资风险、规范投资管理、强化责任落实的总体要求下提出投资项：

1. 符合国家法律法规、产业政策和集团公司中长期发展规划；
2. 有利于提高集团公司整体资源效率和优化产业结构；
3. 突出核心业务，提高核心竞争能力；
4. 投资规模与实际能力相适应，防范投资风险，保证资金安全；
5. 符合集团公司有关管理规定以及本单位投资决策程序。

二、企业投资管理流程

企业在投资管理中除了要注意项目本身的关键节点外，同时要特别注重对投资的外部环境分析和投资过程中的风险评估。见图 5－3－1。

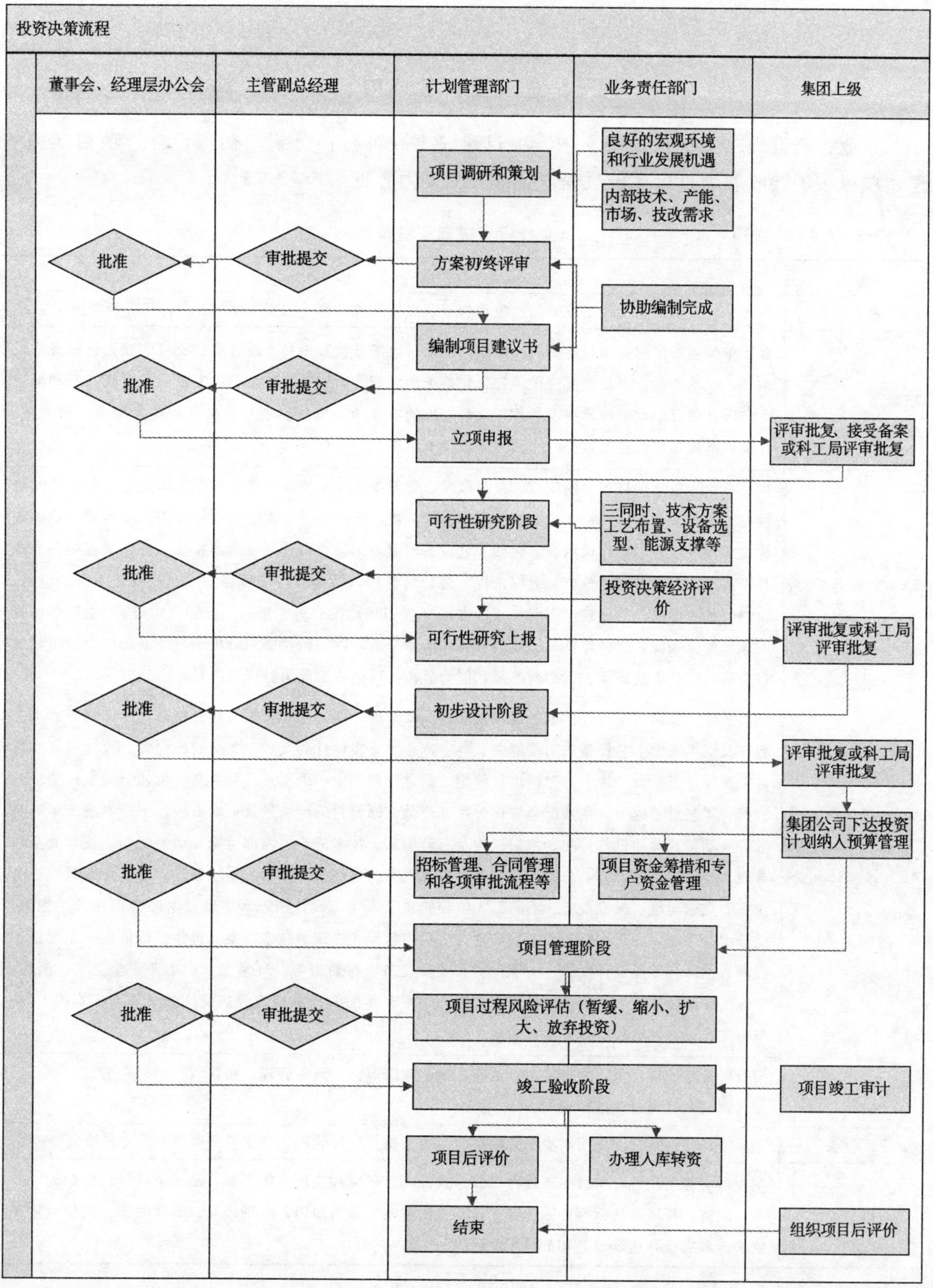

投资决策流程
董事会、经理层办公会
主管副总经理
计划管理部门
业务责任部门
集团上级
良好的宏观环境和行业发展机遇
项目调研和策划
内部技术、产能、市场、技改需求
批准
审批提交
方案初/终评审
协助编制完成
编制项目建议书
批准
审批提交
立项申报
评审批复，接受备案或科工局评审批复
可行性研究阶段
三同时、技术方案工艺布置、设备选型、能源支撑等
批准
审批提交
投资决策经济评价
可行性研究上报
评审批复或科工局评审批复
批准
审批提交
初步设计阶段
评审批复或科工局评审批复
集团公司下达投资计划纳入预算管理
批准
审批提交
招标管理、合同管理和各项审批流程等
项目资金筹措和专户资金管理
项目管理阶段
批准
审批提交
项目过程风险评估（暂缓、缩小、扩大、放弃投资）
竣工验收阶段
项目竣工审计
项目后评价
办理入库转资
结束
组织项目后评价

图 5－3－1

三、企业投资管理内容

企业投资管理主要包括投资立项、项目建议书、可行性分析、初步设计、项目实施管理、项目竣工验收和项目后评价过程，各部分主要内容见表5-3-1。

表5-3-1 企业投资决策流程表

项目	内容
1. 投资立项	收集分析投资信息、投资方案的产生和构想、投资环境评价、投资主体的能力评价、投资时机决策
2. 项目建议书	建设单位基本情况；项目建设的必要性和依据；市场分析和项目产品方案；项目的建设目标或建设纲领；技术来源；项目主要建设内容，包括土地面积、新建和改造面积、主要设备设施选型和配置方案等；项目建设地址及建设条件；项目进度的时间节点安排；项目总投资规模及资金筹措方案；投资经济效果和社会效益分析；其他需要补充事项。
3. 可行性分析	项目总论，包括项目提出的依据、项目概况、建设单位基本情况、项目建设目标或建设纲领及其他主要技术经济数据。项目产品方案、市场需求分析，产品及技术方案先进性分析。项目建设地址及建设条件。项目主要建设内容，包括工艺设备配置方案、设备论证、总图布置、土建工程等各专业技术方案及方案可行性分析。组织机构、劳动定员和人员培训。环境保护、职业安全卫生、消防、节能的技术措施。项目建设周期。招标方案（含招标范围、组织形式、招标方式等）。项目总投资估算及资金来源。财务评价，包括财务盈利能力分析、财务清偿能力分析及财务不确定性分析。项目投资效益分析及评价，包括财务盈利能力分析、财务清偿能力分析及项目风险分析。
4. 初步设计方案	项目总论，包括主要设计依据、建设性质及设计范围、设计指导思想、建设规模及生产纲领、工艺要求及重大关键工艺设备选用的原则、各专业技术方案设计要点和重大问题的说明、设计概算及资金来源等。工艺设计说明，包括设计依据、设计原则、生产纲领及产品简介、工艺组成及典型工艺流程、工艺设备选型、主要配套协作关系、产品、原材料的运输量及运输方法、工作制度、年时基数、劳动量及劳动量的分配、组织机构及人员编制、技术进步、内部运输、动力消耗、技术安全和节能、环境保护等内容。总图、运输设计方案说明，包括设计依据、场地概述、总平面布置、竖向布置、交通运输、保卫设施、消防、人防等的文字说明、设计图纸和主要技术经济指标和工程量。给排水、采暖、通风、空调、电气、动力工程等各专业详细的技术方案，包括设计依据、主要技术经济数据、各专业设计图纸、文字说明和主要设备、材料表等。环境保护、职业安全卫生、消防、节能的详细设计方案，包括设计依据、设计原则和详细的技术措施等。设计总概算、各单项工程、单位工程设计概算和财务评价系统。
5. 项目实施管理	招投标管理、项目合同管理、项目监理、项目跟踪审计、财务管理、项目“三同时”管理、项目进度管理、项目计划和预算管理。
6. 竣工验收	包括信息与档案管理、编制竣工验收报告、竣工决算审计管理、固定资转资管理、责任追究管理等
7. 项目后评价	指项目实施完成后对项目实施过程、效果进行调查研究和全面系统回顾，通过与项目建设初确定技术、经济、环境、社会等指标进行比较，找出偏差，分析原因，总结经验，汲取教训，提出对策和建议，形成项目建设的PDCA循环管理。

第四章 Chapter 4 固定资产投资决策

投资项目假设的基础数据是经济评价的依据，包括：寿命周期、销量、价格、成本、投资总额等，基础数据是根据项目实施内容和历史经验数值得出，分别由相关部门搜集整理。基础数据的真实、准确、可靠性是经济评价有效的关键，因为“进去的是垃圾，出来的肯定是垃圾”。在进行分析评价时按照现行的会计政策，通过本手册提供的投资决策经济评价模型，自动计算得出各种经济评价指标和经济评价体系。

一、投资项目经济评价部门职责

投资项目的经济评价要对投资总额、筹措资金、销售收入和成本费用进行预计，需要各个部门相互协助共同完成。各部门的职责见表 5－4－1。

表 5－4－1

部门	职责
销售部门	负责预测投资项目生命周期、销售价格、销售数量、应收账款周转率和销售费用
技术研发部门	负责预测产品的工艺流程、无形资产和材料消耗定额
人力资源部门	负责预测投资项目的人员配置、人工成本和工时定额
生产设备部门	负责预测项目的建设和设备投资、低值易耗费、设备修理费用、安全消防环保费用和能源消耗
采购部门	负责预测材料采购价格、应付账款周转率和存货周转率
财务部门	负责预测项目的资金筹措、流动资金、财务费用、管理费用、折旧摊销、税金和生产成本，并负责项目经济评价

二、投资项目经济评价体系

投资经济评价体系主要是在各种经济假设的基础上，对投资项目进行财务效益估算，并通过投资现金流量，得出各种贴现类和非贴现类经济评价指标。首先估算营业收入、建设投资和经营成本等，然后推算出流动资金、税金、折旧和变动固定成本，最后得出项目投资的财务报表和投资现金流量，以此为基础，计算投资内部收益率、净现值和会计报酬率等经济评价指标，分析投资项目的经济可性行。图 5－4－1 显示了投资项目经济评价体系组成。

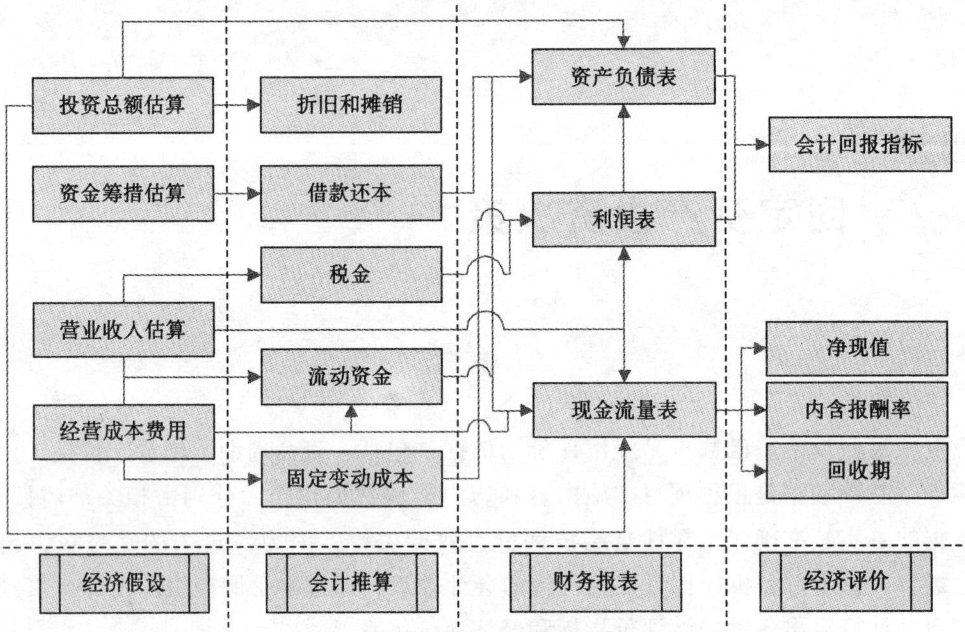

图5-4-1 投资项目经济评价体系图

(一) 成本费用估算

对成本费用的估算采用“成本要素法”，对各成本要素分别予以估算，成本要素的内容同会计定义内涵一致。估算的基础是产品的消耗定额、设备的功率、人员的配置及同类型企业的一些经验数据等。

1. 成本费用估算时需要进行估算基础数据与历史数据\经验数据，进行比较，对于差异比较大的需要进行备注说明。见表5-4-2、表5-4-3。

表5-4-2 直接成本要素估算对比表

序号	成本要素	估算值	历史/经验值	差异（%）	说明	责任部门
1	材料消耗定额					
2	材料价格					
3	能源消耗定额					
4	能源价格					
5	人员配置					
6	人工成本					
7	利率					
8	…					

表 5－4－3　　费用要素估算对比表

序号	费用要素	估算值	历史/经验值	差异（%）	说明	责任部门
1	制造费用小计：					
2	工资					
3	折旧费					
4	修理费					
5	物料消耗					
6	低值易耗品					
7	劳动保护费					
8	动力费					
9	其他					
10	销售费用小计：					
11	工资					
12	差旅					
13	广告					
14	运输					
15	其他					
16	管理费用小计：					
17	工资					
18	折旧					
19	办公费					
20	差旅费					
21	保险费					
22	运输费					
23	税收					
24	业务招待费					
25	会议会					
26	排污费					
27	其他					

2. 总成本费用估算过程。在成本估算的基础数据基础上，计算出投资项目的直接材料费、直接燃动费、直接薪酬、制造费用、销售费用、财务费用和管理费用。具体工作内容可见图 5－4－2、表 5－4－4。

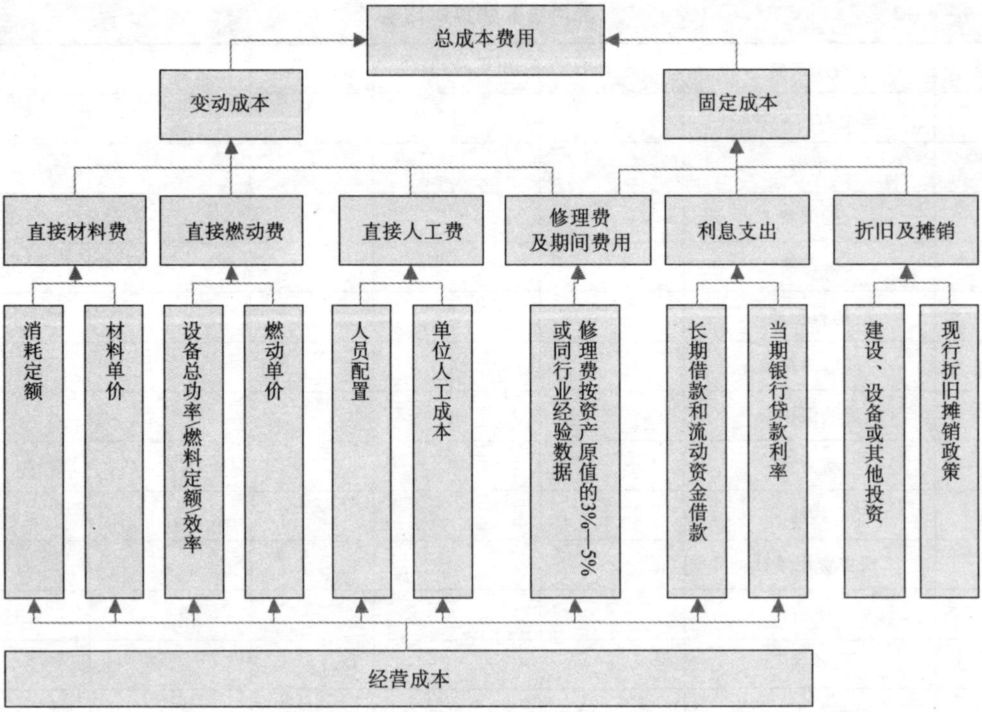

图 5-4-2 成本费用计算过程图

表 5-4-4 成本费用估算表

序号	项　目	合计	计算期			
			××××年	××××+1年	××××+2年	…. 年
1	生产成本					
1.1	直接材料费					
1.2	直接燃料及动力费					
1.3	直接薪酬					
1.4	制造费用					
1.4.1	折旧费					
1.4.2	修理费					
1.4.3	其他制造费					
2	管理费用					
2.1	无形资产摊销					
2.2	其他资产摊销					
2.3	其他管理费用					
3	财务费用					
3.1	利息支出					
3.1.1	长期借款利息					
3.1.2	流动资金借款利息					
3.1.3	短期借款利息					
4	营业费用					
5	总成本费用合计（1+2+3+4）					
5.1	其中：可变成本					
5.2	固定成本					
6	经营成本（5-1.4.1-2.1-2.2-3.1）					

（二）营业收入及税金估算

进行营业收入预计时一般可以参考国际同类产品的进口价格和国内同类产品价格，为了简化计算，在不出现重大变化情况下，预测到建设期初，以后采用不变价格，出于谨慎性考虑一般销售收入按设计纲领的70%进行预计。

1. 基础数据估算表（见表5－4－5）。

表5－4－5

序号	项目	估算值	历史/经验值	差异（%）	说明	责任部门
1	销售数量					
2	销售价格					
3	各种税率					
4	…					

2. 营业收入及税金估算过程（见图5－4－3、表5－4－6）。

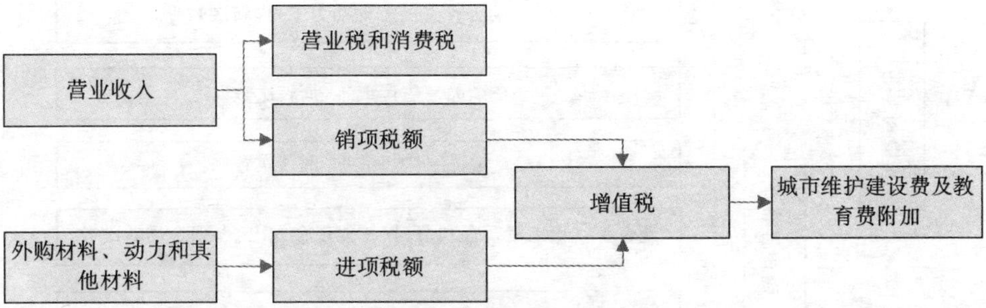

图5－4－3 税金计算过程图

表5－4－6 营业收入、营业税金及附加、增值税估算表

序号	项目名称	合计	计算期（年）			
			××××年	××××+1年	××××+2年	…. 年
1	营业收入					
2	营业税金及附加					
2.1	营业税					
2.2	消费税					
2.3	城市维护建设费					
2.4	教育费附加					
3	增值税					
3.1	销项税					
3.2	进项税					

（三）流动资金估算

建设项目投资时要对铺底流动资金进行估算，主要是对项目的流动资产和流动负债进行预计，预计的方法是参考同行业的平均周转率或按部门（行业）规定，在确定最低周转天数时应考虑储存天数、在途天数，并考虑适当的保险系数。

1. 基础数据估算表（见表5-4-7）。

表5-4-7

序号	项目	估算值	历史/经验值	差异（%）	说明	责任部门
1	应收账款周转率					
2	存货周转率					
3	现金周转率					
4	应付账款周转率					
5	…					

2. 流动资金估算过程（见图5-4-4及表5-4-8）。

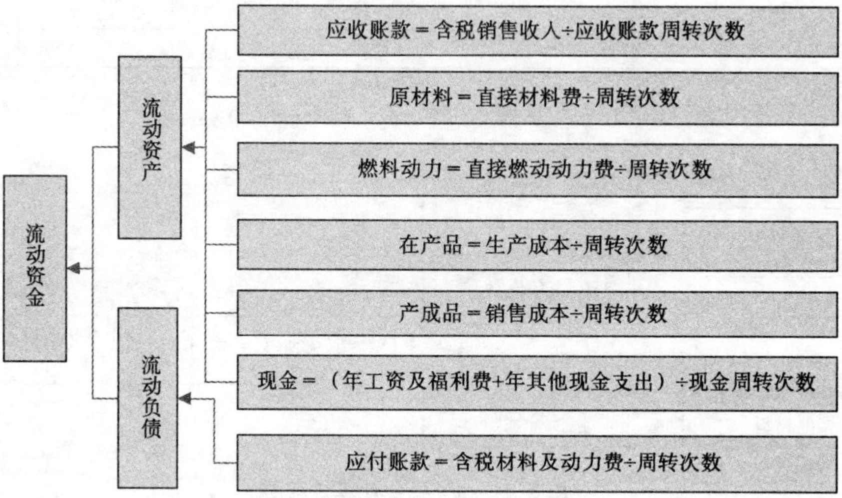

图5-4-4　流动资金计算过程图

表5-4-8　　流动资金估算表

序号	项　目	周转次数	计算期（年）			
			××××年	××××+1年	××××+2年	…
1	流动资产					
1.1	应收账款					
1.2	存货					
1.2.1	原材料					
1.2.2	燃料动力					
1.2.3	在产品					
1.2.4	产成品					
1.3	现金					
2	流动负债					
2.1	应付账款					
3	流动资金（1-2）					
3.1	其中：铺底流动资金					
3.2	流动资金贷款					
4	流动资金当期增加额					

铺底流动资金是指项目启动的全部流动资金中，企业应当自筹的最少流动资金，按照国家有关规定要求不低于全部流动资金的30%。

（四）项目现金流量估算

现金流量指投资项目在各个时间点上实际发生的资金流入和流出。根据流动资金估算，营业收入估算，成本费用估算和会计利润计算的基础数据可以得出各期的现金流入和流出金额。现金流量估算按照融资前分析和融资后分析可分为三类：

1. 项目投资现金流量估算，也是指项目融资前盈利能力的评价。指全部投资（含资本金和借款）所产生的净现值、内涵报酬率和回收期。是对整个项目投资的可行性评价。

在估算时要注意：（1）“调整所得税”为以息税前利润为基数计算的所得税，区别于“利润与利润分配表”、“项目资本金现金流量表”和“财务计划现金流量表”中的所得税。（2）“建设投资”不含建设期利息。详见表5-4-9。

表5-4-9　　项目投资现金流量表

序号	项　目	合计	计算期			
			××××年	××××+1年	××××+2年	…
1	现金流入					
1.1	营业收入					
1.2	回收固定资产余值					
1.3	回收流动资金					
2	现金流出					
2.1	建设投资					
2.2	流动资金					
2.3	经营成本					
2.4	营业税金及附加					
2.5	维持运营投资					
3	所得税前净现金流量（1-2）					
4	累计所得税前净现金流量					
5	调整所得税					
6	所得税后净现金流量（3-5）					
7	累计所得税后净现金流量					

计算指标：

项目投资财务内部收益率（%）（所得税前）

项目投资财务内部收益率（%）（所得税后）

项目投资财务净现值（所得税前）（i_c =　%）

项目投资财务净现值（所得税后）（i_c =　%）

项目投资回收期（年）（所得税前）

项目投资回收期（年）（所得税后）

计算财务内部收益率和财务净现值时可能通过 EXCEL 表中的 IRR（）和 NPV（）两个函数得出，计算 NPV（）时需要给出可接受的回报率 i 的值。投资回收期可以根据内插法得出。

2. 项目资本金现金流量估算，也是指项目融资后的盈利能力评价，指项目的资本金投入带来的净现值、内涵报酬率和回收期。与融资前财务效果评价不同的是考虑了包括融资结构，借贷资金的偿还方式和利率等对资本金收益的不同影响。详见表 5－4－10。

在进行项目投资现金流估算中不需要考虑借款流入的现金，同时在建设投资时只考虑项目资本金。所得税为会计所得税，不进行调整。

表 5－4－10　　项目资本金现金流量表

序号	项　目	合计	计算期			
			××××年	××××+1 年	××××+2 年	…
1	现金流入					
1.1	营业收入					
1.2	补贴收入					
1.3	回收固定资产余值					
1.4	回收流动资金					
2	现金流出					
2.1	项目资本金					
2.2	借款本金偿还					
2.3	借款利息支付					
2.4	经营成本					
2.5	营业税金及附加					
2.6	所得税					
2.7	维持运营投资					
3	净现金流量（1－2）					
计算指标：						
资本金财务内部收益率（%）						

3. 投资各方现金流量估算。投资各方的现金流量估算是以投资方所投入的资本、分配的收益和其他的权益性流入流出现金评价投资收益。见表 5－4－11。

此表可按不同投资方分别编制。实分利润是指投资者由项目实际获取的自身利润。资产处置收益分配是指在项目期满时对资产余值按股比或约定比例的分配金额。租赁费收入是指出资方将自己的资产租赁给项目使用所获得的收入，此时的资产价值作为现金流出，列为租赁资产支出科目。技术转让或适用收入是指出资方将专利或专有技术转让或允许该项目使用所获得的收入。

表 5－4－11　　　　投资各方现金流量表

序号	项　目	合计	计算期			
1	现金流入		××××年	××××+1 年	××××+2 年	…
1.1	实分利润					
1.2	资产处置收益分配					
1.3	租赁费收入					
1.4	技术转让或适用收入					
1.5	其他现金流入					
2	现金流出					
2.1	实缴资本					
2.2	租赁资产支出					
2.3	其他现金流出					
3	净现金流量（1－2）					
计算指标：						
投资各方财务内部收益率（%）						

三、投资决策经济评价 EXCEL 自动评价模型

投资决策需要运用信息技术提高决策的效率和准确性，根据投资决策的经济指标计算过程，结合 EXCEL 强大的计算功能，编制投资决策经济评价 EXCEL 自动评价模型，模型中空白部分是需要输入的基础性数据，其他部分均为自动计算，使用者可以根据评价模型灵活运用于盈亏平衡分析和敏感性分析。图 5－4－5——图 5－4－15 是 11 张模型截图，概示了这个自动评价模型。

项目投资使用计划和资金筹措表

表二　　　　单位：万元

序号	项目名称	合计	建设期	计算期									
			n个月	XXXX年	XXXX+1年	XXXX+2年	XXXX+3年	XXXX+4年	XXXX+5年	XXXX+6年	XXXX+7年	XXXX+8年	XXXX+9年
1	建设投资												
1.1	建设工程投资												
1.2	建设期利息												
1.3	设备投资												
1.4	递延资产												
1.5	无形资产												
1.6	流动资金												
2	资金筹措												
2.1	项目资本金												
	其中：固定资金投资												
	流动资金投资												
2.2	固定投资借款												
2.3	流动资金借款												
2.4	累计项目资本金												

说明 1．根据建设投资估算表确定1.1工程投资、1.3设备投资、1.4递延资产、1.5无形资产；
2．本表要确定2.2固定投资借款、2.3流动资金借款；
3．1.2建设期利息是引用借款还本付息表数据；流动资金是引用流动资金估算表中新增流动资金数据；
4．本表是计算折旧和摊销的依据。

第 1 页

项目投资使用计划和资金筹措表根据项目投资类别及投资期限输入项目投资额，项目自筹资金和借款计划自动归集项目投资的分期间现金流入和流出。

图 5－4－5

营业收入、营业税金及附加和增值税估算表

表三　　　　　　单位：万元

序号	项目名称	合计	税率	计算期									
				XXXX年	XXXX+1年	XXXX+2年	XXXX+3年	XXXX+4年	XXXX+5年	XXXX+6年	XXXX+7年	XXXX+8年	XXXX+9年
1	营业收入												
1.1	销售收入												
1.2	补贴收入												
2	营业税金及附加												
2.1	营业税												
2.2	消费税												
2.3	城市维护建设费		7.00%										
2.4	教育费附加		3.00%										
3	增值税												
3.1	销项税		17.00%										
3.2	进项税		17.00%										

说明　1. 本表要依据市场价格和产能确定1.1销售收入、1.2补贴收入。
　　　2. 本表要确定各种税率，依据税率自动计算各项税收，消费税自主填列。

营业收入、营业税金及附加和增值税估算表可以根据实际情况调整税率，并自动计算出税收的缴纳金额。

其中：进项税计算公式为：=（总成本费用估算表！D6 + 总成本费用估算表！D7）* $ D $ 15

图 5-4-6

折旧、摊销费用估算表

表四　　　　　　单位：万元

序号	项目名称	合计	折旧或摊销期限及残值率	计算期									
				XXXX年	XXXX+1年	XXXX+2年	XXXX+3年	XXXX+4年	XXXX+5年	XXXX+6年	XXXX+7年	XXXX+8年	XXXX+9年
1	房屋及建筑物		20										
1.1	原值		3%										
1.2	本年折旧费												
1.3	净值												
2	设备		10										
2.1	原值		3%										
2.2	本年折旧费												
2.3	净值												
3	固定资产合计												
3.1	原值												
3.2	本年折旧费												
3.3	净值												
4	无形资产及其他资产												
4.1	原值												
4.2	本年摊销费		5										
4.3	净值												

说明　1. 本表是原值是引用项目投资使用计划和资金筹措表的投资数据，为便于计算将建设期利息在房屋建筑物和设备中各摊一半。
　　　2. 本表中是根据残值3%，房屋建筑物20年，设备10年直线折旧算，摊销按5年计算。

折旧、摊销费用估算表根据项目投资形成的摊销费用、无形资产和固定资产，按照既定的摊销比例和折旧年限自动计算出年折旧额和摊销额。

其中：固定资产 - 设备折旧额计算公式为 = INT（E10 *（1 - $ D $ 10）/ $ D $ 9 * 100 + 0.5）/100

图 5-4-7

借款还本付息表

表五　　　　单位：万元

序号	项目名称	合计/利率	建设期	计算期									
			n个月	XXXX年	XXXX+1年	XXXX+2年	XXXX+3年	XXXX+4年	XXXX+5年	XXXX+6年	XXXX+7年	XXXX+8年	XXXX+9年
1	本金偿还												
1.1	固定投资借款												
1.2	流动资金借款												
1.3	本年还本小计												
1.3.1	当期偿还长期借款本金												
1.3.2	当期偿还流动资金借款本金												
1.4	固定投资借款余额												
1.5	流动资产借款余额												
2	本年付息小计												
2.1	支付长期借款利息	6.50%											
2.2	支付流动资金借款利息	5.00%											
3	可用于偿还借款本金资金来源												
2.1	利润												
2.2	折旧												
2.3	摊销												

说明：1. 本表借款金额是引用项目投资使用计划和资金筹措表中的借款数据；
2. 本表要确定长期借款利率和流动资金借款利率；
3. 本表要确定1.3.1当期偿还长期借款本金和1.3.2当期偿还流动资金借款本金。

借款还本付息表按照归还借款的期间和金额自动计算出借款余额和利息费用，并可自动参照年度可偿还资金来源。

图 5－4－8

总成本费用估算表

表六　　　　单位：万元

序号	项目名称	合计	计算期									
			XXXX年	XXXX+1年	XXXX+2年	XXXX+3年	XXXX+4年	XXXX+5年	XXXX+6年	XXXX+7年	XXXX+8年	XXXX+9年
1	生产成本											
1.1	外购原材料											
1.2	外购燃料及动力											
1.3	工资及附加											
1.4	制造费用											
1.4.1	修理费											
1.4.2	折旧费											
1.4.3	其他制造费用											
2	管理费用											
2.1	摊销费											
2.2	其他管理费用											
3	利息支出											
3.1	长期借款利息											
3.2	短期借款利息											
4	营业费用											
5	总成本费用											
5.1	可变成本											
5.2	固定成本											
6	经营成本											

说明：1. 本表要确定1.1外购原材料，1.2外购燃料动力，1.3工资及附加，1.4.1修理费，1.4.3其他制造费用，2.2其他管理费用，4营业费用。
2. 成本费用的要素确定要依据工艺定额，市场材料价格、人员配置、同类企业的费用经验值等。其中修理费可与固定资产原值的比例挂钩，营业费用可与营业收入比例挂钩。
3. 本表的利息支出是引用借款还本付息表支付利息金额，折旧和摊销费用是引用折旧和摊销费用表。
4. 可变成本包含材料、动力、工资、其他制造费用和营业费用。

总成本费用估算表根据单位成本项目自动进行成本性态划分，计算出总成本费用和经营成本。

图 5－4－9

流动资金估算表

表七　　　　单位：万元

序号	项目名称	周转次数	计算期									
			XXXX年	XXXX+1年	XXXX+2年	XXXX+3年	XXXX+4年	XXXX+5年	XXXX+6年	XXXX+7年	XXXX+8年	XXXX+9年
1	流动资产											
1.1	应收账款	6										
1.3	原材料	12										
1.4	燃料动力	12										
1.5	在产品	12										
1.6	产成品	12										
1.7	现金	8										
2	流动负债											
2.1	应付账款	8										
3	流动资金（1−2）											
3.1	其中：铺底流动资金											
3.2	流动资金贷款											
4	流动资金当期增加额											

说明：1．本表要根据行业不同情况确定各项目的周转次数。
2．流动资金各项目是根据含税营业收入、原材料、燃料动力费、生产成本、工资及附加和含税材料燃动费计算得出。分别引用自收入和税金估算表和总成本费用表。
3．本表4流动资金当期增加额是项目投资使用计划和资金筹措估算表中的流动资金的依据。

流动资金估算表可根据行业状况调整周转次数，对项目所需流动资金进行自动计算。

其中：应收账款自动计算公式为 = 收入和税金估算表！F6 ＊（1 + 收入和税金估算表！＄D＄14）/＄C＄6

图 5－4－10

利润与利润分配表

表八　　　　单位：万元

序号	项目名称	合计	比率	计算期									
				XXXX年	XXXX+1年	XXXX+2年	XXXX+3年	XXXX+4年	XXXX+5年	XXXX+6年	XXXX+7年	XXXX+8年	XXXX+9年
1	营业收入												
2	营业税金及附加												
3	总成本费用												
4	利润总额（1−2−3）												
6	应纳税所得额												
7	所得税		25.00%										
8	净利润												
9	期初未分配利润												
10	可供分配的利润												
11	提取法定盈余公积金		10.00%										
12	可供投资者分配的利润												
16	各投资方利润分配												
	其中：××方												
	××方												
17	未分配利润												
18	累计盈余公积												
19	息税前利润（利润总额+利息支出）												
20	息税前利润调整应纳所得额												
21	息税前利润调整所得税												
22	息税折旧摊销前利润（息税前利润+折旧+摊销）												

说明：1．本表要确定所得税率和提取盈余公积金比例，本表要确定投资各方的利润分配额；
2．本表引用收入和税金估算表和总成本费用表的数据。

利润分配表根据营业收入和总成本费用自动进行利润与利润分配的计算。

图 5－4－11

财务计划现金流量表

表九　　　　单位：万元

序号	项目名称	合计	建设期	计算期									
			n个月	XXXX年	XXXX+1年	XXXX+2年	XXXX+3年	XXXX+4年	XXXX+5年	XXXX+6年	XXXX+7年	XXXX+8年	XXXX+9年
1	经营活动净现金流量												
1.1	现金流入												
1.1.1	销售收入												
1.1.2	增值税销项税额												
1.1.3	补贴收入												
1.2	现金流出												
1.2.1	经营成本（不含利息支出）												
1.2.2	增值税进项税额												
1.2.3	营业税金及附加												
1.2.4	增值税												
1.2.5	所得税												
2	投资活动净现金流量												
2.1	现金流入												
2.2	现金流出												
2.2.1	建设投资												
2.2.2	流动资金												
3	筹资活动净现金流量												
3.1	现金流入												
3.1.1	项目资本金投入												
3.1.2	建设投资借款												
3.1.3	流动资金借款												
3.1.4	债券												
3.1.5	短期借款												
3.1.6	其他流入												
3.2	现金流出												
3.2.1	各种利息支出												
3.2.2	偿还债务本金												
3.2.3	应付利润												
3.2.4	其他流出												
4	净现金流量												
5	累计盈余资金												

说明：1. 本表引用相关表的数据自动生成累计盈余资金。

财务计划现金流量表根据营业收入、成本费用、税金情况自动计算出净现金流量和累计盈余现金。

图 5 -4 -12

资产负债表

表十　　　　单位：万元

序号	项目名称	建设期	计算期									
		n个月	XXXX年	XXXX+1年	XXXX+2年	XXXX+3年	XXXX+4年	XXXX+5年	XXXX+6年	XXXX+7年	XXXX+8年	XXXX+9年
1	资产											
1.1	流动资产总额											
1.1.1	货币资金											
1.1.2	应收账款											
1.1.3	预付账款											
1.1.4	存货											
1.1.5	其他											
1.2	在建工程											
1.3	固定资产净值											
1.4	无形及其他资产净值											
2	负债及所有者权益											
2.1	流动负债总额											
2.1.1	短期借款											
2.1.2	应付账款											
2.1.3	预收账款											
2.1.4	其他											
2.2	建设投资借款											
2.3	流动资金借款											
2.4	负债小计											
2.5	所有者权益											
2.5.1	资本金											
2.5.2	资本公积											
2.5.3	累计盈余公积金											
2.5.4	累计未分配利润											
计算指标	利息备付率（%）		#DIV/0!	#DIV/0!	#DIV/0!	#DIV/0!	#DIV/0!	#DIV/0!	#DIV/0!	#DIV/0!	#DIV/0!	#DIV/0!
	偿债备付率（%）		#DIV/0!	#DIV/0!	#DIV/0!	#DIV/0!	#DIV/0!	#DIV/0!	#DIV/0!	#DIV/0!	#DIV/0!	#DIV/0!
	资产负债率（%）	#DIV/0!	#DIV/0!	#DIV/0!	#DIV/0!	#DIV/0!	#DIV/0!	#DIV/0!	#DIV/0!	#DIV/0!	#DIV/0!	#DIV/0!
	平衡检查											

说明：1. 本表引用各相关表的数据自动计算生成；货币资金含现金和累计盈余资金。
2. 平衡检查值均为零说明各表间勾稽关系是正确。

资产负债表引用各科目余额自动计算，并进行平衡检查。

其中：1. 利息备付率自动计算公式为 = 利润估算表！E21/财务计划现金流量估算表！E30

2. 偿债备付率自动计算公式为 = （利润估算表！E24 - 利润估算表！E10）/（借款还本付息表！E11 + 借款还本付息表！E12 + 借款还本付息表！E13）

图 5 -4 -13

项目投资现金流量估算表

表十一　　　　单位：万元

序号	项目名称	合计	建设期	计算期									
			n个月	XXXX年	XXXX+1年	XXXX+2年	XXXX+3年	XXXX+4年	XXXX+5年	XXXX+6年	XXXX+7年	XXXX+8年	XXXX+9年
1	现金流入												
1.1	销售收入												
1.2	补贴收入												
1.3	回收固定资产余值												
1.4	回收流动资金												
2	现金流出												
2.1	建设投资												
2.2	流动资金												
2.3	经营成本（不含利息）												
2.4	营业税金及附加												
3	所得税前净现金流量(1-2)												
4	累计所得税前净现金流量												
5	调整所得税												
6	所得税后净现金流量(3-5)												
7	累计所得税后净现金流量												
	计算指标			所得税前		所得税后							
计算指标	财务内部收益率(FIRR):			#NUM!		#NUM!							
	财务净现值：	rate=	10.00%		万元		万元						
	投资回收期：			#DIV/0! 年		#DIV/0! 年							

说明：1．本表引用相关表的数据并自动计算，建设投资不含建设期利息，经营成本不含利息支出，调整所得税为息税所利润所得税额；
2．本表要确可接受回报率RATE。

项目投资现金流量估算表根据现金流入、流出自动计算出投资回收期、内部投资收益率和财务净现值。

其中：1. 投资回收期计算公式为 = COUNTIF(E16:N16," <0") +1 - VLOOKUP($ E $ 16,E16:N16,COUNTIF(E16:N16," <0") +1,0)/VLOOKUP($ E $ 15,E15:N15,COUNTIF(E16:N16," <0") +1,0)

2. 内部收益率计算公式为 = IRR （D15：N15）

3. 财务净现金计算公式为 = NPV （ $ D $ 22，D15：N15）

图 5－4－14

项目投资财务评价指标

表十三

序号	评价内容	基本报表	评价指标		单位	经济指标值
1	投资与资金筹措	项目资金使用计划和资金筹措	总投资		万元	
2			建设期利息		万元	
3			流动资金		万元	
4			流动资金借款		万元	
6			长期贷款		万元	
7			项目资本金		万元	
8	产能规模	利润估算表	正常年销售收入		万元	
9			年平均利润总额		万元	
10			年平均新增税金		万元	
11	盈利能力	项目投资现金流量表（融资前分析）	税前指标	投资回收期	年	#DIV/0!
12				财务内部报酬率		#NUM!
13				净现值　10.00%	万元	
14			税后指标	投资回收期	年	#REF!
15				财务内部报酬率		#NUM!
16				净现值　10.00%	万元	
17		项目资本金现金流量表（融资后分析）	税后	财务内部报酬率		#NUM!
18			总投资收益率			#DIV/0!
19			项目资本金净利润率			#DIV/0!
20	偿债能力	借款还本付息计划表	偿债备付率			#DIV/0!
21			利息备付率			#DIV/0!
22		资产负债表	资产负债率			#DIV/0!
23			流动比率			#DIV/0!
24			速动比率			#DIV/0!
25	财务生存能力分析	财务计划现金流量表	累计盈余资金		万元	

项目的经济评价指标估算通过引用自动计算出项目的盈利能力和偿债能力指标，并进行财务生存能力分析

图 5－4－15

四、投资决策经济评价指标

在进行投资决策评价时有非贴现类评价指标（静态评价）和贴现类评价指标（动态评价），非贴现类评价指标有投资回收期和投资报酬率等，贴现类评价指标有净现值和内部收益率等。EVA作为企业经济效益的评价指标，它在投资决策中的分析评价作用也日趋为人们所重视。各类评价指标的优缺点及评价标准见表5－4－12。

（一）非贴现类指标

一是投资回收期（PP，Payback Period），是指自投资方案实施起，至收回初始投资所需的时间，也是能够使累计现金流入量等于累计现金流出量的时间。优点是计算简便，直观，回收期的长短也是风险大小的一种标志；缺点是没有考虑到时间价值，对于项目中后期有丰厚回报的项目无法判断。

计算方法：根据每年年末尚未收回的投资额来确定。假设初始投资在第n年和第n＋1年之间收回：

$$投资回收期 = n + \frac{第\ n\ 年末尚未收回的初始投资额}{第\ n+1\ 年的\ NCF}$$

表5－4－12

指标类别	评价指标	优缺点	评价标准
非贴现类指标	投资回收期	没有考虑时间价值，考虑了现金流量，简单易懂，便于理解，但未考虑整个寿命周期的项目现金流量。	PP≤要求回收期
	总投资收益率	没有考虑资金时间价值和现金流量，反映了投资项目的资金利用效率，有利于投项目产业的横向比较。	ROI≥行业平均收益率
	项目资本金净利润率	没有考虑资金时间价值，没有考虑现金流量，反映了资本金的投资报酬率，有利于评估投资结构对资本金的影响。	ROE≥要求回报率
	利息备付率	没有考虑资金时间价值、没有考虑现金流量，反映了项目盈利对利息的保障能力。	ICR≥1
	偿债备付率	没有考虑资金时间价值，没有考虑现金流量，反映了投资项目的还本付息保障能力。	DSCR≥1
贴现类指标	净现值	考虑了时间价值，考虑了项目寿命周期的整个现金流量，当出现互斥方案指标有差异时以净现值为准。	NPV≥0
	内含报酬率	考虑了时间价值，考虑了现金流量，能够反映寿命周期内的项目收益率，仅有唯一数值，便于比较。	IRR≥预期报酬率

二是总投资收益率。总投资收益率（ROI）表示总投资的盈利水平，系指项目达到设计能力后正常年份的年息前税前利润或运营期内年平均息税前利润（EBIT）与项目总投资（TI）的比率，总投资收益率应按下式计算：

$$ROI = \frac{EBIT}{TI} \times 100\%$$

总投资收益率高于同行业的收益率参考值，表明用总投资收益率表示的盈利能力满足要求。

三是项目资本金净利润率。项目资本金净利润率（ROE）表示项目资本金的盈利水平，系指项目达到设计能力后正常年份的年净利润或运营期内年平均净利润（NP）与项目资本金（EC）的比率；项目资本金净利润率应按下式计算：

$$ROE = \frac{NP}{EC} \times 100\%$$

项目资本金净利润率高于投资资本的要求回报率，表明用项目资本金净利润率表示的盈利能力满足要求。

四是利息备付率。利息备付率（ICR）系指在借款偿还期内的息税前利润（EBIT）与应付利息（PI）的比值，它从付息资金来源的充裕性角度反映项目偿付债务利息的保障程度，应按下式计算：

$$ICR = \frac{EBIT}{PI} \times 100\%$$

利息备付率应分年计算。利息备付率高，表明利息偿付的保障程度高。利息备付率应当大于1。

五是偿债备付率（DSCR）系指在借款偿还期内，用于计算还本付息的资金（EBITDA－TAX）与应还本息金额（PD）的比值，它表示可用于还本付息的资金偿还借款本息的保障程度，应按下式计算：

$$DSCR = \frac{EBITDA - TAX}{PD} \times 100\%$$

式中：EBITDA——息税前利润加折旧和摊销；TAX——企业所得税。

偿债备付率应分年计算，偿债备付率高，表明可用于还本付息的资金保障程度高。偿债备付率应大于1。

（二）贴现类指标

一是净现值（NPV，NetPpresent Value），指在方案的整个实施运行过程中，所有现金净流入年份的现值之和与所有现金净流出年份的现值之和的差额。在计算净现值时需要设定一个预定的报酬率指标。优点是考虑项目整个寿命期的经济数据，全面反映项目的经济效益。

预定的报酬率有以下确定方法：以投资项目的资本成本作为折现率，则净现值表示按现值计算的该项目的全部收益（或损失）；以投资项目的机会成本作为折现率，则净现值表示按现值计算的该项目比已放弃方案多（或少）获得的收益；以行业平均资金收益率作为折现率，则净现值表示按现值计算的该项目比行业平均收益水平多（或少）获得的收益。

计算方法：

$$NPV = \sum_{t=1}^{n} \frac{NCF_t}{(1+k)^t} - C$$

注：NCF 年净现金流量，K 指预定的报酬率，T 指投资期，C 指初始投资。

二是内部报酬率（IRR，Internal Rate of Return），是反映方案本身实际达到的报酬率，是整个方案的实施运行过程中，当所有现金净流入年份的现值之和与所有现金净流出年份的现值之和相等时的报酬率。

计算方法：

$$\sum_{t=1}^{n}\frac{NCF_t}{(1+r)^t}-C=0$$

（三）经济增加值评价指标

EVA（Economic Value Added）是由美国斯特思·斯图尔特咨询公司提出的一种业绩评价与激励系统，以便于经营者指导公司的资源配置。EVA 是税后经营利润减去债务成本和股本成本后的剩余收入，在对投资项目进行评价时有条件的企业可以通过计算项目的经济增加值（EVA）对项目的可行性进行分析评价。

计算方法：

经济增加值（EVA）＝税后营业利润－资本成本

$$=\sum_{n=1}^{n}（税后净利润+利息支出）-投资总额\times资本成本率$$

资本成本率的确定可以是集团公司的分类资本成本率，也可以是项目的资金成本。项目 EVA 值反映的是项目本身除去资金成本给投资者带来的回报，项目 EVA 值为大于零是项目最低的要求报酬。

例：企业经常会遇到旧设备价值低、生产效率低、维护成本高、能耗高，新设备投资成本高、生产效率高、能耗低的情况，用新设备替换旧设备需要一笔很大的开支，难以决策。当设备带来的收入能够准确估计的情况下可以通过计算年净现金流量进行比较分析，若不能够准确预估收入的情况下，可以比较年均成本，选择年成本最低的项目。现通过以下投资项目进行具体分析：

某公司新年旧设备的主要经济技术参数见表 5－4－13。

表 5－4－13

经济技术指标	初始投资	可使用年限	年产量	价格	单位材料成本	单位废品损失	单位能源消耗	单位人工费用	年设备维护费
单位	元	年	米	元/米	元/米	元/米	元/米	元/米	元
旧设备	30000	5	200000	6.3	3	0.6	1	0.9	5000
新设备	230000	10	220000	6.3	2.9	0.55	0.9	0.8	3000
提高率			10.00%		-3.33%	-8.33%	-10.00%	-11.11%	-40.00%

注：折旧按查使用期内直线折旧法，设备无残值。

该项目的净现金流量计算如表 5－4－14。

表 5 - 4 - 14

比较项目		投资	第1—5年	第7—10年
新设备	销售收入		1386000	1386000
	付现成本		1136000	1136000
	折旧		23000	23000
	利润总额		227000	227000
	所得税（25%）		56750	56750
	净利润		170250	170250
	净现金流量	-230000	193250	193250
旧设备	销售收入		1260000	
	付现成本		1105000	
	折旧		5000	
	利润总额		150000	
	所得税（25%）		37500	
	净利润		112500	
	净现金流量	-30000	117500	

由于新旧设备的使用年限不同，可以通过计算年均现值来对两个项目进行比较（可接受回报率10%）。

第一步，先计算新旧设备的净现值：

$NPV_{旧}$ = -30000 + 218000 × PVIFA10%，5 = 377652.22（元）

$NPV_{新}$ = -30000 + 218000 × PVIFA10%，10 = 870397.81（元）

第二步，计算年均净现值：

旧设备年净现值 = $NPV_{旧}$ ÷ PVIFA10%，5 = 99618.10（元）

新设备年净现值 = $NPV_{新}$ ÷ PVIFA10%，10 = 141643.26（元）

结论：新设备的年均净现值高于旧设备的年净现值，用新替换旧设备可产生更多现金流，方案可行。

五、投资决策评价风险分析

投资决策所利用评价的基础数据出现预测误差时，即存在着不确定性，这就使投资评价会偏离预期的目标。因此需要对项目进行不确定性分析和风险分析，发现潜在的不确定性因素和风险因素，以加强对风险的控制能力，提高项目的经济效益。

集团公司对于不确定性和敏感性分析的要求：

一是盈亏平衡点一般不高于80%，市场需求波动比较大的投资项目应要求低于60%。

二是敏感性分析一般选取销售价格、经营成本、销售数量三个单因素变化对项目财务内部收益率的影响。选取的因素变动范围通常为±5%、±10%、±15%、±20%，当单个因素变动幅度超过20%财务内部收益率低于同期贷款一年期基准利率则抗风险能力弱。

三是要求企业对项目进行动态风险分析，在项目建设前和建设中要充分评价内外部环境变化对项目经济评价的影响，判断项目是否正常建设、抓紧建设、扩大缩小建设或放弃建设。

（一）投资项目的盈亏平衡分析

盈亏平衡分析是指通过计算项目达产年的盈亏平衡点，分析项目成本和收入的平衡关系，从而判断项目的保本产出数量的抗风险能力。

例：盈亏平衡分析以项目达产期数据为基础进行，该年总成本费用为6676万元，可变成本为5111万元，固定成本为1565万元，年营业收入为8550万元，年税金及附加为62万元，根据上述数据计算项目盈亏平衡点如下：

$$\text{BEP（利用率）}=\frac{\text{年固定总成本}}{\text{年营业收入}-\text{年可变成本}-\text{营业税金及附加}}\times 100\%$$

$$=46.34\%$$

根据计算数据绘制盈亏平衡分析图，见图5－4－16。

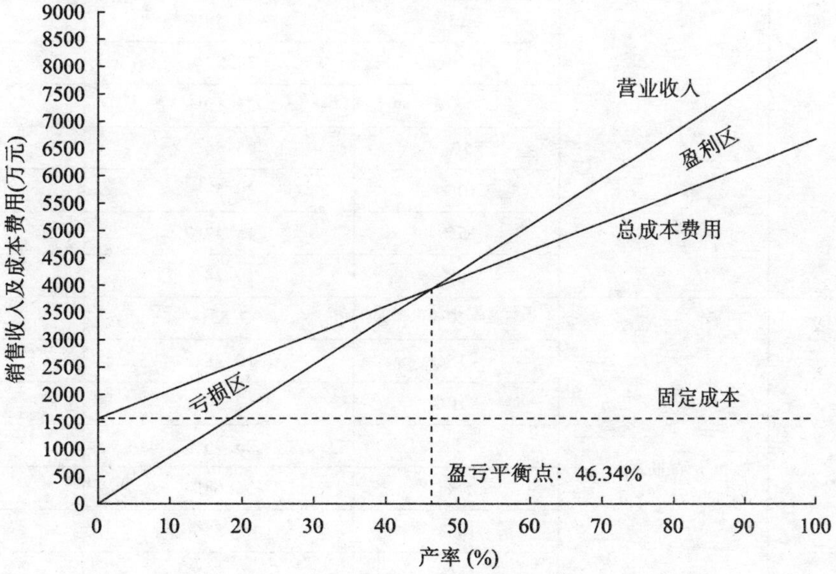

图5－4－16　盈亏平衡分析图

盈亏平衡分析表明，该项目生产能力只需达到设计规模的46.34%时，企业就可以保本，说明项目具有一定的抗风险能力。

（二）投资项目的敏感性分析

敏感性分析是考察项目的不确定因素的变化对项目评价指标的影响程度，是初步识别风险因素的手段。通常是分析全部投资的内部收益率指标对产品产量、产品价格、主要原材料或动力价格、固定资产投资、建设工期等影响因素的敏感程度。

例：某项目在计算期内可能发生变化的因素有销售数量、经营成本、产品价格。上述各单因素变化±5%、±10%、±15%、±20%时对项目财务内部收益率的影响程度见表5－4－15。

表 5-4-15　　　　敏感性分析表

序号	项　目	不确定因素变化率	项目财务内部收益率	敏感度系数
	基准收益		6.5%	
	基本方案		30.40%	
1	销售数量	-20%	21.89%	1.4
		-15%	24.15%	1.37
		-10%	26.42%	1.31
		-5%	28.67%	1.14
		5%	33.18%	1.83
		10%	35.45%	1.66
		15%	37.70%	1.6
		20%	39.95%	1.57
2	经营成本	-20%	47.97%	-2.89
		-15%	44.58%	-3.11
		-10%	39.92%	-3.13
		-5%	35.19%	-3.15
		5%	25.54%	-3.2
		10%	20.58%	-3.23
		15%	15.49%	-3.27
		20%	10.28%	-3.31
3	产品价格	-20%	3.53%	4.42
		-15%	10.38%	4.39
		-10%	17.30%	4.31
		-5%	23.96%	4.24
		5%	36.68%	4.13
		10%	42.83%	4.09
		15%	48.87%	4.05
		20%	54.11%	3.9

其中：$敏感度系数=\frac{\Delta 内部收益率 \div 内部收益率}{\Delta 不确定因素 \div 不确定因素}$

根据敏感性分析表所示数据绘制敏感性分析图。见图 5-4-17。

从敏感性分析表和分析图可以看出，项目对上述各单因素变化的敏感程度从高到低依次为产品价格、经营成本、销售数量。

在项目可行区域内，允许经营成本增加幅度为31.36%，产品价格下降幅度为23.35%，表明产品价格和经营成本的变化对财务内部收益率的影响较大，销售数量的变化对该项目的财务内部收益率的影响不大。

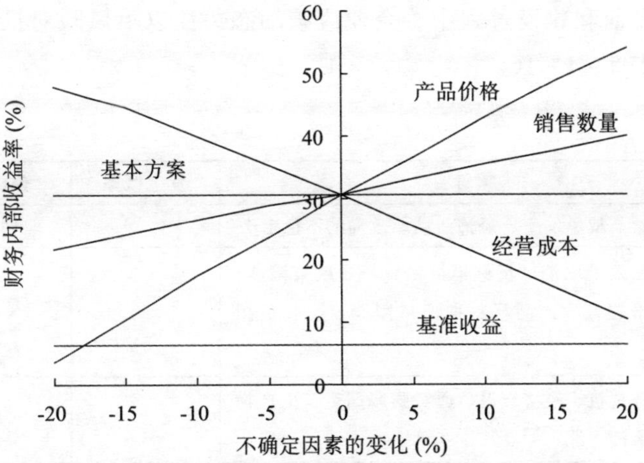

图 5-4-17　财务敏感性分析图

敏感性分析表明产品价格是最敏感的因素，当售价降低 18.24% 时，项目内部收益率就降至设定的基准收益率。但分析发现，该产品市场正处于上升期，在相当长的时间内产品降价的可能性较小，而且产品降价，原材料价格也会下降可抵消部分降价损失，因此可以做出虽然产品价格是较为敏感的因素，但该项目的价格风险并不是很大的结论。根据上述敏感性分析表明，项目具有一定的抗风险能力。

注：以上的分析是建立在回归分析的基础上得出的数据。

（三）投资项目建设动态风险评估

投资决策是建立在一系列经济假设的基础上，具有典型的不确定性特点。政治、经济、技术、政策、市场等处于不断发展变化之中，企业应该动态评估，当项目在建设前或建设中某些基础假设偏离了原有弹性范围，发生重大变化，不足以支撑投资决策时，企业就应该重新进行投资评估并提出措施建议。

投资项目风险管理贯穿于项目整个寿命周期，项目风险管理程序是：风险形势评估、风险识别、风险分析、风险控制。图 5-4-18 显示了风险评估的过程。

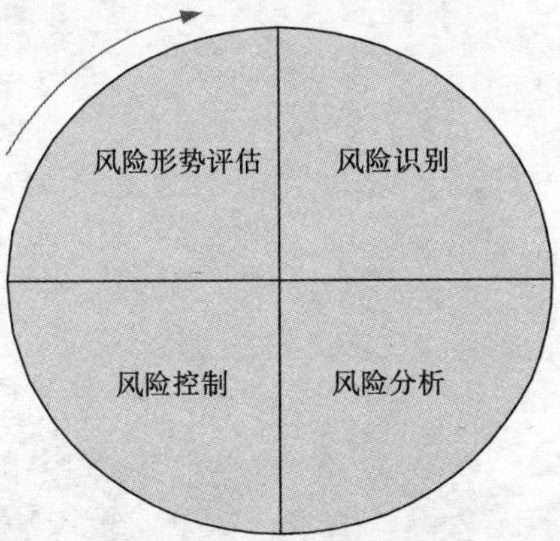

图 5-4-18　风险评估过程图

投资项目在建设前和建设过程中，企业应该动态关注以下风险对投资项目的影响程度并做出判断分析，见表 5 -4 -16。

表 5 -4 -16

类别	项目	发生概率	分析评价	措施建议
国内外政治风险	政权更迭、战争发生、恐怖活动、政局的不稳定			
政策风险	政府补贴政策取消、反倾销诉讼、产业政策限制、环保标准提高、产品材料进出口限制、税收负担上升			
经济风险	财政债务危机、经济衰退、通货膨胀严重、生产物资价格大幅上涨			
金融风险	汇率持续上升、利率上涨、银根紧缩、担保贷款困难			
人文风险	民众反对、意识形态变化、错误纰漏严重			
技术风险	技术过于超前、替代品快速出现、技术落后、技术不成熟			
市场风险	需求萎缩、竞争者众多、产品价格下滑、原材料价格上涨、利润下降			
自身经营风险	发生亏损、项目自筹资金不到位、债务危机、经营风险			

注：1. 发生概率可以分为：较低、低度、中度、高度、肯定发生；

2. 分析评价是指事件的发生对投资项目影响程度的评估；

3. 措施建议可以分为按原计划建设、缩小或扩大建设、加紧建设、延迟建设、暂停建设和放弃建设。

第五章
Chapter 5 研发投资决策

一、研发投资决策概述

1. 研发投资主要分两个阶段：研究阶段和开发阶段。研究阶段发生的费用主要是进入当期的损益，开发阶段一般进行资本化处理，这里指的研发投资主要是研究进入开发阶段的投资项目管理和经济评价。

一是研究阶段，是指为获取新的技术和知识等进行的有计划的调查，研究阶段是探索性的，为进一步开发活动进行资料及相关方面的准备，已进行的研究活动将来是否会转入开发、开发后是否会形成无形资产等均具有较大的不确定性。比如，意于获取知识而进行的活动，研究成果或其他知识的应用研究、评价和最终选择，材料、设备、产品、工序、系统或服务替代品的研究，新的或经改进的材料、设备、产品、工序、系统或服务的可能替代品的配制、设计、评价和最终选择等，均属于研究活动。

二是开发阶段，相对于研究阶段而言，开发阶段应当完成研究阶段的工作，在很大程度上已具备形成一项新产品或新技术的基本条件。比如，生产前或使用前的原型和模型的设计、建造和测试，含新技术的工具、夹具、模具和冲模的设计，不具有商业性生产经济规模的试生产设施的设计、建造和运营，新的或经改造的材料、设备、产品、工序、系统或服务所选定的替代品的设计、建造和测试等，均属于开发活动。

2. 经济分析方法。研究开发是企业在激烈的市场竞争中求得生存和发展的重要手段，研究开发费用在企业的销售收入中所占比例逐年提高。研究开发具有较大的不确定性，企业仅在研究开发获得成功的时候进行下一步的商业化投资，故研发投资的财务决策分析显得尤为重要。企业应当采用预算控制分析法、目标成本分析法、市场预测分析法、预期收益分析法、现金流量折现法和实物期权法相结合来加强研发成本管理和研发投资经济性评价。

二、研发项目成本管理

企业开展研发工作要成立研发项目组，负责研发项目的技术可行性和经济可行性分析，并组织开展研究开发工作、项目预算管理和目标成本管理。研发项目组应该包括市场、采购、工艺、技术、质量和财务等人员。如图 5－5－1 所示。市场负责人主要负责研发项目产品细分市场定位，市场预测、价格目标和市场开拓；采购负责人主要负责材料询价及委外联系，以及研发过程中与供应商的同步开发协调工作；工艺质量负责人主要负责研发项目的总体设计、技术选型、工艺方案、试验试制等项目研发工作；财务负责人主要负责研发项目投资的经济评价和总预算审核，以及费用报销、归集管理工作，负责项目的目标成本管理、确保产品成本占比的合理性。

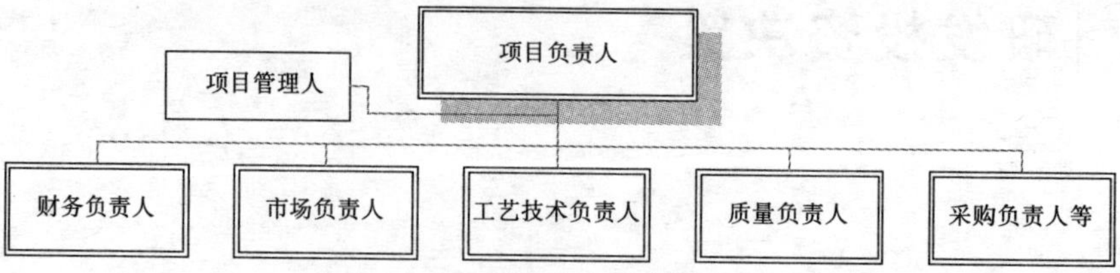

图 5－5－1　研发项目组成人员图

研发项目成本控制流程，见图 5－5－2。

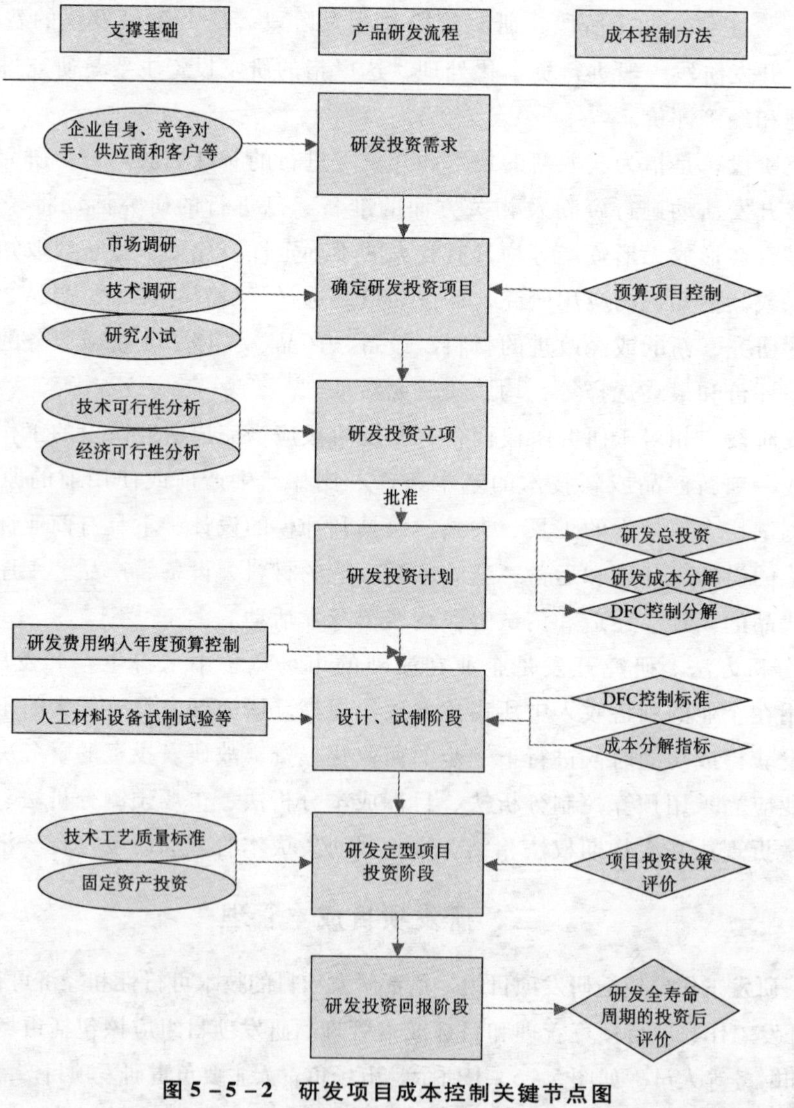

图 5－5－2　研发项目成本控制关键节点图

进行研发投资成本管理是要做好研发投资成本控制和单位产品的目标成本控制。在研发计划确定的研发投资总额和目标成本的基础上，通过预算控制和目标成本控制方法进行成本管理。

1. 研发投资。研发投资主要是指企业为提高产品质量、性能，降低产品成本，开发新产品等研究开发项目所投入的工资、水电、差旅、材料、折旧、委外研究和工装模具等成本费用。对于研发投资要进行预算管理，将研发总投资分解到项目的构成部分，形成分部件、分成本项目的研发投资预算控制表，见表5－5－1、表5－5－2。

经批准立项的研发投资纳入全面预算管理，将研发总投资进行分解确定各部分的研发投资成本。

表5－5－1　　研发投资项目明细表

研发项目名称：

序号	构成部件	研发投入成本	单位材料目标成本控制指标	责任人
1	部件1			
2	部件2			
3	…			
	合计			

表5－5－2　　研发投资项目部件明细表

构成部件：部件1

序号	研发部件明细项目	工资	办公费	调研费	委外研究	差旅费	试验费				
							人工成本	材料	动力	工装	制造费用
1											
2											
3											
4											
5											
	部件小计：										

2. 研发产品的目标成本：是指根据成本效益原则，确定研发产品制造成本。在研制阶段要考虑到成本因素选择材料、工艺和质量等。在进行研发过程中应注意：

一是产品易于制造，研发的生产工艺技术流程在保证预期功能和特性的基础上，尽可能减少材料的消耗和生产制造成本，材料尽量选用通用的，或模块化的零部件。

二是设计阶段要求供应商广泛参与，与供应商结成战略联盟，在采购上，改变过去的采购成本最低的观念，应考虑整个生产成本过程成本最低和产品的整个生命同期内的成本最低。

三是运用价值工程的方法，价值工程的核心是：性价比＝价值/成本。需要设计人员对所有功能进行分解，并了解支持功能的材料和生产活动，以产品功能为核心，进行成本分析。降低生产制造成本。

三、研发投资决策经济评价

（一）概述

研发投资经济评价是在进行研发立项前的一项必不可少的工作。主要由项目负责人组织市场、技术研发和财务等部门共同完成。

研发项目投资的经济评价主要是从未来获取会计利润和未来产生现金流量的净现值两个角度进行分析。在分析前应进行研发项目的经济效益预测，经济效益预测包含了成本降低、质量提升、性能提高、新产品销售等带来的增量利润和增量现金流量。

（二）指标预测、职责及计算步骤

1. 研发投资经济评价输入指标，见表5－5－3。

表5－5－3　　研发投资经济评价指标表

序号	经济评价基础指标	责任人	说明
1	研发投资总额	研发负责人	细分到构成部件研发明细项
2	研发产品的经济寿命周期	研发负责人	指产品寿命周期（不超过十年）
3	研发成功后的项目投资	研发负责人	指研发形成生产力的投入成本
4	产品价格	市场负责人	参考同类产品预计
5	所占市场规模	市场负责人	按项目生产能力的70%预计
6	产品目标成本	财务负责人	参考同类产品毛利率预计
7	成本降低、质量提升、性能提高增加的经济效益	财务负责人	参考相应技术和同类产品预计
8	寿命周期内的现金流量	财务负责人	由净利润加折旧预计
9	风险折现率	财务负责人	根据研发风险大小确定
	…		

2. 研发投资的现金流量，见图5－5－3。

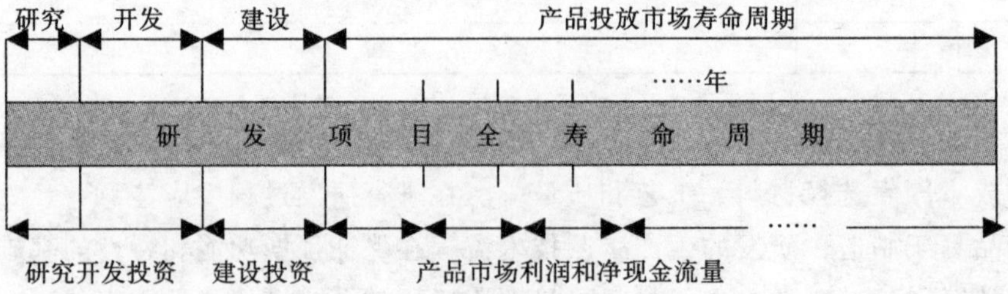

图5－5－3　研发项目全寿命周期图

3. 研发投资净现值计算步骤。

第一步，按照上表估算所有经济评价基础指标。并计算产品从成功上市开始的整个寿命周期的价值。首先，预测产品上市直至整个寿命周期的现金流；其次，确定折现率；最后，计算产品成功上市之时的净现值。

第二步，将上面计算得到的净现值与研发投资和研发成功后的建设投资净现值进行比较，当净现值大于零，研发项目是可行的。

$DPV = \sum FV_t / (1+d)\ t$

4. 研发投资决策输出的经济评价指标，见表5-5-4。

表5-5-4 研发投资决策经济评价指标表

序号	经济评价输出指标	说明
1	研发投资总额	细分到构成部件研发明细项
2	研发产品的经济寿命周期	指产品寿命周期（不超过十年）
3	产品价格	预计的售价
4	所占市场规模	市场需求和占有率分析
5	产品目标成本	研发过程中制造成本控制指标
6	研发投资产生的经济效益	毛利率、年利润总额，投资报酬率
7	净现值	整个寿命周期的净现值
8	年新增收入	按预计价格计算的营业收入
	…	

投资决策内容复杂，只有以案例的形式才好说明。下面的附件1，即是投资估算模板示例，一共有13张表格。附件2和附件3则是固定资产投资决策案例和研发投资决策案例。

附件1：投资估算模板

表1　　建设投资估算表　　单位：万元

序号	工程或费用名称	建筑工程费	设备购置费	安装工程费	其他费用	合计	比例（%）	估算说明
1	工程费用							
1.1	办公楼							
1.2	1#厂房							
1.3	2#厂房							
1.4	3#厂房							
1.5	门卫房							
1.6	室外综合管网							
1.7	场区工程							
1.8	主要生产设备							
1.9	辅助生产设备							
2	工程建设其他费用							
2.1	建设用地费用							
2.2	技术咨询费用							
2.2.1	项目论证费							
2.2.2	勘察设计费							
2.2.3	施工图审查费							
2.2.4	环境影响评价费							
2.2.5	招标代理费							
2.2.6	工程监理费							
2.3	工程相关费用							
2.3.1	城市建设配套费							
2.3.2	防雷工程设计审核费							
2.3.3	人防易地建设费							
2.4	工程建设管理费							
2.4.1	建设单位管理费							
2.4.2	工程规划综合费							
2.4.3	工程质量监督费							
2.4.4	建设工程综合服务费							
2.5	生产准备及其他费							
3	预备费							
3.1	基本预备费							
3.2	价差预备费							
4	建设投资合计							
	比例（%）							

表 2 **项目投资使用计划和资金筹措表** 单位：万元

序号	项目名称	合计	建设期	计算期									
			n 个月	××××年	××××+1年	××××+2年	××××+3年	××××+4年	××××+5年	××××+6年	××××+7年	××××+8年	××××+9年
1	建设投资												
1.1	建设工程投资												
1.2	建设期利息												
1.3	设备投资												
1.4	递延资产												
1.5	无形资产												
1.6	流动资金												
2	资金筹措												
2.1	项目资本金												
	其中：固定资金投资												
	流动资金投资												
2.2	固定投资借款												
2.3	流动资金借款												
2.4	累计项目资本金												

说明：1. 根据建设投资估算表确定 1.1 工程投资、1.3 设备投资、1.4 递延资产、1.5 无形资产；

2. 本表要确定 2.2 固定投资借款、2.3 流动资金借款；

3. 1.2 建设期利息是引用借款还本付息表数据；流动资金是引用流动资金估算表中新增流动资金数据；

4. 本表是计算折旧和摊销的依据。

表3　　**营业收入、营业税金及附加和增值税估算表**　　单位：万元

序号	项目名称	合计	税率	计算期									
				××××年	××××+1年	××××+2年	××××+3年	××××+4年	××××+5年	××××+6年	××××+7年	××××+8年	××××+9年
1	营业收入												
1.1	销售收入												
1.2	补贴收入												
2	营业税金及附加												
2.1	营业税												
2.2	消费税												
2.3	城市维护建设费		7.00%										
2.4	教育费附加		3.00%										
3	增值税												
3.1	销项税		17.00%										
3.2	进项税		17.00%										

说明：1. 本表要依据市场价格和产能确定1.1销售收入、1.2补贴收入。

2. 本表要确定各种税率，依据税率自动计算各项税收，消费税自主填列。

表 4　　折旧、摊销费用估算表　　单位：万元

序号	项目名称	合计	折旧或摊销期限及残值率	计算期									
				××××年	××××+1年	××××+2年	××××+3年	××××+4年	××××+5年	××××+6年	××××+7年	××××+8年	××××+9年
1	房屋及建筑物		20										
1.1	原值		3%										
1.2	本年折旧费												
1.3	净值												
2	设备		10										
2.1	原值		3%										
2.2	本年折旧费												
2.3	净值												
3	固定资产合计												
3.1	原值												
3.2	本年折旧费												
3.3	净值												
4	无形资产及其他资产												
4.1	原值												
4.2	本年摊销费		5										
4.3	净值												

说明　1. 本表是原值是引用项目投资使用计划和资金筹措表的投资数据，为便于计算将建设期利息在房屋建筑物和设备中各摊一半。

2. 本表中是根据残值3%，房屋建筑物20年，设备10年直线折旧算，摊销按5年计算。

表 5 借款还本付息表

单位：万元

序号	项目名称	合计/利率	建设期	计算期									
			n个月	××××年	××××+1年	××××+2年	××××+3年	××××+4年	××××+5年	××××+6年	××××+7年	××××+8年	××××+9年
1	本金偿还												
1.1	固定投资借款												
1.2	流动资金借款												
1.3	本年还本小计												
1.3.1	当期偿还长期借款本金												
1.3.2	当期偿还流动资金借款本金												
1.4	固定投资借款余额												
1.5	流动资产借款余额												
2	本年付息小计												
2.1	支付长期借款利息	6.50%											
2.2	支付流动资金借款利息	5.00%											
3	可用于偿还借款本金资金来源												
2.1	利润												
2.2	折旧												
2.3	摊销												

说明：1. 本表借款金额是引用项目投资使用计划和资金筹措表中的借款数据；

2. 本表要确定长期借款利率和流动资金借款利率；

3. 本表要确定 1.3.1 当期偿还长期借款本金和 1.3.2 当期偿还流动资金借款本金。

表 6　　总成本费用估算表　　单位：万元

序号	项目名称	合计	计算期									
			××××年	××××+1年	××××+2年	××××+3年	××××+4年	××××+5年	××××+6年	××××+7年	××××+8年	××××+9年
1	生产成本											
1.1	外购原材料											
1.2	外购燃料及动力											
1.3	工资及附加											
1.4	制造费用											
1.4.1	修理费											
1.4.2	折旧费											
1.4.3	其他制造费用											
2	管理费用											
2.1	摊销费											
2.2	其他管理费用											
3	利息支出											
3.1	长期借款利息											
3.2	短期借款利息											
4	营业费用											
5	总成本费用											
5.1	可变成本											
5.2	固定成本											
6	经营成本											

说明：1. 本表要确定 1.1 外购原材料，1.2 外购燃料动力，1.3 工资及附加，1.4.1 修理费，1.4.3 其他制造费用，2.2 其他管理费用，4 营业费用。

2. 成本费用的要素确定要依据工艺定额，市场材料价格、人员配置、同类企业的费用经验值等。其中修理费可与固定资产原值的比例挂钩，营业费用可与营业收入比例挂钩。

3. 本表的利息支出是引用借款还本付息表支付利息金额，折旧和摊销费用是引用折旧和摊销费用表。

4. 可变成本包含材料、动力、工资、其他制造费用和营业费用。

表 7　　流动资金估算表

单位：万元

序号	项目名称	周转次数	计算期									
			××××年	××××+1年	××××+2年	××××+3年	××××+4年	××××+5年	××××+6年	××××+7年	××××+8年	××××+9年
1	流动资产											
1.1	应收账款	6										
1.3	原材料	12										
1.4	燃料动力	12										
1.5	在产品	12										
1.6	产成品	12										
1.7	现金	8										
2	流动负债											
2.1	应付账款	8										
3	流动资金（1－2）											
3.1	其中：铺底流动资金											
3.2	流动资金贷款											
4	流动资金当期增加额											

说明：1. 本表要根据行业不同情况确定各项目的周转次数。

2. 流动资金各项目是根据含税营业收入、原材料、燃料动力费、生产成本、工资及附加和含税材料燃动费计算得出。分别引用自收入和税金估算表和总成本费用表。

3. 本表 4 流动资金当期增加额是项目投资使用计划和资金筹措估算表中的流动资金的依据。

表 8 利润与利润分配表

单位：万元

序号	项目名称	合计	比率	计算期									
				××××年	××××+1年	××××+2年	××××+3年	××××+4年	××××+5年	××××+6年	××××+7年	××××+8年	××××+9年
1	营业收入												
2	营业税金及附加												
3	总成本费用												
4	利润总额（1－2－3）												
6	应纳税所得额												
7	所得税		25.00%										
8	净利润												
9	期初未分配利润												
10	可供分配的利润												
11	提取法定盈余公积金		10.00%										
12	可供投资者分配的利润												
16	各投资方利润分配												
	其中：××方												
	××方												
17	未分配利润												
18	累计盈余公积												
19	息税前利润（利润总额＋利息支出）												
20	息税前利润调整应纳所得额												
21	息税前利润调整所得税												
22	息税折旧摊销前利润（息税前利润＋折旧＋摊销）												

说明：1. 本表要确定所得税率和提取盈余公积金比例，本表要确定投资各方的利润分配额；

2. 本表引用收入和税金估算表和总成本费用表的数据。

表 9

财务计划现金流量表

单位：万元

序号	项目名称	合计	建设期	计算期									
			n 个月	××××年	××××+1年	××××+2年	××××+3年	××××+4年	××××+5年	××××+6年	××××+7年	××××+8年	××××+9年
1	经营活动净现金流量												
1.1	现金流入												
1.1.1	销售收入												
1.1.2	增值税销项税额												
1.1.3	补贴收入												
1.2	现金流出												
1.2.1	经营成本（不含利息支出）												
1.2.2	增值税进项税额												
1.2.3	营业税金及附加												
1.2.4	增值税												
1.2.5	所得税												
2	投资活动净现金流量												
2.1	现金流入												
2.2	现金流出												
2.2.1	建设投资												
2.2.2	流动资金												
3	筹资活动净现金流量												
3.1	现金流入												
3.1.1	项目资本金投入												
3.1.2	建设投资借款												
3.1.3	流动资金借款												
3.1.4	债券												
3.1.5	短期借款												
3.1.6	其他流入												
3.2.1	各种利息支出												
3.2.2	偿还债务本金												
3.2.3	应付利润												
3.2.4	其他流出												
4	净现金流量												
5	累计盈余资金												

说明：1. 本表引用相关表的数据自动生成累计盈余资金。

表3-10　　资产负债表　　单位：万元

序号	项目名称	建设期	计算期									
		n个月	××××年	××××+1年	××××+2年	××××+3年	××××+4年	××××+5年	××××+6年	××××+7年	××××+8年	××××+9年
1	资产											
1.1	流动资产总额											
1.1.1	货币资金											
1.1.2	应收账款											
1.1.3	预付账款											
1.1.4	存货											
1.1.5	其他											
1.2	在建工程											
1.3	固定资产净值											
1.4	无形及其他资产净值											
2	负债及所有者权益											
2.1	流动负债总额											
2.1.1	短期借款											
2.1.2	应付账款											
2.1.3	预收账款											
2.1.4	其他											
2.2	建设投资借款											
2.3	流动资金借款											
2.4	负债小计											
2.5	所有者权益											
2.5.1	资本金											
2.5.2	资本公积											
2.5.3	累计盈余公积金											
2.5.4	累计未分配利润											
计算指标	利息备付率（%）											
	偿债备付率（%）											
	资产负债率（%）											
	平衡检查											

说明：1. 本表引用各相关表的数据自动计算生成；货币资金含现金和累计盈余资金。

2. 平衡检查值均为零说明各表间勾稽关系是正确。

表 11　　项目投资现金流量估算表　　单位：万元

序号	项目名称	合计	建设期	计算期									
			n 个月	××××年	××××+1年	××××+2年	××××+3年	××××+4年	××××+5年	××××+6年	××××+7年	××××+8年	××××+9年
1	现金流入												
1.1	销售收入												
1.2	补贴收入												
1.3	回收固定资产余值												
1.4	回收流动资金												
2	现金流出												
2.1	建设投资												
2.2	流动资金												
2.3	经营成本（不含利息）												
2.4	营业税金及附加												
3	所得税前净现金流量（1－2）												
4	累计所得税前净现金流量												
5	调整所得税												
6	所得税后净现金流量（3－5）												
7	累计所得税后净现金流量												
	计算指标			所得税前		所得税后							
计算指标	财务内部收益率（FIRR）：												
	财务净现值：		10.00%		万元		万元						
	投资回收期：				年		年						

说明：1. 本表引用相关表的数据并自动计算；建设投资不含建设期利息，经营成本不含利息支出，调整所得税为息税所利润所得税额；

2. 本表要确可接受回报率 RATE。

表 12 项目资本金现金流量估算表

单位：万元

序号	项目名称	合计	建设期	计算期									
			n 个月	××××年	××××+1年	××××+2年	××××+3年	××××+4年	××××+5年	××××+6年	××××+7年	××××+8年	××××+9年
1	现金流入												
1.1	营业收入												
1.2	补贴收入												
1.3	回收固定资产余值												
1.4	回收流动资金												
2	现金流出												
2.1	项目资本金												
2.2	借款本金偿还												
2.3	借款利息支付												
2.4	经营成本（不含利息）												
2.5	营业税金及附加												
2.6	所得税												
3	净现金流量（1－2）												
计算指标				所得税后									
资本金财务内部收益率（FIRR）：													

说明：本表引用相关表数据并自动计算。

表 13　　项目投资财务评价指标

<table>
<tr><th>序号</th><th>评价内容</th><th>基本报表</th><th colspan="2">评价指标</th><th>单位</th><th>经济指标值</th></tr>
<tr><td>1</td><td rowspan="6">投资与资金筹措</td><td rowspan="6">项目资金使用计划和资金筹措</td><td colspan="2">总投资</td><td>万元</td><td></td></tr>
<tr><td>2</td><td colspan="2">建设期利息</td><td>万元</td><td></td></tr>
<tr><td>3</td><td colspan="2">流动资金</td><td>万元</td><td></td></tr>
<tr><td>4</td><td colspan="2">流动资金借款</td><td>万元</td><td></td></tr>
<tr><td>6</td><td colspan="2">长期贷款</td><td>万元</td><td></td></tr>
<tr><td>7</td><td colspan="2">项目资本金</td><td>万元</td><td></td></tr>
<tr><td>8</td><td rowspan="3">产能规模</td><td rowspan="3">利润估算表</td><td colspan="2">正常年销售收入</td><td>万元</td><td></td></tr>
<tr><td>9</td><td colspan="2">年平均利润总额</td><td>万元</td><td></td></tr>
<tr><td>10</td><td colspan="2">年平均新增税金</td><td>万元</td><td></td></tr>
<tr><td>11</td><td rowspan="9">盈利能力</td><td rowspan="6">项目投资现金流量表（融资前分析）</td><td rowspan="3">税前指标</td><td>投资回收期</td><td>年</td><td></td></tr>
<tr><td>12</td><td>财务内部报酬率</td><td></td><td></td></tr>
<tr><td>13</td><td>净现值　10.00%</td><td>万元</td><td></td></tr>
<tr><td>14</td><td rowspan="3">税后指标</td><td>投资回收期</td><td>年</td><td></td></tr>
<tr><td>15</td><td>财务内部报酬率</td><td></td><td></td></tr>
<tr><td>16</td><td>净现值　10.00%</td><td>万元</td><td></td></tr>
<tr><td>17</td><td rowspan="3">项目资本金现金流量表（融资后分析）</td><td>税后</td><td>财务内部报酬率</td><td></td><td></td></tr>
<tr><td>18</td><td colspan="2">总投资收益率</td><td></td><td></td></tr>
<tr><td>19</td><td colspan="2">项目资本金净利润率</td><td></td><td></td></tr>
<tr><td>20</td><td rowspan="5">偿债能力</td><td rowspan="2">借款还本付息计划表</td><td colspan="2">偿债备付率</td><td></td><td></td></tr>
<tr><td>21</td><td colspan="2">利息备付率</td><td></td><td></td></tr>
<tr><td>22</td><td rowspan="3">资产负债表</td><td colspan="2">资产负债率</td><td></td><td></td></tr>
<tr><td>23</td><td colspan="2">流动比率</td><td></td><td></td></tr>
<tr><td>24</td><td colspan="2">速动比率</td><td></td><td></td></tr>
<tr><td>25</td><td>财务生存能力分析</td><td>财务计划现金流量表</td><td colspan="2">累计盈余资金</td><td>万元</td><td></td></tr>
</table>

附件2 固定资产投资决策案例

××投资项目可性行分析财务评价报告

一、投资估算与资金筹措

（一）投资估算范围

项目投资范围包括：土地费用、厂房和配套建筑、设备购置安装，厂区工程和环境保护、其他基本建设费用、工程预备费和贷款期利息、生产流动资金等。

（二）投资估算依据

1. 国家发改委、建设部2006年7月颁发的《建设项目经济评价方法与参数》（第三版）；

2. 项目技术方案、产品方案、建设条件、建设工期；

3. 工程量根据方案设计估算；

4. 设备价格：主要设备通过厂家询价，小型及通用设备采用市场价（价格为到厂价）；

5. 材料价格：材料价格采用市场价格，不足部分采用2008年《××市工程造价信息》公布的指导价格（价格为到厂价或预算价）；

6. 相关费用按国家及××市有关规定计算；

7. 业主提供的相关资料。

（三）计算期

计算期包括建设期和生产经营期，根据项目实施计划建设期确定为18个月，生产运营期确定为12年，则项目计算期为2010年至2024年。

（四）项目投资

1. 建设投资。项目建设投资估算总额为3730万元，其中土建工程费1479万元，设备购置费1256万元，安装工程费139万元，工程建设其他费用713万元，工程基本预备费143万元。

（1）建筑工程。

①土建。根据近期同类工程的造价资料进行测算。

②公用配套设施。由各公用专业按工艺要求，结合工艺布置和项目的实际情况，根据有关的估算指标编制。

③设备基础费。由工艺专业根据相关的估算指标进行测算。

（2）设备及安装工程。

①设备原价。按近期设备制造厂或供应商的询价进行测算。

②设备运杂费、安装费。由工艺专业根据相关的估算指标进行测算。

(3) 其他费用。

①建设用地费用。按 8 万元/亩计。

②技术咨询费用。

项目论证费：包括编制项目建议书、编制可行性研究报告、评估项目建议书及评估可行性研究报告等费用。根据××市物价局、××市计划委员会、××建设委员会发布的《××市工程建设中介服务收费管理实施办法》(××价［2000］352 号) 计算。

勘察设计费：按国家计委、建设部关于发布《工程勘察设计收费管理规定》的通知(计价格［2002］10 号) 规定计算。施工图审查费：根据××价 (2005) 649 号文《××市物价局关于调整施工图设调文件审查收费标准的通知》的有关规定计取。

环境影响评价费：指按照《中华人民共和国环境保护法》、《中华人民共和国环境影响评价法》等规定，为全面、详细评价建设项目对环境可能产生的污染或造成的重在影响所需的费用，包括编制环境影响报告书 (含大纲)，环境影响报告表和评估环境影响报告书 (含大纲)，环境影响报告表等所需的费用。按照国家环境保护总局《关于规范环境影响咨询收费有关问题的通知》(计价格［2002］125 号) 规定计算。

招标代理费：根据原国家计委"计价格［2002］1980 号"《招标代理服务收费管理暂行办法》的有关规定计取。

工程建设监理费：根据国家发展改革委、建设部颁布的《建设工程监理与相关服务收费管理规定》(发改价格［2007］670 号) 计算。

③工程相关费用。包括：城市建设配套费、防雷工程设计审核费、人防工程易地建设费等，按照××市人民政府有关文件规定标准计列。

防雷工程设计审核费：根据××价 (2001) 402 号文有关规定计取。

城市建设配套费：根据《××市城市建设配套费征收管理办法》和《××市人民政府关于调整城市建设配套费征收标准的通知》(××发［2009］110 号文) 的有关规定计取。

人防易地建设费：按××价 (2007) 654 号文的有关规定，本项目按 35 元/m^2 (民用建筑) 计取。

④工程建设管理费。建设单位管理费：根据××市财政局转发财政部《关于〈基本建设财务管理规定〉的通知 (财建［2002］394 号)》(××财建［2002］247 号文) 的有关规定计算。

建设工程规划综合费：根据××市人民政府办公厅《关于印发××市建设工程规划综合费收缴管理办法的通知》(××办发［2005］48 号) 的规定计取。

建设工程质量监督费：根据××市物价局、××市财政局"××价［2001］345 号文"有关规定计取。

建设工程综合服务费：根据××市物价局××价 (2005) 143 号文的有关规定，本项目按建筑工程费用的一定比例计取。

⑤生产准备及其他费 。根据近期类似项目相关数据计取。

（4）预备费。

①基本预备费。按工程费用的4%计取。

②价差预备费。根据原国家计委颁发的计投资（1999）1340号文的规定，和物价变化趋势、项目特点，本项目涨价预备费计算指数按零考虑，不计列。

建设投资估算详见财务分析辅助报表1。

2. 建设期借款利息。本项目无银行贷款，故建设期利息为0。

3. 流动资金。流动资金估算采用分项详细估算法。

估算得项目满负荷生产年份需流动资金2695万元，各年流动资金根据该年生产负荷估算。流动资金的30%为铺底流动资金，由企业自筹（资金来源为企业自有资金），项目铺底流动资金为808万元。

流动资金估算详见财务分析辅助报表－2。

4. 项目总投资。项目总投资由固定资产投资和铺底流动资金构成。

经上述计算，项目总投资为4538万元，其中固定资产投资3730万元（建设投资3730万元，建设期利息为0万元），铺底流动资金808万元。

5. 有关问题说明。

（1）其他费用参照国家和××市有关规定计取，若与实际不符，可按实调整。

（2）本估算是按现行定额、取费标准、价格依据、现有相关图纸和公用专业指标编制的，因此，只能反映现时设计造价水平，如果在以后各阶段内相关资料、依据发生变化，应在规定范围内调整。

（五）资金筹措

项目投资全部通过业主自筹方式筹集。

建设资金使用安排：企业自筹资金为建设期第一年安排60%，第二年安排40%。

项目投资使用计划与资金筹措详见财务分析辅助报表－3（投资使用计划与资金筹措表）。

二、财务评价

（一）评价原则、依据及参数

1. 原则。

（1）遵循费用与效益计算范围一致性原则，效益计算与投资对应；

（2）遵循费用与效益识别的有无对比原则；

（3）以动态、定量分析为主，静态、定性分析为辅，对项目的盈利能力、清偿能力进行评价；

（4）在计算期内不考虑通货膨胀因素。

2. 依据。

（1）国家发改委、建设部2006年7月颁发的《建设项目经济评价方法与参数》（第三版）；

（2）国家现行的财税政策、会计制度与相关法规；

（3）建设方案；

（4）业主提供的基础资料。

3. 评价参数。项目建设期 18 个月，财务评价计算期取 2010 年至 2024 年。

项目融资前税前财务基准收益率为 12%，项目资本金财务基准收益率设定 13%，基准投资回收期为 10 年。

（二）销售收入、销售税金及附加和增值税估算

1. 销售收入估算。项目建成达纲生产后，年销售收入为 8550 万元。见表 1。

根据市场需求和项目实际情况，拟定该项目 2011 年生产负荷为 15%，2012 年生产负荷为 80%，2013 年生产负荷为 100%。

2. 销售税金及附加和增值税估算。项目应缴纳税金为增值税、城市维护建设费、教育费附加。增值税销项税率为 17%，进项税率为 17%，城市维护建设费费率为 7%，教育费附加费率为 3%。

表 1　　销售收入估算表　　单位：万元

序号	品种	数量（吨）	单价	金额
1	产品一	2500	0.95	2375
2	产品二	2500	0.9	2250
3	产品三	2000	0.86	1720
4	产品四	1500	0.73	1095
5	产品五	1000	0.76	760
6	产品六	500	0.7	350
	合计			8550

经计算，满负荷生产年份项目的增值税为 617 万元，城市维护建设费为 43 万元，教育费附加为 19 万元。

项目各年销售收入、销售税金及附加和增值税估算详见财务分析辅助报表 4。

（三）成本费用估算

1. 经营成本估算。

（1）主要原材料费。该项目主要原材料消耗量根据项目实际情况和近期类似项目估算，原材料单价按市场平均单价计算。

（2）辅助材料、燃料及动力费。项目的辅助材料、燃料及动力为水、电和燃气，燃料及动力的消耗量根据工艺设计和企业生产统计数据综合估算。

（3）职工工资及职工福利费。项目劳动定员为 100 人，职工平均工资和福利费按 2.3 万元/人·年估算。

（4）修理费以固定资产原值为基数按一定比例提取。

（5）其他费用参照同类企业生产统计数据估算。

通过上述计算，满负荷生产年份项目的经营成本为 6416 万元，经营成本估算。

表 2　经营成本估算表

序号	费用名称	年成本（万元）	估算说明
1	主要原材料费	4190	
2	辅助材料、燃料及动力费	684	
3	工资及职工福利	230	
4	修理费	116	
5	其他支出	1197	
	经营成本	6416	

2. 折旧费、摊销费。折旧费按直线折旧法以工程分类计算。建筑工程折旧年限为 40 年，设备折旧年限为 12 年，固定资产残值率按 5% 计算。无形及其他资产按 10 年摊销。估算得项目年折旧费为 160 万元，年摊销费为 0 万元。

折旧费、摊销费估算详见财务分析辅助报表 6。

3. 财务费用。财务费用为建设投资借款余额应在生产期支付的利息、流动资金借款利息与短期借款利息之和。

4. 成本费用。通过上述估算，正常生产年份项目的总成本费用为 6677 万元。

项目总成本费用估算详见财务分析辅助报表 5。

（四）盈利能力分析

1. 项目财务现金流量表分析。根据项目财务现金流量表（财务分析报表 1）计算的财务指标如下：

项目投资财务内部收益率：30.40%（所得税前）

项目投资财务内部收益率：23.54%（所得税后）

项目投资财务净现值：（所得税前）6044 万元（ic = 12%）

项目投资财务净现值：（所得税后）3682 万元（ic = 12%）

项目投资回收期（所得税前）：4.9 年

项目投资回收期（所得税后）：5.8 年

分析上述财务指标，项目投资财务内部收益率：30.40%（所得税前），项目投资财务内部收益率：23.54%（所得税后），均高于行业基准收益率；项目投资财务净现值所得税前和所得税后均大于零。因此，本项目的财务盈利能力可满足要求。

2. 项目资本金现金流量表分析。根据项目资本金现金流量表（财务分析报表 2），项目的资本金财务内部收益率为 28.77%。因此，从项目资本金投入可获得的收益水平看，满足投资者的要求，项目在财务上可以被接受。

3. 利润与利润分配表分析。项目正常生产年份销售收入为 8550 万元，销售税金及附加为 62 万元，增值税为 617 万元，总成本费用为 6677 万元，利润总额为 1812 万元。

所得税税率为 25%，年缴纳所得税为 453 万元，净利润为 1359 万元。法定盈余公积金按税后利润的 10% 提取，法定盈余公积金为 136 万元。

利润估算及分配详见财务分析报表3。

根据利润与利润分配表（财务分析报表3）计算的盈利指标如下：

总投资收益率（ROI）＝EBIT/TI×100%＝29.76%

式中 EBIT－营运期正常年份息税前利润

TI－项目总投资（包括流动资金）

资本金净利润率（ROE）＝NP/EC×100%＝29.94%

式中 NP－营运期内年平均净利润

EC－项目资本金

均满足投资者的要求。

（五）项目负债状况分析

分析资产负债表（财务分析报表5），计算期内项目的资产负债率最高为33.08%，并逐年下降，说明项目财务状况良好、清偿能力较好。

（六）财务生存能力分析

根据财务计划现金流量表（财务分析报表4）可以看出，计算期内各年经营活动现金流入均大于现金流出；从经营活动、投资活动、筹资活动全部净现金流量看，营运期各年现金流入均大于现金流出，累计盈余资金逐年增加。

因此，项目具备财务生存能力。

（七）不确定性分析

1. 盈亏平衡分析。盈亏平衡分析以项目计算期2018年的数据为基础进行，该年总成本费用为6677万元，可变成本为5111万元，固定成本为1565万元，年销售收入为8550万元，年税金及附加为62万元，根据上述数据计算项目盈亏平衡点如下：

BEP（利用率）＝年固定总成本/（年销售收入－年可变成本－销售税金及附加）×100%
＝46.35%

根据计算数据绘制盈亏平衡分析图（见图1）。

盈亏平衡分析表明，该项目生产能力只需达到设计规模的46.35%时，企业就可以保本，说明项目具有一定的抗风险能力。

2. 敏感性分析。项目在计算期内可能发生变化的因素有建设投资、经营成本、产品价格。

上述各单因素变化±5%、±10%、±15%时对项目财务内部收益率的影响程度见表3。见图3。

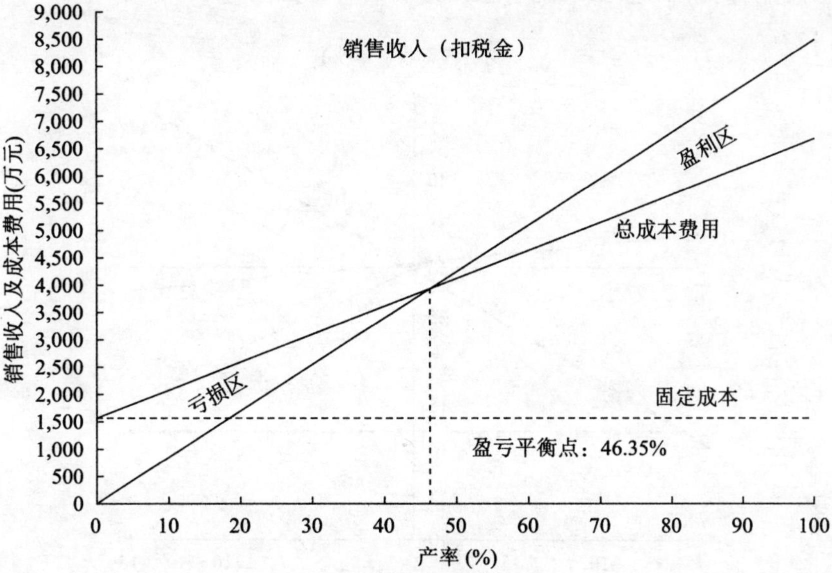

图 1　盈亏平衡分析图

表 3　**敏感性分析表**

序号	项　目	不确定因素变化率	项目财务内部收益率	敏感度系数
	基本方案		30.40%	
1	建设投资	−15%	33.85%	−0.76
		−10%	32.61%	−0.73
		−5%	31.47%	−0.70
		5%	29.40%	−0.66
		10%	28.47%	−0.64
		15%	27.59%	−0.62
2	经营成本	−15%	44.58%	−3.11
		−10%	39.92%	−3.13
		−5%	35.19%	−3.15
		5%	25.54%	−3.20
		10%	20.58%	−3.23
		15%	15.50%	−3.27
3	产品价格	−15%	10.40%	4.39
		−10%	17.31%	4.31
		−5%	23.96%	4.24
		5%	36.69%	4.13
		10%	42.84%	4.09
		15%	48.87%	4.05

根据敏感性分析表所示数据绘制敏感性分析图（如图5－1－2）。

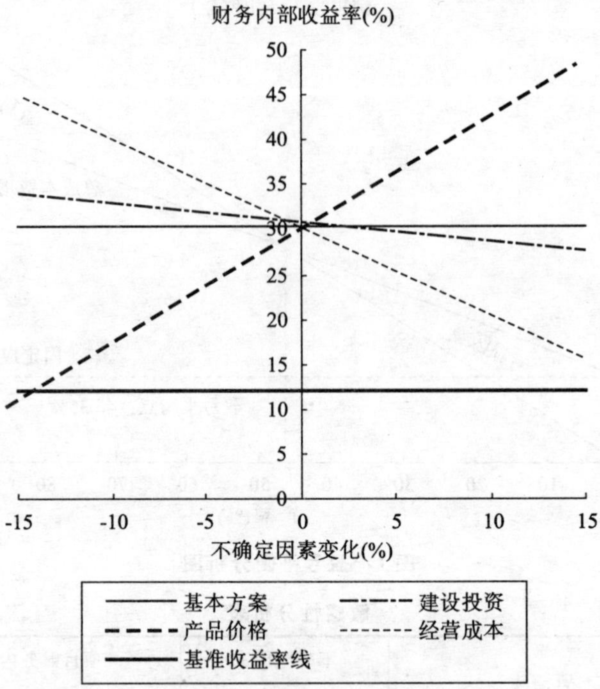

图2　财务敏感性分析图

从敏感性分析表和分析图可以看出，项目对上述各单因素变化的敏感程度从高到低依次为产品价格、经营成本、建设投资。

在项目可行区域内，允许经营成本增加幅度为31.8%，产品价格下降幅度为24.7%，表明产品价格和经营成本的变化对财务内部收益率的影响较大，建设投资的变化对该项目的财务内部收益率的影响不大。

敏感性分析表明产品价格是最敏感的因素，当售价降低13.5%时，项目内部收益率就降至设定的基准收益率。但分析发现，该产品市场正处于上升期，在相当长的时间内产品降价的可能性较小，可行性研究定价有偏于保守，致使项目效益受其影响甚小。该项目属加工性质，产品价格与原材料一定的联动性，在一定程度上可抵消价格对项目效益的影响。因此可以作出虽然产品价格是较为敏感的因素，但该项目的价格风险并不是很大的结论。

根据上述敏感性分析表明，项目具有一定的抗风险能力。

（八）财务评价结论

该项目的财务内部收益率（所得税后）为23.54%，财务内部收益率（所得税前）为30.40%，均高于行业基准收益率，资本金财务内部收益率为28.77%，满足投资者的要求。投资回收期为5.8年、低于基准投资回收期，说明项目的盈利能力较好。

计算期内项目的资产负债率最高为33.08%，并逐年下降，说明项目财务状况良好、清偿能力较好。

计算期内各年经营活动现金流入均大于现金流出；从经营活动、投资活动、筹资活动全部净现金流量看，营运期各年现金流入均大于现金流出，累计盈余资金逐年增加，项目具备财务生存能力。

从不确定性分析来看和敏感性分析来看，项目具有一定的抗风险能力。

综上所述，该项目在财务上是可行的。

财务分析辅助报表1　　建设投资估算表

单位：万元

序号	工程或费用名称	建筑工程费	设备购置费	安装工程费	其他费用	合计	比例（%）	估算说明
1	工程费用	1479	1256	139		2874	77.05	
1.1	办公楼	148				148	3.96	
1.2	1#厂房	427				427	11.45	
1.3	2#厂房	329				329	8.83	
1.4	3#厂房	383				383	10.26	
1.5	门卫房	2				2	0.06	
1.6	室外综合管网	80				80	2.14	
1.7	场区工程	110				110	2.95	
1.8	主要生产设备		1180	130		1310	35.12	
1.9	辅助生产设备		76	9		85	2.28	
2	工程建设其他费用				713	713	19.10	
2.1	建设用地费用				120	120	3.22	
2.2	技术咨询费用				260	260	6.97	
2.2.1	项目论证费				28	28	0.76	
2.2.2	勘察设计费				127	127	3.40	
2.2.3	施工图审查费				1	1	0.04	
2.2.4	环境影响评价费				2	2	0.05	
2.2.5	招标代理费				18	18	0.49	
2.2.6	工程监理费				83	83	2.23	
2.3	工程相关费用				142	142	3.81	
2.3.1	城市建设配套费				102	102	2.73	
2.3.2	防雷工程设计审核费				1	1	0.03	
2.3.3	人防易地建设费				40	40	1.06	
2.4	工程建设管理费				40	40	1.08	
2.4.1	建设单位管理费				22	22	0.59	
2.4.2	工程规划综合费				1	1	0.03	
2.4.3	工程质量监督费				6	6	0.15	
2.4.4	建设工程综合服务费				11	11	0.31	
2.5	生产准备及其他费				150	150	4.02	
3	预备费				143	143	3.85	
3.1	基本预备费				143	143	3.85	
3.2	价差预备费					0	0.00	
4	建设投资合计	1479	1256	139	856	3730	100.00	
	比例（%）	39.7	33.7	3.7	23.0	100.0		

财务分析辅助报表2　　流动资金估算表　　单位：万元

序号	项目	计算期（年）								
		2010	2011	2012	2013	2014	2015	2016	2017	2018～2024
1	流动资产		546	2567	3171	3171	3171	3171	3171	3171
1.1	应收账款		212	979	1209	1209	1209	1209	1209	1209
1.2	存货		294	1479	1840	1840	1840	1840	1840	1840
1.2.1	原材料		184	980	1225	1225	1225	1225	1225	1225
1.2.2	燃料动力		10	53	67	67	67	67	67	67
1.2.3	在产品		49	208	255	255	255	255	255	255
1.2.4	产成品		51	237	293	293	293	293	293	293
1.3	现金		40	110	122	122	122	122	122	122
1.4	预付账款									
2.	流动负债		72	381	476	476	476	476	476	476
2.1	应付账款		72	381	476	476	476	476	476	476
2.2	预收账款									
3.	流动资金（1－2）		474	2186	2695	2695	2695	2695	2695	2695
3.1	其中：铺底流动资金		142	656	808	808	808	808	808	808
3.2	流动资金贷款		332	1530	1886	1886	1886	1886	1886	1886
4.	流动资金当期增加额		474	1712	509	0	0	0	0	0

财务分析辅助报表3　　项目投资使用计划与资金筹措表　　单位：万元

序号	项目	合计	计算期（年）				备注
			2010	2011	2012	2013	
1	项目总投资	4538	2238	1634	514	152	
1.1	建设投资	3730	2238	1492	0	0	
1.2	建设期利息	0	0	0	0	0	
1.3	铺底流动资金	808	0	142	514	152	
2	资金筹措	4538	2238	1634	514	152	
2.1	项目资本金	4538	2238	1634	514	152	
2.1.1	用于建设投资	3730	2238	1492	0	0	
2.1.2	用于铺底流动资金	808	0	142	514	152	
2.1.3	用于建设期利息						
2.2	债务资金						
2.2.1	用于建设投资						
2.2.2	用于建设期利息						

财务分析辅助报表4　营业收入、营业税金及附加和增值税估算表

单位：万元

序号	项目名称	合计	计算期（年）							
			2010	2011	2012	2013	2014	2015	2016	2017~2024
1	营业收入	110723	0	1283	6840	8550	8550	8550	8550	8550
1.1	销售收入	110723		1283	6840	8550	8550	8550	8550	8550
1.2	补贴收入	0								
2	营业税金及附加	798	0	9	49	62	62	62	62	62
2.1	营业税	0								
2.2	消费税	0								
2.3	城市维护建设费	559		6	34	43	43	43	43	43
2.4	教育费附加	240		3	15	19	19	19	19	19
3	增值税	7984	0	86	492	617	617	617	617	617
3.1	销项税	18823		218	1163	1454	1454	1454	1454	1454
3.2	进项税	10839		132	671	836	836	836	836	836

财务分析辅助报表5　总成本费用估算表

单位：万元

序号	项　目	合计	计算期（年）							
			2010	2011	2012	2013	2014	2015	2016	2017
1	外购原材料费	54254		628	3352	4190	4190	4190	4190	4190
2	外购辅助材料、燃料及动力费	8858		103	547	684	684	684	684	684
3	工资及福利费	3105		115	230	230	230	230	230	230
4	修理费	1619		116	116	116	116	116	116	116
5	其他费用	15501		180	958	1197	1197	1197	1197	1197
6	经营成本（1+2+3+4+5）	83337		1141	5202	6416	6416	6416	6416	6416
7	折旧费	2163		80	160	160	160	160	160	160
8	摊销费	0		0	0	0	0	0	0	0
9	利息支出	1301		18	81	100	100	100	100	100
9.1	建设投资借款利息	0			0	0	0	0	0	0
9.2	流动资金借款利息	1301		18	81	100	100	100	100	100
10	总成本费用（6+7+8+9）	86802		1239	5444	6677	6677	6677	6677	6677
10.1	固定成本	20589		459	1347	1565	1565	1565	1565	1565
10.2	可变成本	66213		780	4097	5111	5111	5111	5111	5111

（续） **总成本费用估算表** 单位：万元

序号	项 目	计算期（年）								
		2018	2019	2020	2021	2022	2023	2024		
1	外购原材料费	4190	4190	4190	4190	4190	4190	4190		
2	外购辅助材料、燃料及动力费	684	684	684	684	684	684	684		
3	工资及福利费	230	230	230	230	230	230	230		
4	修理费	116	116	116	116	116	116	116		
5	其他费用	1197	1197	1197	1197	1197	1197	1197		
6	经营成本（1+2+3+4+5）	6416	6416	6416	6416	6416	6416	6416		
7	折旧费	160	160	160	160	160	160	160		
8	摊销费	0	0	0	0	0				
9	利息支出	100	100	100	100	100	100	100		
9.1	建设投资借款利息	0	0							
9.2	流动资金借款利息	100	100	100	100	100	100	100		
10	总成本费用（6+7+8+9）	6677	6677	6677	6677	6677	6677	6677		
10.1	固定成本	1565	1565	1565	1565	1565	1565	1565		
10.2	可变成本	5111	5111	5111	5111	5111	5111	5111		

财务分析辅助报表6 **折旧费、摊销费估算表** 单位：万元

序号	项目名称	计算期（年）							
		2010	2011	2012	2013	2014	2015	2016	2017
1	房屋及建筑物								
1.1	原值		1919	1919	1919	1919	1919	1919	1919
1.2	本年折旧费		23	46	46	46	46	46	46
1.3	净值		1897	1851	1806	1760	1714	1669	1623
2	设备								
2.1	原值		1810	1810	1810	1810	1810	1810	1810
2.2	本年折旧费		57	115	115	115	115	115	115
2.3	净值		1753	1638	1524	1409	1294	1180	1065
3	固定资产合计								
3.1	原值		3730	3730	3730	3730	3730	3730	3730
3.2	本年折旧费		80	160	160	160	160	160	160
3.3	净值		3650	3490	3329	3169	3009	2849	2688
4	无形资产及其他资产								
4.1	原值								
4.2	本年摊销费								
4.3	净值								

（续）　**折旧费、摊销费估算表**　单位：万元

序号	项目名称	计算期（年）						
		2018	2019	2020	2021	2022	2023	2024
1	房屋及建筑物							
1.1	原值	1919	1919	1919	1919	1919	1919	1919
1.2	本年折旧费	46	46	46	46	46	46	46
1.3	净值	1578	1532	1486	1441	1395	1350	1304
2	设备							
2.1	原值	1810	1810	1810	1810	1810	1810	1810
2.2	本年折旧费	115	115	115	115	115	115	115
2.3	净值	950	836	721	606	492	377	263
3	固定资产合计							
3.1	原值	3730	3730	3730	3730	3730	3730	3730
3.2	本年折旧费	160	160	160	160	160	160	160
3.3	净值	2528	2368	2208	2047	1887	1727	1567
4	无形资产及其他资产							
4.1	原值							
4.2	本年摊销费							
4.3	净值							

财务分析报表1　**项目财务现金流量表**　单位：万元

序号	项　目	合计	计算期（年）						
			2010	2011	2012	2013	2014	2015	2016
1	现金流入	114984	0	1283	6840	8550	8550	8550	8550
1.1	营业收入	110723	0	1283	6840	8550	8550	8550	8550
1.2	补贴收入	0							
1.3	回收固定资产余值	1567							
1.4	回收流动资金	2695							
2	现金流出	90561	2238	3116	6963	6987	6478	6478	6478
2.1	建设投资	3730	2238	1492	0	0			
2.2	流动资金	2695	0	474	1712	509	0	0	0
2.3	经营成本	83337	0	1141	5202	6416	6416	6416	6416
2.4	营业税金及附加	798	0	9	49	62	62	62	62
2.5	维持运营投资	0							
3	所得税前净现金流量（1－2）	24423	－2238	－1834	－123	1563	2072	2072	2072
4	累计所得税前净现金流量	98941	－2238	－4072	－4195	－2631	－559	1513	3585
5	调整所得税	6093	0	0	357	477.97	478	478	478
6	所得税后净现金流量（3－5）	18331	－2238	－1834	－480	1085	1594	1594	1594
7	累计所得税后净现金流量	57017	－2238	－4072	－4552	－3466	－1872	－278	1316
	计算指标：				所得税前		所得税后		
	财务内部收益率（FIRR）				30.40%		23.54%		
	财务净现值	ic＝12.0%			6044万元		3682万元		
	投资回收期	.			4.9年		5.8年		

（续） **项目财务现金流量表** 单位：万元

序号	项　目	计算期（年）							
		2017	2018	2019	2020	2021	2022	2023	2024
1	现金流入	8550	8550	8550	8550	8550	8550	8550	12812
1.1	营业收入	8550	8550	8550	8550	8550	8550	8550	8550
1.2	补贴收入								
1.3	回收固定资产余值								1567
1.4	回收流动资金								2695
2	现金流出	6478	6478	6478	6478	6478	6478	6478	6478
2.1	建设投资								
2.2	流动资金	0							
2.3	经营成本	6416	6416	6416	6416	6416	6416	6416	6416
2.4	营业税金及附加	62	62	62	62	62	62	62	62
2.5	维持运营投资								
3	所得税前净现金流量（1-2）	2072	2072	2072	2072	2072	2072	2072	6334
4	累计所得税前净现金流量	5657	7729	9801	11873	13946	16018	18090	24423
5	调整所得税	478	478	478	478	478	478	478	478
6	所得税后净现金流量（3-5）	1594	1594	1594	1594	1594	1594	1594	5856
7	累计所得税后净现金流量	2910	4504	6098	7693	9287	10881	12475	18331
	计算指标：				所得税前		所得税后		
	财务内部收益率（FIRR）				30.40%		23.54%		
	财务净现值	ic＝12.0%			6044 万元		3682 万元		
	投资回收期				4.9 年		5.8 年		

财务分析报表 2 **项目资本金现金流量表** 单位：万元

序号	项目名称	合计	计算期（年）						
			2010	2011	2012	2013	2014	2015	2016
1	现金流入	114984	0	1283	6840	8550	8550	8550	8550
1.1	营业收入	110723	0	1283	6840	8550	8550	8550	8550
1.2	补贴收入								
1.3	回收固定资产余值	1567							
1.4	回收流动资金	2695							
2	现金流出	97642	2238	2810	6183	7183	7031	7031	7031
2.1	项目资本金	4538	2238	1634	514	152	0		
2.2	借款本金偿还	1886	0	0	0	0	0	0	0
2.3	借款利息支付	1301		18	81	100	100	100	100
2.4	经营成本	83337	0	1141	5202	6416	6416	6416	6416
2.5	营业税金及附加	798	0	9	49	62	62	62	62
2.6	所得税	5781	0	9	337	453	453	453	453
2.7	维持运营投资	0							
3	净现金流量	17342	-2238	-1528	657	1367	1519	1519	1519
	资本金财务内部收益率：	28.77%							

（续）

项目资本金现金流量表

单位：万元

序号	项目名称	计算期（年）							
		2017	2018	2019	2020	2021	2022	2023	2024
1	现金流入	8550	8550	8550	8550	8550	8550	8550	12812
1.1	营业收入	8550	8550	8550	8550	8550	8550	8550	8550
1.2	补贴收入								
1.3	回收固定资产余值								1567
1.4	回收流动资金								2695
2	现金流出	7031	7031	7031	7031	7031	7031	7031	8917
2.1	项目资本金								
2.2	借款本金偿还	0	0	0	0	0			1886
2.3	借款利息支付	100	100	100	100	100	100	100	100
2.4	经营成本	6416	6416	6416	6416	6416	6416	6416	6416
2.5	营业税金及附加	62	62	62	62	62	62	62	62
2.6	所得税	453	453	453	453	453	453	453	453
2.7	维持运营投资								
3	净现金流量	1519	1519	1519	1519	1519	1519	1519	3894
	资本金财务内部收益率：	28.77%							

财务分析报表3

利润与利润分配表

单位：万元

序号	项目名称	合计	计算期（年）						
			2010	2011	2012	2013	2014	2015	2016
1	营业收入	110723		1283	6840	8550	8550	8550	8550
2	营业税金及附加	798		9	49	62	62	62	62
3	总成本费用	86802		1239	5444	6677	6677	6677	6677
4	补贴收入	0							
5	利润总额	23123		35	1347	1812	1812	1812	1812
6	弥补以前年度亏损	0							
7	应纳税所得额	23123		35	1347	1812	1812	1812	1812
8	所得税	5781		9	337	453	453	453	453
9	净利润	17342		26	1010	1359	1359	1359	1359
10	期初未分配利润					0	0	0	0
11	可供分配利润			26	1010	1359	1359	1359	1359
12	法定盈余公积金	1734		3	101	136	136	136	136

（续）

序号	项目名称	合计	计算期（年）						
			2010	2011	2012	2013	2014	2015	2016
13	可供投资者分配的利润			24	909	1223	1223	1223	1223
14	应付优先股股利								
15	任意盈余公积金	0							
16	应付普通股股利								
17	利润分配	15608		24	909	1223	1223	1223	1223
18	未分配利润			0	0	0	0	0	0
19	息税前利润	24423		53	1428	1912	1912	1912	1912
20	息税折旧摊销前利润	26587		133	1589	2072	2072	2072	2072

（续）

利润与利润分配表

单位：万元

序号	项目名称	计算期（年）							
		2017	2018	2019	2020	2021	2022	2023	2024
1	营业收入	8550	8550	8550	8550	8550	8550	8550	8550
2	营业税金及附加	62	62	62	62	62	62	62	62
3	总成本费用	6677	6677	6677	6677	6677	6677	6677	6677
4	补贴收入								
5	利润总额	1812	1812	1812	1812	1812	1812	1812	1812
6	弥补以前年度亏损								
7	应纳税所得额	1812	1812	1812	1812	1812	1812	1812	1812
8	所得税	453	453	453	453	453	453	453	453
9	净利润	1359	1359	1359	1359	1359	1359	1359	1359
10	期初未分配利润	0	0	0	0	0	0	0	0
11	可供分配利润	1359	1359	1359	1359	1359	1359	1359	1359
12	法定盈余公积金	136	136	136	136	136	136	136	136
13	可供投资者分配的利润	1223	1223	1223	1223	1223	1223	1223	1223
14	应付优先股股利								
15	任意盈余公积金								
16	应付普通股股利								
17	利润分配	1223	1223	1223	1223	1223	1223	1223	1223
18	未分配利润	0	0	0	0	0	0	0	0
19	息税前利润	1912	1912	1912	1912	1912	1912	1912	1912
20	息税折旧摊销前利润	2072	2072	2072	2072	2072	2072	2072	2072

财务分析报表 4　　　　**财务计划现金流量表**　　　　单位：万元

序号	项目名称	合计	计算期（年）				
			2010	2011	2012	2013	2014
1	经营活动净现金流量	20806	0	124	1252	1619	1619
1.1	现金流入	129545	0	1501	8003	10004	10004
1.1.1	营业收入	110723	0	1283	6840	8550	8550
1.1.2	增值税销项税额	18823		218	1163	1454	1454
1.1.3	补贴收入	0					
1.1.4	其他流入	0					
1.2	现金流出	108739	0	1377	6751	8384	8384
1.2.1	经营成本	83337	0	1141	5202	6416	6416
1.2.2	增值税进项税额	10839		132	671	836	836
1.2.3	营业税金及附加	798	0	9	49	62	62
1.2.4	增值税	7984	0	86	492	617	617
1.2.5	所得税	5781	0	9	337	453	453
1.2.6	其他流出						
2	投资活动净现金流量	-6425	-2238	-1966	-1712	-509	0
2.1	现金流入	0	0	0	0	0	
2.2	现金流出	6425	2238	1966	1712	509	0
2.2.1	建设投资	3730	2238	1492	0	0	0
2.2.2	维持运营投资	0					
2.2.3	流动资金	2695	0	474	1712	509	0
2.2.4	其他流出	0					
3	筹资活动净现金流量	-10484	2238	1925	721	-815	-1323
3.1	现金流入	6425	2238	1966	1712	509	0
3.1.1	项目资本金投入	4538	2238	1634	514	152	0
3.1.2	建设投资借款	0	0	0	0	0	0
3.1.3	流动资金借款	1886	0	332	1198	356	0
3.1.4	债券	0					
3.1.5	短期借款	0					
3.1.6	其他流入	0					
3.2	现金流出	16909	0	41	991	1323	1323
3.2.1	各种利息支出	1301		18	81	100	100
3.2.2	偿还债务本金	0	0	0	0	0	0
3.2.3	应付利润	15608	0	24	909	1223	1223
3.2.4	其他流出	0					
4	净现金流量	3897	0	83	261	296	296
5	累计盈余资金	27650	0	83	344	640	936

（续） 单位：万元

序号	项目名称	计算期（年）				
		2015	2016	2017	2018	2019
1	经营活动净现金流量	1619	1619	1619	1619	1619
1.1	现金流入	10004	10004	10004	10004	10004
1.1.1	营业收入	8550	8550	8550	8550	8550
1.1.2	增值税销项税额	1454	1454	1454	1454	1454
1.1.3	补贴收入					
1.1.4	其他流入					
1.2	现金流出	8384	8384	8384	8384	8384
1.2.1	经营成本	6416	6416	6416	6416	6416
1.2.2	增值税进项税额	836	836	836	836	836
1.2.3	营业税金及附加	62	62	62	62	62
1.2.4	增值税	617	617	617	617	617
1.2.5	所得税	453	453	453	453	453
1.2.6	其他流出					
2	投资活动净现金流量	0	0	0	0	0
2.1	现金流入					
2.2	现金流出	0	0	0	0	0
2.2.1	建设投资	0	0	0	0	0
2.2.2	维持运营投资					
2.2.3	流动资金	0	0	0	0	0
2.2.4	其他流出					
3	筹资活动净现金流量	-1323	-1323	-1323	-1323	-1323
3.1	现金流入	0	0	0	0	0
3.1.1	项目资本金投入	0	0	0	0	0
3.1.2	建设投资借款	0	0	0	0	0
3.1.3	流动资金借款	0	0	0	0	0
3.1.4	债券					
3.1.5	短期借款					
3.1.6	其他流入					
3.2	现金流出	1323	1323	1323	1323	1323
3.2.1	各种利息支出	100	100	100	100	100
3.2.2	偿还债务本金	0	0	0	0	0
3.2.3	应付利润	1223	1223	1223	1223	1223
3.2.4	其他流出					
4	净现金流量	296	296	296	296	296
5	累计盈余资金	1232	1528	1824	2121	2417

（续） 单位：万元

序号	项目名称	计算期（年）				
		2020	2021	2022	2023	2024
1	经营活动净现金流量	1619	1619	1619	1619	1619
1.1	现金流入	10004	10004	10004	10004	10004
1.1.1	营业收入	8550	8550	8550	8550	8550
1.1.2	增值税销项税额	1454	1454	1454	1454	1454
1.1.3	补贴收入					
1.1.4	其他流入					
1.2	现金流出	8384	8384	8384	8384	8384
1.2.1	经营成本	6416	6416	6416	6416	6416
1.2.2	增值税进项税额	836	836	836	836	836
1.2.3	营业税金及附加	62	62	62	62	62
1.2.4	增值税	617	617	617	617	617
1.2.5	所得税	453	453	453	453	453
1.2.6	其他流出					
2	投资活动净现金流量	0	0	0	0	0
2.1	现金流入					
2.2	现金流出	0	0	0	0	0
2.2.1	建设投资	0	0	0	0	0
2.2.2	维持运营投资					
2.2.3	流动资金	0	0	0	0	0
2.2.4	其他流出					
3	筹资活动净现金流量	-1323	-1323	-1323	-1323	-1323
3.1	现金流入	0	0	0	0	0
3.1.1	项目资本金投入	0	0	0	0	0
3.1.2	建设投资借款	0	0	0	0	0
3.1.3	流动资金借款	0	0	0	0	0
3.1.4	债券					
3.1.5	短期借款					
3.1.6	其他流入					
3.2	现金流出	1323	1323	1323	1323	1323
3.2.1	各种利息支出	100	100	100	100	100
3.2.2	偿还债务本金	0	0	0	0	0
3.2.3	应付利润	1223	1223	1223	1223	1223
3.2.4	其他流出					
4	净现金流量	296	296	296	296	296
5	累计盈余资金	2713	3009	3305	3601	3897

财务分析报表5　　**资 产 负 债 表**　　单位：万元

序号	项　目	计算期（年）				
		2010	2011	2012	2013	2014
1	资产	2238	4279	6401	7140	7276
1.1	流动资产总额		629	2911	3811	4107
1.1.1	货币资金		123	454	762	1058
1.1.2	应收账款		212	979	1209	1209
1.1.3	预付账款					
1.1.4	存货		294	1479	1840	1840
1.1.5	其他					
1.2	在建工程	2238				
1.3	固定资产净值		3650	3490	3329	3169
1.4	无形资产及其他资产净值					
2	负债及所有者权益	2238	4279	6401	7140	7276
2.1	流动负债总额		72	381	476	476
2.1.1	短期借款					
2.1.2	应付账款		72	381	476	476
2.1.3	预收账款					
2.1.4	其他					
2.2	建设投资借款					
2.3	流动资金借款		332	1530	1886	1886
2.4	负债小计		404	1911	2362	2362
2.5	所有者权益	2238	3875	4489	4778	4914
2.5.1	资本金	2238	3872	4386	4538	4538
2.5.2	资本公积					
2.5.3	累计盈余公积金		3	104	240	375
2.5.4	累计未分配利润					
	计算指标：					
	资产负债率（%）		9.44%	29.86%	33.09%	32.47%

财务分析报表6 **资 产 负 债 表** 单位：万元

序号	项 目	计算期（年）				
		2015	2016	2017	2018	2019
1	资产	7412	7548	7684	7819	7955
1.1	流动资产总额	4403	4699	4995	5291	5587
1.1.1	货币资金	1354	1650	1946	2242	2538
1.1.2	应收账款	1209	1209	1209	1209	1209
1.1.3	预付账款					
1.1.4	存货	1840	1840	1840	1840	1840
1.1.5	其他					
1.2	在建工程					
1.3	固定资产净值	3009	2849	2688	2528	2368
1.4	无形资产及其他资产净值					
2	负债及所有者权益	7412	7548	7684	7819	7955
2.1	流动负债总额	476	476	476	476	476
2.1.1	短期借款					
2.1.2	应付账款	476	476	476	476	476
2.1.3	预收账款					
2.1.4	其他					
2.2	建设投资借款					
2.3	流动资金借款	1886	1886	1886	1886	1886
2.4	负债小计	2362	2362	2362	2362	2362
2.5	所有者权益	5049	5185	5321	5457	5593
2.5.1	资本金	4538	4538	4538	4538	4538
2.5.2	资本公积					
2.5.3	累计盈余公积金	511	647	783	919	1055
2.5.4	累计未分配利润					
	计算指标：					
	资产负债率（%）	31.87%	31.30%	30.74%	30.21%	29.69%

续表

序号	项　目	计算期（年）				
		2020	2021	2022	2023	2024
1	资产	8091	8227	8363	8499	8635
1.1	流动资产总额	5884	6180	6476	6772	7068
1.1.1	货币资金	2834	3131	3427	3723	4019
1.1.2	应收账款	1209	1209	1209	1209	1209
1.1.3	预付账款					
1.1.4	存货	1840	1840	1840	1840	1840
1.1.5	其他					
1.2	在建工程					
1.3	固定资产净值	2208	2047	1887	1727	1567
1.4	无形资产及其他资产净值					
2	负债及所有者权益	8091	8227	8363	8499	8635
2.1	流动负债总额	476	476	476	476	476
2.1.1	短期借款					
2.1.2	应付账款	476	476	476	476	476
2.1.3	预收账款					
2.1.4	其他					
2.2	建设投资借款					
2.3	流动资金借款	1886	1886	1886	1886	1886
2.4	负债小计	2362	2362	2362	2362	2362
2.5	所有者权益	5729	5865	6001	6137	6272
2.5.1	资本金	4538	4538	4538	4538	4538
2.5.2	资本公积					
2.5.3	累计盈余公积金	1191	1327	1462	1598	1734
2.5.4	累计未分配利润					
	计算指标：					
	资产负债率（%）	29.20%	28.71%	28.25%	27.80%	27.36%

三、风险分析

（一）项目主要风险因素识别

投资项目的风险是指由于一些不确定性因素的存在，导致项目实施后偏离预期结果而造成损失的可能性。项目风险贯穿于项目建设和生产运营的全过程。该项目是产业化项目，参考本类项目的实施和运营状况，其风险主要有以下几种：

1. 市场风险。市场风险是项目遇到的主要风险之一。它的损失主要表现在项目产品销路不畅，以至产量和销售收入达不到预期目标。该项目的市场风险主要来源于三个方面：一是市场供需实际情况与预测值发生偏离；二是项目产品市场竞争力发生重大变化；三是项目产品和主要原材料的实际价格与预测价格发生较大偏离。

2. 技术风险。技术风险是项目遇到的主要风险之一。主要表现在项目采用技术的先进性、可靠性、适用性和可行性与预测方案发生重大变化，导致生产能力利用率降低，生产成本增加，产品质量达不到预期要求。

3. 资金风险。市场风险也是项目遇到的主要风险之一。主要指资金来源中断或供应不足导致项目工期拖期甚至被迫终止，利率变化导致融资成本增加。

4. 政策风险。主要指由于经济条件发生重大变化或者政府政策作出重大调整，导致项目原定目标难以实现甚至无法实现。

5. 外部协作条件风险。主要指交通运输、供气、供电等主要外部协作配套条件发生重大变化，给项目建设和运营带来困难。

6. 社会风险。主要指预测的社会条件、社会环境发生变化，给项目建设和运营带来损失。

（二）风险评估

按风险因素对投资项目影响程度和风险发生的可能性大小，我们把风险分为一般风险、较大风险、严重风险和灾难性风险四个等级。

根据前面章节的分析；结合专家评估结果，分析该项目的各项风险的风险程度。见表4。

（三）风险防范对策

从上述分析中可以看出市场风险和资金风险是项目存在的较大的风险。为了合理有效地做到事前控制，使各项风险发生的概率和后果降到最低点，建议做好表4所示的防范对策：

表4　　风险因素和风险程度分析表

序号	风险因素名称	风险程度			
		灾难性	严重	较大	一般
1	市场风险			√	
1.1	市场需求量			√	
1.2	竞争能力				√
1.3	价格				√
2	技术风险				√

续表

序号	风险因素名称	风险程度			
		灾难性	严重	较大	一般
2.1	先进性				√
2.2	适用性				√
2.3	可靠性				√
3	资金风险				√
3.1	利率				√
3.2	资金来源中断			√	
3.3	资金供应不足			√	
4	政策风险				√
5	外部协作条件风险				√
6	社会风险				√

1. 做好产品的市场营销工作，建立完善的销售网络，扩大市场占有率；实施差异化竞争，避免产品陷入价格竞争；

2. 项目在建设过程中，确保资金及时到位，合理安排资金的使用计划，做好投资控制；

3. 做好与外部交通运输、供气、供电等主要外部协作配套部门的沟通和协调，确保项目顺利实施。

附件3：研发投资决策案例

企业新型某主导产品的研发投资决策

一、市场需求促使企业进行新产品研发

企业是生产通用某主导产品的生产商，其主要产品是通用民用某主导产品。2001年，R企业的售后服务部门汇总了前期客户反映的产品反馈信息，其中主要的是对目前我国市场上的某主导产品提出了以下三个问题：一是某主导产品的逆变模块易发热，导致某主导产品停机保护；二是客户反映某主导产品的附加功能太多，往往大大超过了客户的实际需要，而过多的功能提高了客户的使用成本，客户希望能减少功能，从而降低成本；三是有的客户希望能够做到远距离的两地数字控制，而目前市场上的某主导产品控制信号多为接受模拟信号，要实现数字信号控制需外加转换模块，不但精度不高，而且加大了成本支出。某主导产品的逆变模块是某主导产品工作的核心部件，是某主导产品质量高低的重要决定因素，在一些工作要求高的场合，某主导产品生产厂商往往采用国外进口的逆变模块，其成本是国产的两倍左右，而在一般的情况下，则应用国内产品。国内生产的逆变模块质量性能落后于进口产品，制约了某主导产品质量性能的提高。传统的某主导产品生产销售模式是某主导产品生产厂商只负责某主导产品的生产，大的系统集成商根据客户的要求采购某主导产品，并设计组装外围设备，以满足客户的需求，实际上是对某主导产品功能的二次开发，因此，往往要求某主导产品具有技术平台的作用，功能也就要求的多，使得许多功能根本得不到应用。对于实现数字信号两地控制的问题，R企业认为通过调整采购零部件的选择，增加成本支出，可以提高数字传输的精度问题。因此，R企业通过市场调研并结合自身的情况，决定针对以上的三个问题，研发具有自身特色的，能较好满足终端客户需求的新产品。

以FSLoO45某主导产品为例，FsL0045某主导产品主要应用于普通民用风机泵类电机的调速，它往往要求长时间不间断持续工作、两地控制，但对功能的要求并不多，只要是能做到适时调速节能、保护电动机即可。目前该产品的市场价格大约在32000元左右，（采用国产逆变模块），进口产品的市场价格大约在55000元左右（采用进口逆变模块）。R企业认为如果企业采用研发的新的逆变模块，其性能将接近进口模块，但其成本却比进口产品低了很多，结合企业的市场销售情况，R企业认为企业的新产品价格应为30000元，其预计成本为24000元。新产品研发的可行性报告被批准后，R企业成立了由L为首的十人研发小组，全面负责新型某主导产品的研发工作。

二、研发工艺、技术选型和研发投资、目标成本估算

目前，为R企业供应逆变模块的国内生产厂商主要有A、B两家企业，其中A企业具有

很强的研发实力，目前正积极的进行研究，希望能提高企业逆变模块的质量和性能，力求达到进口产品水平，但由于其现金流压力很大，所以研发工作并未取得实质性进展。R 企业的现有研发能力，在外界技术顾问的帮助下，可能研发出质量性能接近于进口产品的逆变模块，但研发失败的可能性也比较大。L 做了一个大致的预测，提出了两种研发的方案：一是独立自主研发逆变模块；二是和 A 企业达成战略合作研发意向，双方合作研发，成功后 A 企业将按产品成本价格销售给 R 企业。这两种方案的预测数据如表 1 所示：

表 1　逆变模块研发单位产品成本（研发总投资按 100 折算成单位研发投资）数据表

单位产品成本构成		方案一	方案二
研发人数		20	10
人力资源成本支出		900	450
咨询费用支出		200	80
试验设备采购支出		2000	80
技术改进支出		1900	4050
模块自行生产试制试验成本	原材料	7000	
	制造费用	6200	
	质量成本	600	
	环境成本	400	
模块采购成本			12000
总成本		19200	16660
产品后续创新成本		5250	12200

在不考虑持续创新的情况下，显然，采用和 A 企业协同研发的方案，逆变模块的单位成本比较低，方案二是较优的选择。但考虑到逆变模块是关系到某主导产品质量性能的最重要因素，企业如果能掌握该零部件的技术主动权，对后续研发和产品生产成本的降低将起到战略意义上的作用。于是 R 企业决定，将研发小组成员增加到二十人，同时进行逆变模块、数字信号转换器和新产品模型的研发。企业将逆变模块的成本按照第一种方案定为 19200 元，其他控制回路功能和模型的设计费用根据以前的研发数据表明，FSLoo45 某主导产品分摊的单位研发成本大约为 500 元，其余的材料选择和组装方式的影响见表 2 所示：

表 2　材料、零部件和组装方式的选择

	材料或方式	代码	成本价格
外壳	2mm 钢板	1	300
	3mm 塑料板	2	400
控制回路功能	有远距离控制功能	1	1000
	无远距离控制功能	2	700
逆变模块	通用国产逆变模块	1	15000
	进口逆变模块	2	38500
	新研发逆变模块	3	19200

续表

	材料或方式	代码	成本价格
控制面板	现场式	1	500
	远距离可示	2	1200
布线方式	人工装配	1	300
	电子线路板	2	800
控制端口	外接	1	250
	内置	2	500
主回路及其他		1	1100

表 3　不同的组合方式单位成本比较表（部份组合）

序号	外壳	控制回路功能	逆变模块	控制面板	布线方式	控制端口	主回路	单位成本总额	预计销售单价
1	1	1	1	1	1	1	1	18450	23063
2	1	1	1	1	1	2	1	18700	23375
3	1	1	1	1	2	1	1	18950	23688
4	1	1	1	1	2	2	1	19200	24000
5	1	2	1	2	11	1	1	18850	23563
6	1	2	1	2	1	2	1	19100	23875
7	1	2	1	2	2	1	1	19350	24188
8	1	2	1	2	2	2	1	19600	24500
9	1	1	2	1	1	1	1	41950	52438
10	1	1	2	1	1	2	1	42200	52750
11	1	1	2	1	2	1	1	42450	53063
12	1	1	2	1	2	2	1	42700	53375
13	1	2	2	2	1	1	1	42350	52938
14	1	2	2	2	1	2	1	42600	53250
15	1	2	2	2	2	1	1	43100	53875
16	1	2	2	2	2	2	1	43350	54188
17	1	1	3	1	1	1	1	22650	28313
18	1	1	3	1	1	2	1	22900	28625
19	1	1	3	1	2	1	1	23150	28938
20	1	1	3	1	2	2	1	23400	29250

根据表 3 的组合，结合市场销售的状况和终端客户的反应信息的分析，R 企业认为选择第 19 种组合方式能最大限度的发挥新产品的特点和销售优势，尽管其单位成本不是最低的，但该组合具有最优的性价比，能为企业带来最高的收益。

在确定了新产品的模型后，R 企业预计实行该方案，由于减少了 80% 的多余功能，也意味着减少了大量的电子零部件和设计、维修费用，产品的质量成本会降低到原来的50%，环境成本则变化不大，新产品的单位成本构成如表4所示。

表4　　FSL0045某主导产品单位产品成本构成

要素成本	23150
质量成本	300
环境成本	400
单位总成本	23850
单位销售价格	28938

最后，预计的单位成本比目标成本高了200元，R企业决定从控制研发费用中的试验设备的支出入手，通过租赁而不是购买试验设备的方式，降低设备的投入，而且，要求产品设计人员尽量根据现有生产线的情况来设计产品的模型，力求少用新的设备，增加了产品设计的柔性。

三、研发投资经济评价

通过上述估算：单位研发总投资是24450元，则总研发成本是2445000元，研发周期控制在一年以内。单位销售价格28938元，单位目标经营成本2385元，单位产品利润5088元，企业所得税25%，净利润3816元，年产300个计算。产品寿命周期是七年，由于利用现有的生产技术能力，故投资较少仅为150000元。风险折现率按照现有机会成本及研制难度定为25%。

则：1. 研发投资项目年净利润为：

$3816 \times 100 = 381600$ 元

2. 研发项目全寿命周期的净现值：

$$NPV = 3816 \times 300 \times (P/A, 25\%, 7) - 2595000$$
$$= 819097.72 \text{ 元}$$

以上可以看出项目投资净现值流量为819097.72元，项目年均净利润为381600元，研发投资经济可行。

研发计划确定后，企业通过研发总投资进行构成部件组件的研发明细预算分解，控制研发投资，通过目标成本控制材料和技术选型。最终，到2002年6月，新产品研发成功，正式投产后，该产品的生产成本控制在23500元，并随着该产品的成功，相关的系列产品很快的投放市场，取得了巨大的成功。

从上面的例子可以看出，R企业在产品研发的初始阶段，以价值工程的分析方法为指引，以技术的持续创新为目的，充分考虑到了产品的目标成本，确定了研发项目的总体推进方针，并进行研发投资的经济可行性评价，通过预算有效的控制了研发成本，并取得了良好的经济效益。

第六部分

价值链成本管理手册（理念篇）

第一章 Chapter 1 价值链成本管理概述

一、价值链成本管理概念

价值链成本管理以价值链管理和战略成本管理等理念为先导，以价值链分析和成本动因分析为手段，全面收集、分析和利用价值链上各环节的成本信息，通过推行和实施全价值链成本管理工具和方法，优化企业价值链，降低企业价值链上各环节成本，实现总成本最优，提升企业长期竞争优势①。

二、价值链成本管理内涵

价值链成本管理有两层含义：一是企业的成本管理要围绕企业的竞争战略来开展，站在战略的高度来考虑企业的成本，并深入到战略层面寻找影响企业成本高低的深层次原因，对战略成本动因进行分析、管理和控制，形成企业成本的长期竞争优势；二是企业的成本管理要有利于整个价值链的构建和优化，不仅要考虑企业内部价值链，还要重视企业与价值链相关企业之间的链接关系，如供应商、经销商等，通过合作实现共赢。

三、价值链成本管理的特点

价值链成本管理具有以下主要特点：一是拓展了成本管理的时间范围和空间范围，在时间范围上向前拓展到了研发阶段，向后拓展到了销售和客户服务阶段；在空间范围上从企业内部价值链延伸，扩展到整个价值链，包括供应商、客户、竞争对手等。二是将成本管理与企业战略相结合，实行战略成本管理。此外，还将成本管理深入到作业层次，进行成本动因分析，识别关键成本动因并进行控制，辨别增值作业和非增值作业，消除非增值作业，培育成本竞争优势。

四、价值链成本管理推行要求

企业要开展好价值链成本管理，应正确认识和处理价值链成本管理与其他管理会计工具

---

① 熊英："基于价值链的成本管理研究"，武汉科技大学硕士论文，2010年10月。

之间的关系，综合运用各项管理会计工具，使之融为一体，发挥整合效益。投资决策对企业成本的影响很大，且往往是结构性成本，影响比较深远，一经形成很难改变，企业应对各项投资决策进行科学规划和充分论证，提高投入产出比。标准成本法和作业成本法是价值链成本管理的重要工具和方法，通过标准成本法确定各项成本标准和成本管理目标，开展成本差异分析和成本管理业绩考核，降低产品成本；通过作业成本法分析成本动因和准确归集产品成本，及时分析作业是否增值，从过程角度加强成本管理，抓住关键作业，消除“不增值作业”，同时，通过提供准确的成本信息，为战略决策提供了信息支持。

企业在推行价值链成本管理时还应着重做到以下几个方面：

1. 转变观念，树立价值链成本管理的理念。企业应转变和更新成本管理理念和观念，确立价值链成本管理相关观念，特别是企业领导应正确认识战略、投资决策对企业成本的重大影响，做好成本的战略部署和整体规划。

2. 循序渐进，逐步运用各项成本管理工具。价值链成本管理是一个系统的成本管理体系，涉及的环节较多，工具和方法也比较多，企业要一次性全部推行有些难度，效果可能会不好，应结合企业实际，循序渐进，逐步推行，确保推进的效果。同时，应不断总结经验，并积极学习集团公司先进企业的典型经验，扬长补短、因地制宜，将各成本管理工具落到实处，取得实效。

3. 信息共享，借助信息化系统提高效率。价值链成本管理需要处理大量的数据信息，包括价值链各环节的材料、人工、设备、配置、供应、物流、检验、客户等各方面的成本信息，如果没有良好的信息化系统做支撑，可能会事倍功半，起不到预期效果。企业应在集团公司信息化统一规划下，对现有财务、物流、ERP 等信息系统进行整合和升级，建立与价值链成本管理相适应的信息系统。

4. 严格考核，建立完善成本考核激励约束机制。应充分发挥考核在成本管理和控制过程中的激励和约束作用，加强对价值链各环节和各责任主体的成本考核，成本考核目标应体现持续改进。企业要维护成本管理的权威性，实施成本否决，强化成本控制，加强成本考核，提升产品的成本竞争能力。

第二章
Chapter 2 价值链成本管理框架

一、价值链成本管理框架

价值链成本管理框架见图6-2-1。

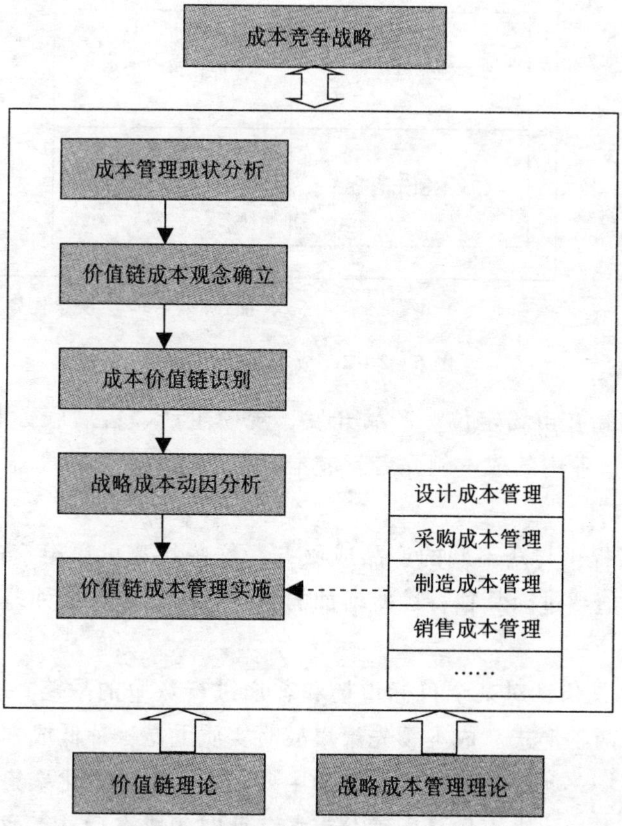

图6-2-1 价值链成本管理框架

二、确立成本竞争战略

（一）概述

确立企业竞争战略是价值链成本管理的首要环节和起点，企业的成本管理不应以追求成本降低为唯一目标，而要围绕企业的竞争战略来开展。只有明确了目标市场，选择了竞争战略，才能有针对性地进行成本管理，使企业成本管理方法、管理重点与企业的战略管理相配合，以获得和保持企业的竞争优势和战略地位。企业应在分析企业所处行业竞争环境和自身优劣势的基础上，选择和确立企业成本竞争战略，指导开展成本管理工作。

（二）几种基本竞争战略的比较

企业的基本竞争战略主要有三种：成本领先战略、差异化战略和目标聚集战略。见图6－2－2。

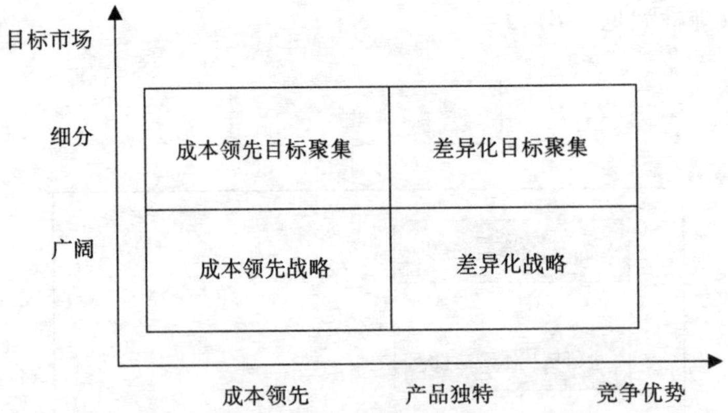

图6－2－2　成本竞争战略

1. 成本领先战略指在市场定位、产品开发、规模生产、售后服务和广告等领域把成本降到最低限度，成为产业中的成本领先者。成本领先战略体现相对于竞争对手的低价格，以成本优势获得竞争优势。

2. 差异化战略指提供与众不同的产品或服务，这些特色可以给产品带来额外加价。如果产品或服务的附加值超过因其独特性所增加的成本，那么拥有这种差异化的企业将获得竞争优势。

3. 目标聚集战略是指针对某个目标市场和客户进行竞争的战略，分为成本领先聚集战略和差异化聚集战略两种形式。成本领先聚集战略实质上是一种低成本战略，核心是以低成本来占领目标细分市场，此时的成本是考虑的主要因素；而差异化聚集战略实质上是一种差异化战略，核心是以差异化来占领目标细分市场，此时的成本只是考虑的次要因素。

（三）各种竞争战略的选择

企业应综合分析自身战略目标、所处的行业特点和竞争态势、产品竞争力以及自身的优劣势等，确立和选择一种竞争战略。企业一旦确立和选择了成本领先战略，说明企业赢得市场竞争优势的关键在于低成本，此时企业应通过价值链成本管理的各种技术、工具和方法努力实现总成本最优。如果企业确立和选择了差异化战略，说明企业具备赢得市场竞争的核心技术和特色产品，企业应首先确保产品差异占领市场，并尽量能够以较低的成本维持产品差异性。

三、成本管理现状分析

成本管理现状分析是实施价值链成本管理的一项基础性和前提工作，目的是分析企业成本管理水平，找出成本管理的差距和问题，提出努力的方向和措施。可以通过调研访谈、对比对标、评价评估等方法，摸清企业成本管理现状、员工素质、企业基础管理水平等，成本管理现状分析一般以企业自我评价分析为主，如有必要，可以请一些专业人士或机构来帮助分析和诊断。

四、价值链成本观念确立

企业要推行好价值链成本管理，必须进行观念转变，包括企业管理者和各层级员工都应转变和更新观念，至少应树立以下成本管理观念。

1. 成本效益观念。价值链成本管理注重成本管理效益，与传统成本管理以降低成本为唯一目标截然不同。企业应树立成本效益观念，强调投入产出比，在成本效益观念下，成本并非越低越好，关键看一项成本发生产生的效益（收入或引起的总成本的节省）是否大于该项成本支出。

2. 战略导向观念。价值链成本管理注重成本管理与企业战略的匹配，企业应首先找准竞争战略，以正确的战略为指导，做好正确的战略定位，采取与之相应的成本管理方法，通过基于战略的成本管理来实现企业长期目标、增强企业成本竞争优势。

3. 成本动因控制观念。价值链成本管理注重成本动因分析和控制，研究证明，战略成本动因对企业成本影响的比重高达85%，而经营性成本动因对成本影响的比重只占15%，企业应当从成本出发，追溯成本发生和变动的原因，通过成本动因的分析、控制和管理，实现成本管理的目标。

4. 全价值链成本管理观念。企业要放眼于内外部整个价值链，不仅要关注研发、设计、采购、生产、销售等内部价值链，还要关注行业上下游、竞争对手等外部价值链，不仅要注重单个价值链环节的成本管控，还要做好各价值链统筹协调，实现全价值链成本最优。

5. 产品优生观念。研究表明，产品成本的80%以上是由研发设计阶段决定的，生产过程成本管理只能影响产品成本百分之十几的部分。因此，企业应树立产品优生观念，即重视产品研发设计阶段（产品出生前）的成本管理，通过该阶段以成本为导向的产品设计方案的反复优化，使推出的新产品既符合市场需要，又具有成本竞争优势。

五、企业成本价值链识别

由于每个企业所从事的行业、开展的业务不同，各企业的成本价值链有所不同，如汽车制造企业与军品生产企业的成本价值链就有所不同，汽车制造企业除设计、采购、生产等成本价值链环节外，营销、售后服务和下游价值链的经销商和顾客等也是成本价值链的重要组成部分，但在军品生产企业这些价值链环节所占成本比重较小。因此，各企业应对自身的成本价值链进行识别与分析，找出对企业成本产生重大影响的价值链环节，绘制本企业成本价值链图。

图6－2－3是典型民品制造企业的成本价值链图，包括对企业内部价值链、行业价值链（纵向价值链）和竞争对手价值链（横向价值链）的成本管理内容。

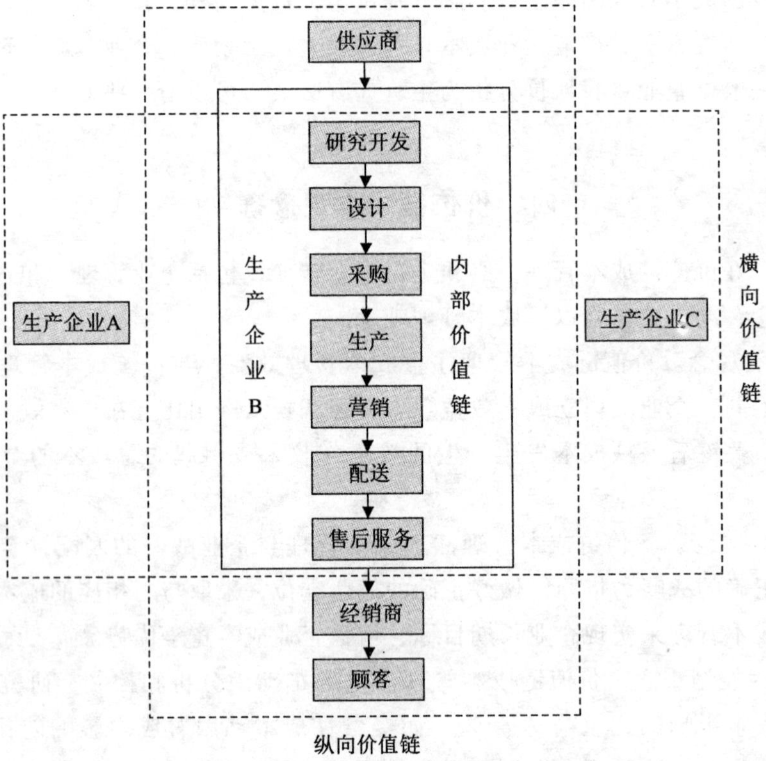

图6－2－3 典型制造企业成本价值链图

六、成本动因分析

成本动因分析是控制成本的前提和关键，企业要控制成本、实现降本增效目标，首先必须找到成本发生和影响成本高低的原因，即识别成本动因；然后通过成本动因分析，识别成本动因与成本的联系，找到影响成本高低的问题，找到控制和降低成本的关键环节，不断改进和反馈。

成本动因分析的重点在战略成本动因分析，它是决定企业成本高低的根本因素，对企业成本的影响更长期、更持久、更深远，形成和改变均较为困难。企业应从战略成本动因的角度进行成本管理，寻找和分析对企业成本产生影响的潜在因素，从整体、长远角度、更高层次对成本动因进行管理和控制，形成企业成本长期竞争优势。

七、价值链成本管理实施

价值链成本管理实施主要通过推行和应用一些价值链成本管理工具和方法，对价值链各环节成本进行管理和控制，使企业总成本最优，实现成本管理目标，获得和保持竞争优势，最终实现战略目标。价值链成本管理包括对企业内部价值链、外部价值链（纵向价值链和横向价值链）的成本管理。

企业内部价值链成本管理以“设计—采购—生产—销售”四个业务环节为核心，形成包括设计成本管理、采购成本管理、生产成本管理和销售成本管理为主的成本管理。

企业外部价值链成本管理包括纵向价值链和横向价值链。纵向价值链将成本管理对外延伸到供应商、经销商和顾客，实现对供应链的成本管理，重点实施供应商管理、客户应收账款管理、客户盈利能力管理等成本管理工具和方法。横向价值链主要关注竞争对手的成本水平和产品竞争力，主要实施标杆价值链管理，通过对标管理提升自身的成本优势和产品竞争力。

第三章
Chapter 2 成本动因分析

一、概　　述

企业要控制成本、实现降本增效目标，首先必须找到成本发生和影响成本高低的原因，即识别成本动因；然后通过成本动因分析，识别成本动因与成本的联系，找出控制和降低成本的关键环节，不断改进和反馈。

研究表明，战略成本动因对企业成本影响的比重高达85%，而经营性成本动因对成本影响的比重只占15%。因此，企业应从整体、长远角度、更高层次对成本动因进行考虑、管理和控制，实现长期成本竞争优势。本手册重点关注战略成本动因分析，经营性成本动因分析在《作业成本法指导手册》介绍。

二、成本动因分类

成本动因通常可分为战略成本动因和经营性成本动因。经营性成本动因是企业具体生产作业相关的成本动因，大多是有形的、可量化的，如产量、生产准备次数、客户订货单数量、物品搬运次数和生产工时数等。战略性成本动因是指从战略上对企业的产品成本产生影响的因素，包括企业规模、厂址选择、生产安排和设置、技术水平等战略层次的成本驱动因素，与企业的战略紧密相连，对成本的影响比重比较大，对企业成本的影响更长期、更持久、更深远，形成和改变均较为困难，是企业成本形成和控制的关键因素。

三、战略成本动因识别、分析与管理

战略成本动因是隐藏在成本之后的驱动因素，往往与成本发生不直接相关，一般不易直接识别。企业应进行深入分析，将隐藏在成本之后的关键驱动因素识别出来，揭示成本高低的根本原因，在生产作业开始之前，从企业整体、长远角度、更高层次对成本动因进行考虑、管理和控制，实现长期成本竞争优势。具体来说，战略性成本动因分为结构性成本动因和执行性成本动因。

（一）结构性成本动因

结构性成本动因往往发生在生产开始之前，其形成常需要较长时间，但一经确定往往很难变动，其支出常常是资本性支出，不仅决定了企业的产品成本，而且会对企业的产品质量、人力资源、生产经营等方面产生重要影响。通常包括：

1. 企业规模。企业规模是一项重要的结构性成本动因，企业规模往往会决定企业后期运行的固定成本，企业规模对成本的影响通常表现为规模经济或规模不经济，规模经济通常表现在规模扩大时能够通过较大规模的业务量来分摊固定成本，使单位成本降低，获得成本竞争优势；规模不经济通常表现在规模过大导致的固定成本、沟通协调的成本增加或规模过小导致的产能不足而增加一些额外成本等等。

不同的企业，对其最有利的规模是不同的，因此，企业应决定合理的企业规模，实现规模经济达到成本最优。

2. 业务范围（整合）。业务范围指企业经营活动涵盖多大的业务范围，通常扩大业务范围可通过业务新建和业务整合来实现。业务整合包括纵向整合和横向整合，纵向整合将企业的业务范围相后扩展到供应商或向前扩展到客户，横向整合主要是充分利用资源，扩大生产经营领域，实行多元化经营。企业通过整合可以带来效率的提高和成本的降低，既可以避免额外成本如采购成本和销售成本，又可以降低企业对供应商的依赖程度。然而，业务整合也并不总是整合越充分越好，因为整合需要大量资金投入，应将资金成本、管理成本与节省的外购成本等进行比较后进行决策。

3. 地点（厂址选择）。企业的厂址选择对成本的影响也较大，且往往是沉没成本，如交通是否便利，原材料购买是否有较近的渠道，地区的人工成本、能源成本和税率是否相对偏高等因素都会对企业成本产生重大影响，企业必须慎重决策。

4. 学习和经验效应。通过学习改进生产技术和工艺流程、提高劳动效率，从而使成本下降，企业应保持较快的学习速度和坚持专业学习，然而学习并不是自动会发生的，是管理层和员工共同努力的结果，企业应形成良好的学习机制和氛围，开始在学习上的大量投入可能收效甚微，当学习投入达到一定程度时，学习的作用会大量迸发。

经验积累，即熟练程度的提高，能够带来降低物耗、减少损失、效率提高，人力成本下降，以形成成本竞争优势。

5. 技术。企业的技术先进与否是决定成本高低的关键因素之一，先进的技术和工艺能降低成本，但技术的开发又需支付较高的成本，且还存在较大的风险，而且技术领先者为维持领先优势需不断进行技术革新，又会导致成本增加。

针对技术这一成本动因，企业的战略主要涉及两大问题：

（1）采用何技术？企业应对采用该技术带来的收益与付出的成本进行计算和比较后作出选择。

（2）在所采用的技术中寻求领导地位，还是采取技术追随的战略？领先者得到的收益多，但赢得和维持领先地位所付出的成本也大，企业应进行权衡后作出选择。

（二）执行性成本动因

执行性成本动因是指与企业执行作业程序相关的成本动因，它在结构性成本动因之后发生，指企业业务和管理决策如何有效运用资源去达到企业战略目标，如提高产能利用率降低成本、推行全面质量管理提高产品质量降低成本等等，执行性成本动因多属非量化的成本动因，这些动因若能执行成功，则能降低成本，反之则会使成本提高。

1. 全面质量管理。质量与成本密切相关，企业应大力推行全面质量管理，实行全过程全员质量控制，树立强烈的质量意识，在企业的设计、采购、生产等各价值链环节，采取有效的质量管理措施，着手来提高产品质量，降低产品成本。

2. 员工向心力。企业每一名员工都与成本直接相关，员工向心力对企业成本影响主要体现在：一是显性成本，如物耗高、设备利用率低、废品率高；二是隐性成本，如人员不团结、职工情绪低落、对企业漠不关心。企业应以人为本，充分发挥员工的积极性和创造性，以达到提高生产效率、降低成本，获得竞争优势的目的。

3. 生产能力利用率。指在企业规模既定的前提下，机器能力、生产能力是否得到充分利用，产能利用越充分，单位产品所分担的固定成本减少，降低成本。企业应在充分考虑其生产能力的基础上，寻求最佳经营模式，提高生产能力利用率，降本增效，提高成本竞争优势。

4. 沟通与协同。沟通与协同包括加强企业内部各部门之间和与外部的业务协同。加强企业内部沟通与协同可以提高效率或降低成本，如采购与生产之间的协调可以减少库存，从而降低库存成本。企业外部沟通与协同指企业应加强与供应商和销售渠道之间的沟通与协同，来降低成本，如供应商将大批的巧克力用液体形式而不是以条块形式交货可以减少糖果商重新融化巧克力块的工艺成本，同时，供应商也避免了将巧克力制成条块式和包装的费用；销售渠道仓库的位置会影响企业的运输费用；销售渠道的搬运技术和产品处理技术会影响企业的包装成本；销售渠道推销或促销活动可能降低企业的销售成本。

（三）两种成本动因的不同管理方向

结构性成本动因可以归结为一个“选择”的问题，这种选择决定了企业的“成本定位”，对于结构性成本动因，企业应慎重行事，在决定之前进行充分评估和分析，而且并不是程度越高越好，而是一个适度的问题，比如说：企业的规模应适应其发展需要而不是越大越好；业务范围也不是越全越好。但对执行性成本动因，一般是程度越高越好，例如，应尽量加强和鼓励员工的全面参与、健全全面质量管理体系、提高生产能力利用效率等，对企业来说，执行性成本动因总结越多，将越有助于企业成本管理。

第七部分

价值链成本管理手册（操作篇）

第一章 Chapter 1 设计成本管理

一、概　　述

产品设计阶段对产品成本起着决定性作用，有关调查表明：产品设计阶段决定了产品成本的70%—80%，但所需现金流出占整个产品的成本仅为5%左右，一旦产品设计完成，产品投产后各阶段再进行管理控制使得成本下降的空间就相当有限。因此，企业在产品设计阶段就应加强成本控制，面向成本的设计（DFC）是产品设计阶段进行成本控制的一项技术。对企业来说，DFC首先是一种成本控制理念，然后才是一种成本控制技术，使用DFC技术，企业可以在保证产品质量的同时对成本进行设计，提高成本竞争能力。

二、DFC内涵

DFC是在产品设计阶段，以并行工程、价值工程和创新技法等为手段，通过分析和研究产品制造过程及其相关的销售、使用、维修、回收、报废等产品全生命周期中各阶段的成本组成情况，在满足用户需求的前提下，对设计方案进行综合评价和最佳化，以达到降低产品寿命周期成本的目的[①]。

DFC工作是一个复杂的系统工程，它强调必须将成本因素作为设计工作考虑的重点内容，它为设计者在产品设计阶段提供合理降低成本的支持工具和数据，通过获得材料、设备、加工制造、装配、检测、供应等相关的成本信息，设计人员能够对产品的技术经济性进行综合评价与分析，在设计开发阶段运用创造性思维及时对设计方案进行评估，在实现产品成本降低的同时，使产品的功能与质量仍然满足顾客的需求。

三、DFC应用体系及工作流程

DFC应用体系包括DFC工作流程、支撑软硬件环境、应用团队等。DFC主要工作流程包括：市场调研、产品分析、初步设计方案、分析计算和实验验证、最佳方案选取、应用效果和经验总结、持续改进等。在DFC工作流程实施过程中，需要DFC团队及相关的软硬件

---

① 邓秀媛："关于工业企业'成本领先行动'推进方法的探讨"，《中国总会计师》2011年第1期。

环境做支撑，其中 DFC 团队的主要人员是产品设计人员，还应该包括财务、制造、工艺、质量、销售、服务等部门的人员，必要时还需用户、供应商、配套商等利益相关单位的支持；硬件环境包括分析、试验、测试、验证装置，软件环境包括计算验证工具和成本基础信息数据库等。同时，在产品设计阶段，应与供应商协作一起降低零部件设计成本。DFC 应用体系及工作流程见图 7－1－1。

DFC 主要用到的技术和工具有：价值工程、创造性技法、检核表、目标成本法、对标管理以及成本占比分析法等。

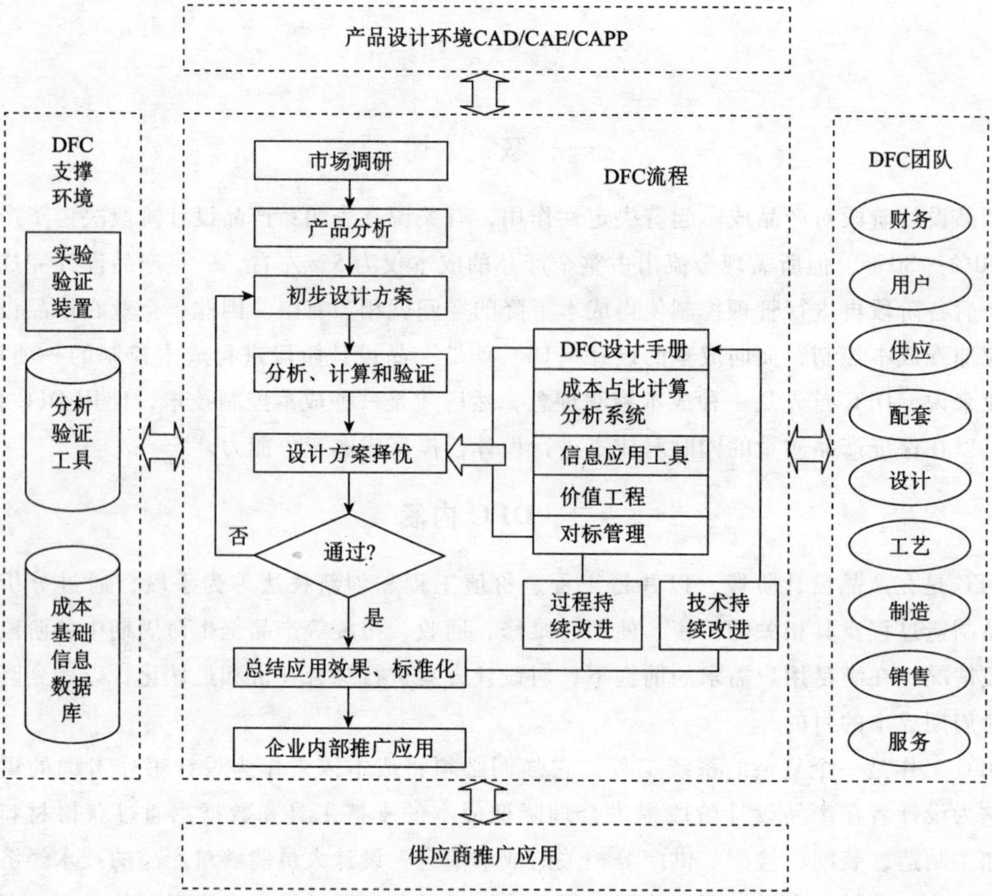

图 7－1－1　DFC 应用体系及工作流程

第二章 Chapter 2 采购成本管理

一、采购成本的含义

采购成本在产品成本中占有很大比重，对于典型制造型企业来说，采购成本要占总成本60%，例如汽车采购成本约占一辆车成本的80%。价值链下的采购成本是指因采购在整个价值链各环节发生的全部成本费用，也称总购置成本（简称TCO），TCO除传统采购成本外，还包括不直接核算和计量的隐性采购成本，如采购质量不合格造成的质量成本、延期供货而造成的停工损失、因采购物料数量过剩造成的仓储费用和资金占用成本等。

二、采购成本管理基础

（一）建立和完善采购业务管理制度

企业应结合实际，制定完善各项采购管理制度，如采购计划管理制度、采购价格管理制度、采购招标管理制度、采购付款管理制度、采购物资库存管理制度、供应商管理制度等制度，明确请购、审批、购买、验收、付款等环节的职责和审批权限，从而划清采购责任、规划采购活动、提高采购效率。

（二）规范采购组织和流程

高效的采购组织和规范的采购流程是采购管理的基础，是提高采购效率、降低采购价格的保障。企业应合理建立采购机构和部门，明确各部门的职责和权限；同时应规范采购流程，明确各部门在各流程中应承担的责任，确保采购工作规范、高效开展。见图7-2-1。

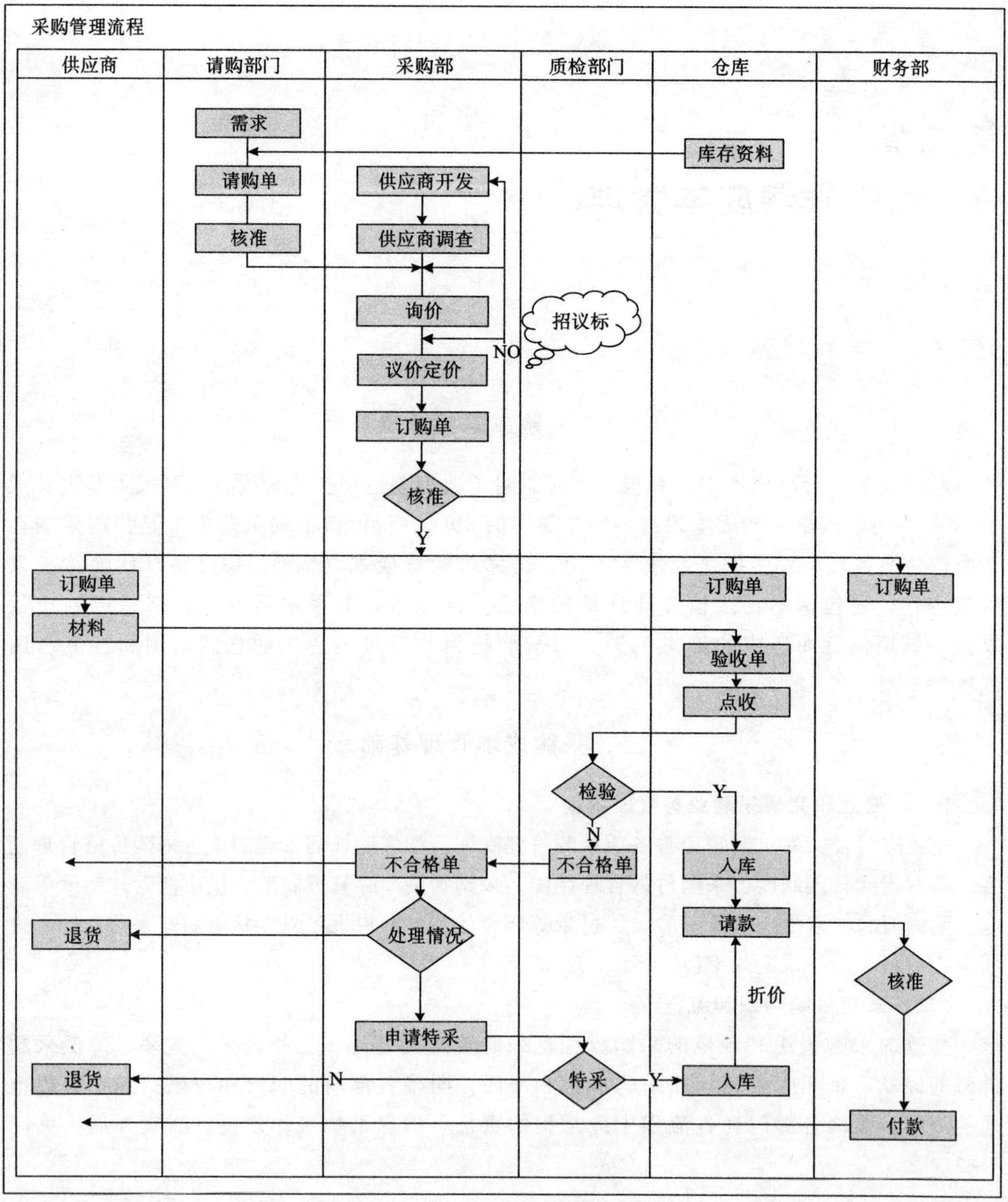

图 7-2-1 采购管理流程图

三、采购成本管理

（一）采购成本管理内容见图 7－2－2

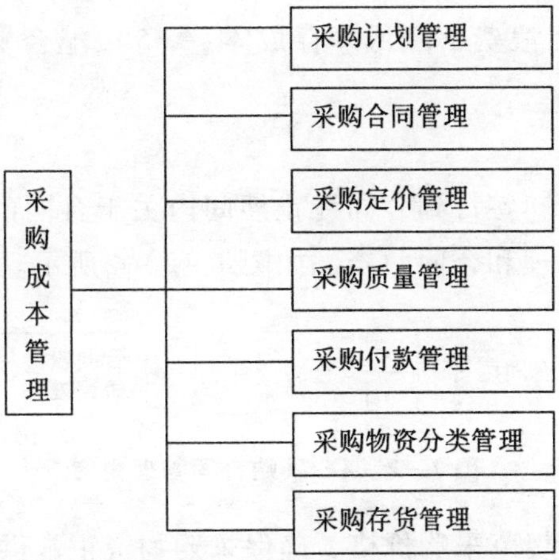

图 7－2－2　采购成本管理内容

（二）采购计划管理流程见图 7－2－3

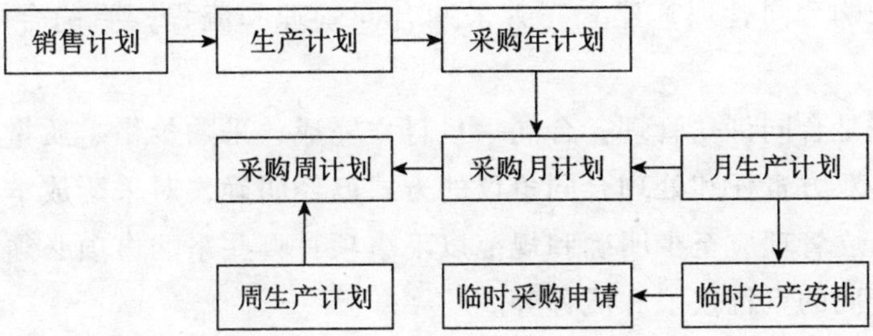

图 7－2－3　采购计划管理流程

采购计划管理是指采购计划的编制、申报、核实、审批、上报和管理等各个环节，是实施采购的依据。

企业应建立采购计划管理制度，明确采购计划管理流程和审批流程，并规范相应电子表格和表单，实行 ERP 管理的企业应通过 ERP 系统实施采购计划管理。

采购计划分为年度计划、月计划和临时计划，由生产部、采购部和财务部共同编制。

（1）采购年度计划根据年度销售计划、生产计划编制，按用料数量和价格进行编制，并编制采购资金计划，即编制年度采购预算。

（2）采购月度计划以年度计划为依据，根据月度实际生产计划进行实时调整，以满足实时生产需求。管理基础较好的企业还应编制采购周计划。

（3）采购临时计划是为满足临时性紧急采购需求而编制的采购需求申请，是采购月计划和周计划之外的采购项目。企业应通过科学有效的采购计划管理来减少临时采购计划的数量和频次。

通过采购计划管理，能起到以下作用：（1）配合生产、销售计划之达成；（2）预估用料数量、交期，防止断料，降低缺料成本；（3）合理安排采购，在价格较低时采购，或采取集中采购、规模采购等获得价格优惠，降低采购直接成本和物流成本；（4）避免库存过多、资金积压、空间浪费，降低库存成本；（5）配合资金安排和周转，降低采购资金成本。

（三）采购合同管理

采购合同管理涉及从合同签订到合同终止期间内关于合同的所有活动，包括合同订立、执行、变更、投诉与争议处理和合同归档，如图7－2－4所示。

图7－2－4 采购合同管理内容

良好的采购合同管理能规范采购价格、确保采购物资正常供应、保证采购质量、规避采购法律风险，降低采购总成本。此外，随着企业采购从传统采购向现代采购转变，企业与供应商的远期采购合同越来越多，这些远期采购合同管理的优劣，直接影响采购的供货价格、进度和质量，对降低采购成本和规避采购风险至关重要。

企业应重视采购合同管理，建立完善采购合同管理和流程，明确合同管理责任和审批程序。

合同管理关键是合同订立管理，合同一旦订立完成，采购价格、质量、交期、付款方式等内容就已确定，双方责任和处理合同争议的方式已经明确，对采购成本和企业利益的影响已成事实。合同订立管理应至少明确和规范以下事项：哪些采购事项必须订立采购合同，合同的标准格式，合同的审批权限和流程等。

（四）采购定价管理

企业应建立采购定价组织体系，制定规范的采购定价管理制度和采购定价流程，确定合理的采购定价方式和价格审议方案，通过采购定价管理实现采购价格最优，提升采购效率。

1. 建立采购定价组织体系。采购定价组织体系是审定采购价格的管理机构或组织，负责采购询价、比价、议价并最终审定价格，企业应成立相应的采购定价组织机构，包括采购价格领导小组、价格审议小组等，并规定相应的职责，并赋予不同层次机构不同的定价权限。

2. 采购价格管理流程。采购价格管理流程见图7－2－5。

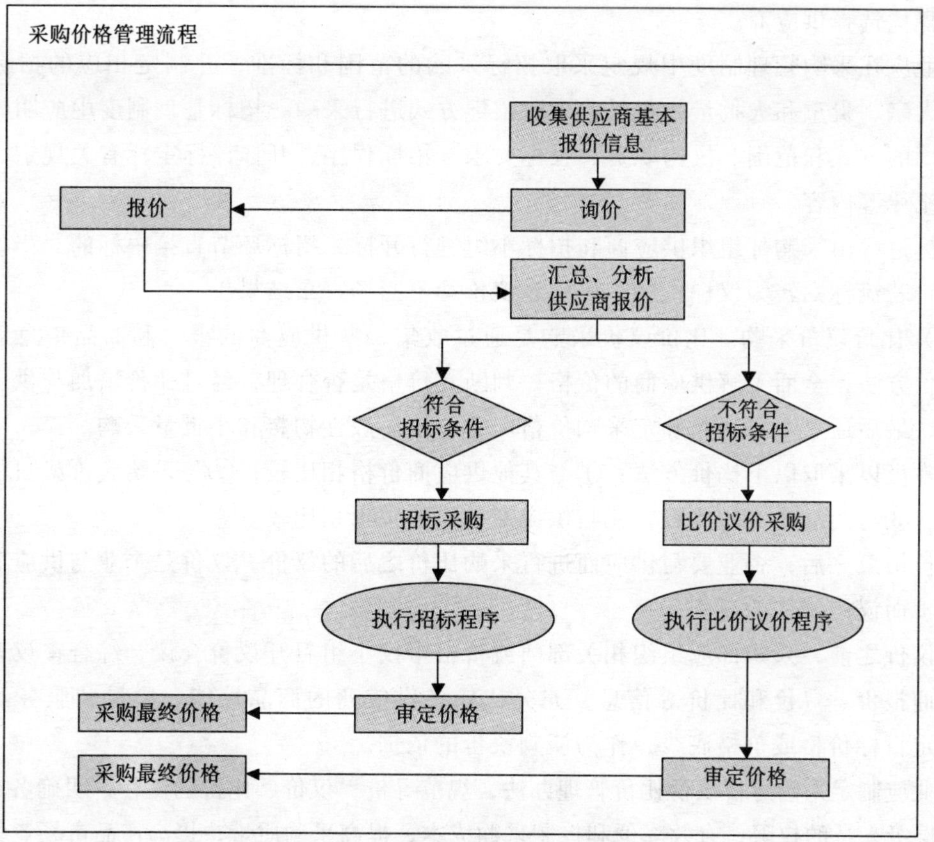

图 7-2-5　采购价格管理流程

3. 采购定价方式。采购定价方式的合理划分有利于确定合理的采购价格，同时也能节省采购间接费用、提高采购效率，降低采购成本。企业应在采购管理制度中规定各种采购定价方式的适用范围，主要以价格为划分标准，可按以下方法进行具体划分，见表 7-2-1。

表 7-2-1　采购定价方式

定价方式	适用范围	实施要点和控制要求	控制依据
招标采购	大宗、贵重和大批量采购	1. 招标时应详细检查供应商提供物料的规格、性能等条件是否符合要求； 2. 必须有两个以上的供应商参加投标； 3. 必须严格按照“招标法”和《招标管理制度》进行招标。	《招标管理制度》
比价议价采购	一般物料和小批量采购	1. 选择几家供应商询价； 2. 比价、议价、选择供应商。	《比价议价管理制度》
零星现款采购	低值、小额和零星采购	1. 金额较小的零星采购； 2. 规定某些零星采购可由使用部门自行采购。	

（1）招标采购。招标采购是针对大宗、贵重和大批量物料采购，按照事先提出采购条件和要求，邀请众多供应商参加投标，按照《招标法》和招标管理制度规定的程序和标准

一次性择优选择供应商。

企业应在采购管理制度中规定采取招标采购的范围和标准，并制定相应的招标管理制度，对大宗、贵重和大批量物料采购采取招标方式进行采购。招标管理制度中应明确以下内容：适用的方式和范围、机构职责、投标要求、招标程序、开标评标定标有关规定、指标的原则和纪律等内容。

招标过程由采购部组织供应商和招标小组进行开标，招标环节直接中标的，当场宣布中标结果，若流标则转为议标程序，议标和议价均不当场宣布结果。

（2）比价议价采购。比价议价采购是通过收集一些供应商的报价和商品信息后，采用各种比价方法，全面了解供应商的价格，判断其价格是否合理，经过比价增加与供应商的议价能力，最后通过双方谈判确定采购价格。适合于一般性物料和小批量采购。

通常可以采取以下比价方法：①与其他供应商价格相比较；②与采购底价或目标成本进行比价；③与商品成本相比较；④与供应商过去的报价相比较。

比价结束之后，企业要与供应商进行采购比价之后的议价。议价是企业与供应商双方经讨价还价而议定价格的过程。

在议价之前，采购部应组织相关部门或价格审议小组召开议价会议，综合审议和讨论有关供应商报价、寻价和比价等信息，充分比较各供应商的商品性能、质量和服务等相关因素，制定目标价格或价格底线，作为谈判议价的依据。

企业应制定采购寻价议价比价管理办法，规范寻价、议价、比价的流程，明确各部门的职责和各层级人员的权限，有效降低和控制采购成本，提高采购质量，提高产品市场竞争力。

（3）零星现款采购。零星现款采购指直接在市场上或对供应商进行的采购，一般是现场定价现场采购，适用于一些低值、小额和零星采购。零星现款采购一般由采购部直接采购，也可规定某些零星采购可由使用部门自行采购。

（4）其他采购方式。企业应结合实际，根据采购成本效益的原则，采取集中采购、电子采购、期权采购等一些现代采购方式，降低采购成本。

集中采购是通过扩大采购规模，换取卖方一个更低的价格、更好的质量和服务、更有保障的供应，实现采购成本的降低。集中采购可以将企业内部不同单位的需求量集中起来采购；也可以将企业较长时间段采购量集中，并向卖方承诺或签订合同实现集中采购；或通过联合不同单位进行联合采购，获得规模采购效应。

电子采购是随着信息和网络技术发展而产生的一种新型采购方式，指在网络平台上直接进行的采购，能降低和控制采购成本：电子公开信息获得最低价、减少中间环节降低交易成本、适时订购降低库存成本、科学管理减少损失，提高采购效率。

此外，价格的变动存在一定的周期和规律，企业如能较准确地把握其波动规律，把握好采购时机，能大大降低采购价格。

（五）采购质量管理

采购质量直接决定了产品质量，产品质量是企业获得竞争优势的核心要素，采购管理的质量控制决定产品的竞争能力，对产品成本产生重要影响，是采购成本控制的重要环节。

采购质量控制的重点在供应商管理和进料检验，由于进料检验只是对供应商供货质量问题的监督，无法做到完全检验，因此采购质量控制的核心在通过供应商管理控制采购质量。

企业应严把采购质量关，对采购质量控制的关键环节（供应商质量管理、入库检验、质量责任追究）加强管理和控制，重点通过供应商管理提高供应商供货质量。

供应商质量控制方法：（1）做好供应商的评价和准入管理；（2）定期对供应商产品质量进行评定；（3）现场了解和监督产品质量；（4）及时掌握供应商生产状况的变化；（5）帮助供应商导入新的质量体系和管理方法。

（六）采购付款管理

采购付款直接或间接影响采购成本，如根据供应商优惠方案，选择最恰当的付款时间，享受优惠降低采购价格；采购付款资金计划管理不规范，导致资金运转不足或资金浪费，间接提高采购成本。

企业在采购付款管理的成本控制方法有：

（1）做好采购付款资金的预测和计划，包括中长期资金计划和短期资金计划，以便做好资金统筹安排，降低采购资金成本。

（2）分析供应商的付款价格优惠政策，在综合考虑资金是否充足的前提下，选择最合适的付款时间，降低订购成本。

（3）采用多种付款方式节约采购资金成本，如采用票据支付、分期付款等方式，尽量减少直接现金支付，采购谈判和合同签订人员应了解付款方式对节约资金成本的作用。

（4）利用供应商信用政策，推迟应付款，节约资金成本。

（七）采购物资分类管理

采购物资分类管理是对采购物料进行分类，对不同类型物料采取不同的采购策略、供应商管理模式和库存管理方法，是降低采购总成本的一项重要方法。

采购物料分类管理在采购成本降低中的作用主要表现在：不同采购策略和供应商管理模式是降低采购价格和质量成本的重要途径，不同库存水平是降低延误成本、仓储成本、资金占用成本的重要途径，不同管理方法是降低采购管理成本的重要途径。

采用的分类方法有：ABC 分类法、采购类别定位矩阵。

1. ABC 分类法。

（1）分类方法。ABC 分类法按价值和数量进行分类，此方法是“二八”原理的一种应用，以金额和数量作为分类标准，将采购物料分成几种不同类别，进行选择性管理。一般的划分标准如下：

A 类：其年采购金额占年采购总金额的 70% 左右，但年采购数量相对少，通常占年采购总量的 10% 左右。

B 类：其年采购金额占年采购总金额的 20% 左右，但年采购数量居中，通常占年采购总量的 20% 左右。

C 类：其年采购金额占年采购总金额的 10% 左右，但年采购数量很多，通常占年采购总量的 70% 左右。

（2）不同物资的采购管理策略，见表7－2－2。

表7－2－2　　不同物资的采购管理策略（ABC分类法）

物料类别	A	B	C
采购量及次数	购买少量而增加采购次数	购买适量或中量	购买大量而减少采购次数
授权管理	高层主管负责	中层主管负责	一般主管负责
交货期	严格限制交货期，越短越好	正常交货期	可以较长交货期
控制程度	尽可能严加控制，包括最完备、准确的记录，最高层监督的经常评审，从供应商按订单频繁交货，对车间紧密跟踪来压缩提前期等	正常控制，良好的记录和常规的关注	尽可能简便的控制，采用大库存量与订货量以避免缺货
订货过程	提供详细、准确的订货量	每季度或发生重大变化是更新订货量与订货点	不用计算订货量

2. 采购类别定位矩阵。

（1）分类方法。该方法以采购物料本身重要性和供应市场复杂度作为分类标准，建立矩阵（如图7－2－6）。采购物料重要性指采购物料对公司生产、质量、供应、成本等影响的大小。供应市场复杂度指市场短期及长期供应保障能力、供应商数量、供应竞争激烈程度、自制可能性等。

按照这种方法，可以将采购物料分为四类：

①战略型物料：该类物料价值比例高、产品要求高，同时又只能依靠个别供应商供应或者供应难以确保的物料。因此这类物料对于企业来说具有战略性意义。如计算机厂商需要采购的微处理器、汽车厂商需要采购的发动机和变速器。

②杠杆型物料：该类物料价值比例较高但很容易从不同的供应商处购得。如化工、钢铁、包装等原材料或标准产品等。

③瓶颈型物料：该类物料价值虽然不高，但供应市场比较复杂，供应保障不力，从而成为企业的瓶颈性物料。

④一般型物料：该类物料价值低，同时有大量的供应商很容易获得。如办公用品、维修备件、标准件等。

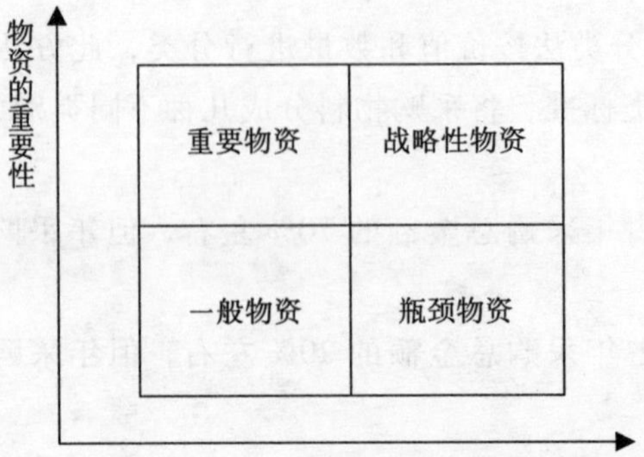

图7－2－6　采购类别定位矩阵

（2）不同物资的采购管理策略，见表 7－2－3。

表 7－2－3　　不同物资的采购管理策略（采购类别定位矩阵）

物料分类	战略型物料	瓶颈型物料	杠杆型物料	一般型物料
供应商管理模式	战略伙伴关系 长期合作	稳定长期的合作关系	一般合作关系	一般交易关系
采购基本策略	战略合作	确保供应	最低采购成本	管理成本最小化
管理重点	准确的市场调查和需求预测 进行供应风险分析 谨慎选择供应商 分析综合成本 滚动采购订单 对供应商进行考评 准备应急措施和方案	准确预测未来需求 进行供应风险分析 排出供应商优先次序 准备应急措施和方案 寻找备选供应商 备用计划、供货数量和时间的控制	优化订单数量和订购批量 设定目标价格 开展联合集中采购 在供应商间调节订购量，建立采购优势	开展联合集中采购 按物料大类采购 物料标准化 采用计算机系统和网络采购
安全库存	中等	较高	较低	最小化
订购批量	中等	较大	较小	经济批量
主导部门	高层领导参与的多部门决策	设计主导型采购决策	财务部门主导型采购决策	采购主导型采购决策

（八）采购库存管理

采购库存管理主要是通过规范的库存管理、合理的安全库存、最经济的订货批量实现库存总成本最小，达到降低和控制总采购成本的目的。主要控制方法有：

1. 定期盘点和循环盘点。确定仓库的定期盘点期限，以月、季、半年、年为盘点时段进行对库存物资的盘点，确保仓库的物料能“物畅其流、物尽其用”，并及时对积压、滞销物料进行处理。

2. 采购物资分类管理。根据上述介绍的两种分类管理方法进行物料进行分类，针对不同类物料采取不同的安全库存量、经济订购批量和管理策略。

3. 做好采购计划管理。做好销售计划和生产计划，并以此为基础编制尽可能准确的采购计划，作为企业合理安排库存、订货批量和订货时点的依据。

4. 设定安全库存。安全库存是为了防止由于不确定因素（订货期间需求延长、延期供货和管理不善等）引起的缺货而设置的一定数量的库存。企业可以采取数量统计方法计算物料的安全库存或通过信息化手段实现安全库存自动计算，也可以采取一些简单办法计算安全库存量，如订货提前期需求比例法。

订货提前期需求比例法是用订货提前期乘以该段时间内的平均需求量，其中订货提前期指从开始订货到货物入库的时间。对大多数物料来说，50% 订货提前期的需求量一般就可以作为一个合适的安全库存数量。

例如：每日需求量 = 450/30 = 15 单位

　　　订货提前期 = 10 天

订货提前期的需求量 = 10 × 15 = 150 单位

安全库存 = 150 × 50% = 75 单位

适合于那些有很长的可靠的订货提前期且需求相对稳定的物料。

对于有很短的订货提前期且需求变动较大的物料，如果有一周的订货提前期，则安全库存有 3—4 天的需求量。

5. 确定订购批量和再订购点。采购数量和采购时间会影响企业库存成本和资金占用成本，企业应采用适当方法建立物料的经济采购批量和再订购点。主要方法有：定量订货法、定期订货法、经济订货批量模型、经济生产批量订货法。

6. 此外，企业还可以通过信息化系统（ERP、物流管理系统）实施库存管理，以及采用一些现代库存管理方法，降低库存成本。如供应商管理库存、JIT 零库存管理、条码技术等。

第三章 Chapter 3 制造成本管理

一、概　　述

产品制造阶段的成本管理是传统成本管理的重点，传统成本管理注重对制造成本的核算、管理与控制，价值链成本管理对制造阶段的成本管理不仅涵盖了传统成本管理的内容，更强调在制造成本管理中贯彻一些先进的成本管理理念和运用一些现代的成本管理技术、工具和方法。主要包括：质量成本管理、班组成本管理、精益生产在制造环节的应用等。

二、班组成本管理

（一）班组成本管理概述

班组成本管理是以班组成本责任制为主要手段，通过全面预算和业绩考核管理，实行班组成本精细化核算，控制班组各项成本费用支出，降低企业制造成本，支撑企业生产经营决策。

（二）班组成本核算方法

企业应根据生产经营活动特点和班组的职责范围，确定班组成本的核算范围和具体内容，原则上班组成本只包括其实际发生的可控成本，包括班组为生产产品或提供劳务而发生的直接材料成本、直接燃动费用、直接摊销、内部损失成本、直接制造费用和其他重要成本中的可控成本。

班组成本应按照项目进行成本归集，建立班组成本归集账目，编制班组成本核算表和车间（分厂）班组成本汇总表。班组成本应遵循“科学合理、便于操作”的原则对成本归集项目在当期成本和期末占用之间进行分配，原则上除直接材料外，其他成本项目由当期班组成本负担，分配后的当期总成本为当期班组成本，期末占用成本为当期班组占用成本。

班组成本的核算期间原则上与企业成本核算期保持一致，不宜提前和延长。

（三）班组成本管理责任

企业应制定班组、分厂（车间）和企业（职能部门）等组织在班组成本管理中的管理责任，建立以班组管理为核心，分厂（车间）和企业共同参与的全层级矩阵式成本管理体系。

（四）班组成本预算管理

企业应对班组成本进行预算管理，结合本单位实际情况，考虑已达到的水平和同行业先进指标，确定先进、科学、合理的班组成本目标，并对班组成本预算执行情况进行监督和考核。

（五）班组成本控制

班组成本控制主要包括：组织系统成本控制、计量验收、成本核算基础等。组织系统控制要求企业发挥制造技术部门、人力资源部、财务部、资产管理等部门组织功能进行成本控制。计量验收要求企业建立规范高效的班组计量验收制度和工作流程，对班组所有物资的收、发、领、退，在制品、半成品的内部转移，产成品的交库，动力能源的消耗等进行严格的计量验收，完善内部物资的交接转移登记。成本核算基础包括定额管理、人员配备、技术支撑。定额管理要求企业制定先进合理的成本定额，并及时更新；人员配备要求企业配备相关人员开展班组成本核算；技术支撑要求企业运用 ERP 等信息化手段强化班组成本信息归集、传递、运用等功能。

三、质量成本管理

（一）质量成本管理概述

质量是企业的生存之本，高质量和高附加值的产品能使企业的市场占有率持续增长，企业注重质量管理还可以降低设计、制造、销售、服务等环节成本费用，提高生产效率。质量成本管理包括质量成本的预测和计划，质量成本的统计和核算，质量成本的分析、报告和评价，质量成本的控制和改进，质量成本的考核。

（二）质量成本管理体系

企业应建立完善的质量成本管理组织机构体系，设立质量成本管理领导机构和工作机构，明确各职能部门、分子公司（车间）、班组、个人的工作职责，配备专职或兼职的质量成本管理人员。各部门和各单位的质量成本管理职责应全面、协调一致。

（三）质量成本预测和计划

质量成本目标预测和计划是开展质量成本管理工作的起点和先决条件，只有在准确预测的基础上，才能编制质量成本计划，只有制定合理可行的质量成本计划，才能开展具体实施工作。企业应在分析、研究各种影响质量成本的因素基础上，收集资料，结合产品质量目标的要求，对一定时期的质量成本目标和质量成本水平进行测算、分析和预计，编制质量成本预测报告。完成质量成本预测后，企业应结合顾客对产品质量的要求、上期质量成本计划的执行情况、企业的长远规划和质量改进等情况，编制质量成本计划。

（四）质量成本的统计和核算

企业应采用合适的方法对质量成本费用进行记录、归集、计算，对显性质量成本的计量一般采用核算方法，依据有关账簿、会计凭证和二级核算单位成本费用报表等，采集、汇总、归纳各项质量成本。对隐形质量成本，一般无法通过会计和统计核算得到相关信息，应采用乘数法、市场研究法等方法对其进行有效评估。

（五）质量成本的分析、评价和报告

质量成本分析是质量成本管理工作的重要环节，企业应以质量成本计划为依据，充分运用质量成本信息，开展质量成本分析工作。质量成本评价分为定性评价和定量评价，企业应依据质量成本管理结果，评价质量管理体系的有效性、经济性以及产品质量经济性。企业应定期将质量成本的分析、评价及有关建议等编制成质量成本报告，提交企业质量成本管理领导机构审阅和决策。

（六）质量成本的控制和改进

质量成本控制是以降低质量成本为目标，把影响质量成本的各种质量成本项目控制在计划范围内的行为活动，是质量成本管理的重点。企业应在质量成本分析的基础上确定计划，制定和实施对策，使质量成本处于受控状态。通过对质量成本控制情况的准确分析，找出质量成本控制过程中的薄弱环节和控制难点，并有针对性地对各类控制措施实施改进。

（七）质量成本的考核

企业应以年度质量成本计划目标为基准，将质量成本目标层层分解到质量成本各责任单位（如职能部门、子公司、分厂、车间、班组等），同时将质量成本计划和目标的完成情况与各责任单位及其主要负责人薪酬挂钩，实施以责任制为基本形式的质量成本业绩考核，充分发挥考核对质量成本核算、分析、报告、控制、改进等管理行为的引导作用，不断完善质量成本管理体系。

四、精益生产在制造环节的应用

（一）精益生产概述

精益生产是一种以顾客需求为拉动，以消灭浪费和快速反应为核心，使企业以最少的投入获取最佳的运作效益和提高对市场的反应速度。精益生产方式综合了大量生产和单件生产方式的优点，力求在生产系统中实现多品种少批量高质量低成本的生产。其核心就是精简，通过减少和消除产品开发设计、生产、管理和服务中一切不产生价值的活动（即浪费），缩短对客户的反应周期，快速实现客户价值增值和企业内部增值①。

（二）精益生产重点工作方向

质量提升。以建立和推进切实有效的过程质量控制体系为重点，以标准化作业为基础，借助管理信息系统，辅以防错纠错的推广应用，提高过程质量控制能力，减少质量损失，确保产品质量。

成本降低。围绕企业生产经营目标，以持续改善的方式，借助精益生产管理工具的有效应用，在工艺优化、技术改进、人员优化、节能降耗、创新管理、物流改进、降低库存等方面采取措施，挖掘潜力，降低成本，提升产品的竞争能力。

效率提升。在不作大的投入的前提下，以推进生产、工艺和业务流程改善为重点；以推行工时管理、设备管理、多能工培养、快速转换、准时制物流等工具为手段，强化精益管

---

① 曾添："《精益生产方式》简要介绍"。

理、规范业务流程、提升企业运营效率和快速应对市场的能力。

（三）制造环节推行精益生产的重点内容

1. 生产线精益设计。在新建、改建和扩建生产线的设计和实施方案中充分贯彻精益思想，应用各种精益生产工具和技术进行工程项目设计，最大限度地消除项目建设和生产线使用过程中的各种浪费、降低成本、提升产品质量，最大限度满足顾客需求。

2. 开展生产线流程再造活动。采取“先试点、后推广”的方式，开展生产线流程再造，全面推行标准化作业方式，重点开展价值流分析工具运用，进行工位平衡分析和工位精益改善、精益设计。

3. 推进精益化班组建设。班组是精益生产的组织基础，企业应按照“工作内容指标化、工作要求标准化、工作步骤程序化、工作考核数据化和工作管理系统化”的要求，建立精益化班组。同时应开展形式多样、内容丰富的班组建设活动，充分调动一线班组的积极性。

4. 精益化设备管理。采用现代设备管理理论，利用现代技术，对设备及工装从采购（自制）到报废的寿命周期全过程进行有效管理，达到持续提高设备综合效率（包括设备完好状态、利用率）、降低使用成本、提高设备可靠性的目的。

5. 生产过程质量管理。在生产准备阶段对生产准备活动进行检查，实行班组日常开班点检及变化点管理，在制造阶段开展一般工序的质量控制、产品/过程特殊特性相关工序的质量控制、作业人员的自主检查系统等活动，并做好制造工序的监督审核。

6. 推进以打包物流、看板物流、顺序投料等各种物流方式为基础的准时制物流活动，降低库存，提高送料的及时性和准确性。

7. 开展识别和消除浪费活动。以开展活动周或活动月的方式加大宣传力度，采取多种方式开展培训活动，组织改良改善成果发表会，充分发挥全体员工共同识别和消除制造过程中的七大浪费。

8. 实施节能减排活动。实施节能减排工艺改造项目，实施输配管线改造，杜绝跑、冒、滴、漏，淘汰“三高”设备，加强重点耗能设备运行控制，降低空载率，开展全员参与节能减排活动。

第四章

Chapter 4 销售成本管理

一、销售成本的含义

销售成本是指企业在产品销售过程中发生的各种成本费用，包括商务费用、促销费用、信用成本和销售运行成本，价值链下的销售成本较以上范围有所扩大，还包括产品投放前与投放后的市场调查成本、产品售后的服务成本以及对潜在客户或长期客户的维护成本。销售环节成本，不仅仅是一种成本和消耗，更是一种投入、一种可以为企业创造效益的资源投入，销售资源的合理分配、使用效率提升，可以更积极有效调动商家积极性，提升经营业绩，创造更多的利润。

二、销售成本管理

（一）销售成本管理定义

销售成本管理包括销售成本预算、销售成本核算、销售成本控制、销售成本分析与考核四个方面。

从狭义的角度来说，销售成本管理涉及到销售过程，销售过程包括市场调研、产品开发、价格确定、销售渠道、促销策略、售后服务等一系列与销售有关的活动。从广义角度来说，销售成本管理是在考虑企业竞争地位的同时进行成本管理，也就是在进行成本管理的同时还要关注企业在市场上的竞争地位，借助于成本管理以使企业更有效地适应外部不断变化的市场环境。

（二）销售成本管理流程

见图 7-4-1。

（三）各主要节点管理要求

1. 销售收入预算。销售收入预算是销售成本预算的基础和前提，销售部应根据企业发展战略，根据过去几年的市场需求量和市场占有率，结合市场变化和企业产品市场竞争力变化情况，预测下一年市场需求量和企业采取一些营销组合策略后可能达到的市场占有率水平，预测合理的价格水平，进而预算出企业销售收入。

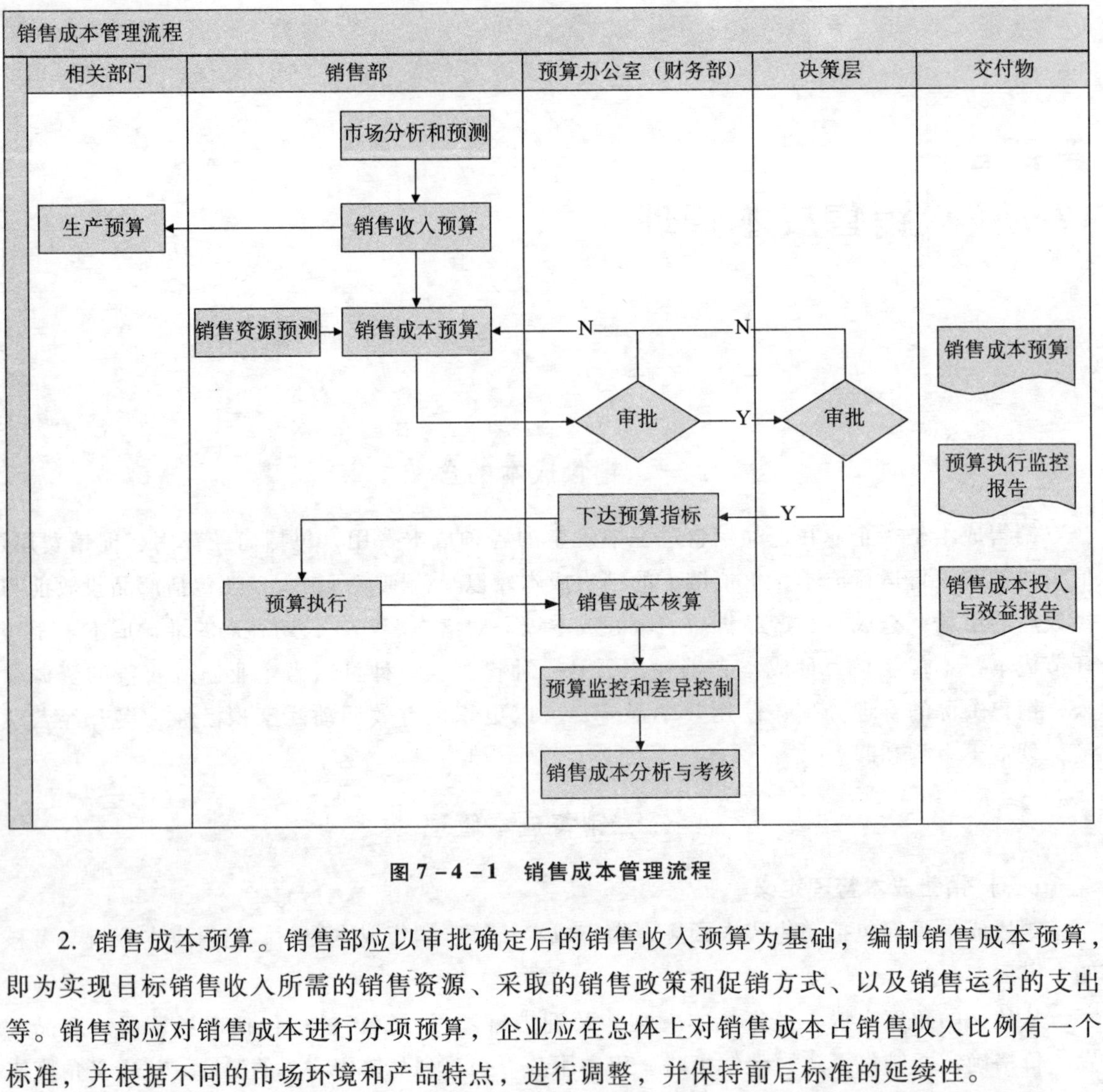

图 7－4－1 销售成本管理流程

2. 销售成本预算。销售部应以审批确定后的销售收入预算为基础，编制销售成本预算，即为实现目标销售收入所需的销售资源、采取的销售政策和促销方式、以及销售运行的支出等。销售部应对销售成本进行分项预算，企业应在总体上对销售成本占销售收入比例有一个标准，并根据不同的市场环境和产品特点，进行调整，并保持前后标准的延续性。

财务部对销售成本预算实行初审，决策层对财务部审核通过后的成本预算方案进行审批，审核时主要权衡实现预计销售收入所需投入的比例是否合适，需综合考虑市场竞争状况、产品所处的生命周期、企业的营销战略等因素。销售成本预算经决策层审核通过后，财务部向销售部下达年度销售成本预算指标和预算明细。

3. 销售成本核算。财务部在进行销售成本核算时，应按照销售成本项目，对销售运行成本、促销成本、商务成本、信用成本等分项目进行核算，为计算和考核销售投入所创造的效益提供依据；同时，应对销售成本形态进行划分，分别核算销售固定成本和销售变动成本，为产品定价决策、盈亏平衡分析等管理决策提供依据。

4. 销售成本控制。销售成本控制主要通过预算控制，销售部应按照预算执行，财务部实行预算控制，对没有预算项目或调整预算项目需按全面预算管理程序进行申请和审批。

5. 销售成本分析与考核。销售成本分析与考核主要分析销售成本预算的执行情况、分析销售成本的投入产出率、分析营销组合策略的效果，考核销售部门各项绩效指标完成情况，包括定量指标如销售收入、销售收入增长率、市场占有率，也包括战略指标如产品市场形象、品牌知名度等。

三、产品定价管理

（一）概述

价格是影响厂家、经销商、顾客和产品市场前景的重要因素，价格策略运用得当，会促进产品的销售，调动经销商积极性，吸引顾客购买，提高市场占有率，增强企业竞争力。企业在为产品定价时，必须考虑影响定价的一些因素，包括：产品成本、产品需求弹性、竞争产品价格等。

（二）定价步骤

产品定价步骤如图 7－4－2 所示。

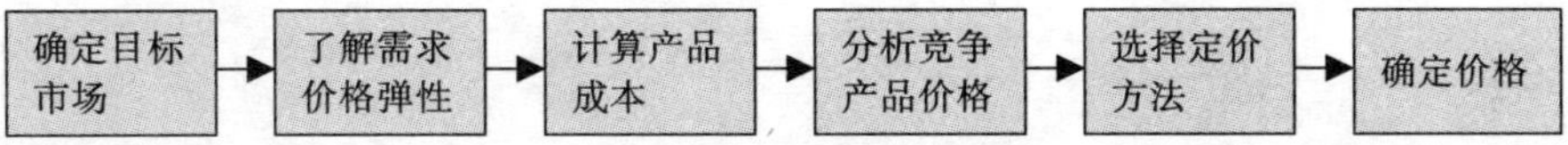

图 7－4－2 采购定价步骤

（三）各步骤实施方法

1. 确定目标市场。企业的定价策略要受到市场定位决策的制约，当企业选择了目标市场并进行了市场定位之后，价格策略也就明确了。如美国西南航空公司以小公司业务人员和个人旅行者为目标客户群，定价策略为以低价赢得市场。

2. 了解需求价格弹性。企业为产品定价时应考虑产品需求的价格弹性，当产品需求富有弹性时，应降低价格以刺激需求，扩大销售，增加总收益。当产品需求缺乏弹性时，企业可以适当提高产品价格，这时提价的幅度大于需求减少的幅度，会增加总收益。

3. 计算产品成本。成本决定价格的下限，财务部应对产品成本进行正确预测和计算，测算产品变动成本和固定成本，依据本量利分析模型，计算盈亏平衡点时销售价格和不同价格水平时的盈利情况，提出确保利润目标的合理价格建议区间。

4. 分析竞争产品价格。企业产品定价时必须考虑竞争产品的价格、品牌、质量和性能。如果企业产品与竞争产品的品牌、质量和性能差不多，价格也应差不多。

5. 选择定价方法。产品定价方法主要有三种：成本导向定价法、竞争导向定价法和需求导向定价法。

（1）成本导向定价法：以产品成本为基础，加上预期利润，结合销售量等有关情况，确定价格水平。主要适合竞争不太激烈，产品有一定优势，产品差异性比较强的企业，很多定制产品的企业用此种方法。在应用这种方法时一定要结合竞争对手价格和市场需求状况，确定合理价格。

（2）竞争导向定价法：参照竞争对手的价格来制定本公司的售价，根据和竞争对手的产品的同异程度以及公司的经营战略来制定和竞争对手相同的价格或比竞争对手高些或低些。主要适合竞争比较激烈的行业，尤其刚入行的小公司或刚引进的新产品。在应用这种方法时一定要考虑产品的成本状况，结合产品成本水平和产品特点确定合理价格。

（3）需求导向定价法：以顾客的感知为起点，定价的基础是顾客的需求、市场的需求以及顾客或市场对价格的定位。这种方法一般不好掌握和运用。

6. 确定价格

销售定价应由市场部和财务部负责，销售部负责分析和确定产品目标市场和市场定位、了解产品需求弹性、分析竞争对手价格，财务部提供产品的成本信息和不同盈利目标下的价格水平和销售量，在此基础上，由销售部制定产品价格初步方案，初步确定产品价格、预计销售量，向企业定价决策机构提交“产品定价报告”，对定价目标、定价形成过程等进行说明，经企业产品定价决策机构审核后正式确定产品价格。

第五章 Chapter 5 应收账款管理

一、概　述

应收账款是企业因赊销产品而形成的应收款项，应收账款与销售紧密联系。销售时合理利用商业信用能扩大销售量和销售收入，提高市场份额，减少存货；但也会因此而产生信用成本，包括机会成本、管理成本和坏账成本。

二、应收账款管理

（一）概述

应收账款管理是指通过制定恰当的信用政策，确定合理的赊销额，并对应收账款进行日常管理和回收管理，以实现增加销售收入减少应收账款成本的目的。

应收账款管理包括应收账款事前管理和事中管理。

（二）应收账款管理的意义

科学有效的应收账款管理，能够促进企业销售，赢得商机，增加市场销售规模，扩大市场份额；同时能够加速产成品向销售收入的转化，降低企业的存货成本，从而减少相应的管理费用、仓储费用等。

三、应收账款事前管理

（一）概述

应收账款的事前管理是指通过建立健全和实施应收账款事前控制制度，包括确定管理部门和职责、制定应收账款管理制度、确定应收账款的合理水平、对客户进行资信评估与确定赊销政策，以减少不合理应收账款的形成，预防坏账发生和应收账款被长期占用。

（二）确定应收账款管理部门及职责

企业应明确应收账款的管理部门和职责。一般应由销售和财务部门共同负责，但各自的职责是不一样的。销售部门主要负责资信调查、评估、合同签订、应收款项的催收等，对应收账款管理承担主要责任；财务部门辅助销售部门开展以上工作，并负责应收账款的账务管理。

（三）建立健全应收账款管理制度

企业应建立健全应收账款管理制度，包括信用分析、信用等级和信用额度确定办法，赊销申请审批管理制度、销售合同管理制度、应收账款日常管理等制度。

信用管理制度主要对如何收集客户信息、对客户进行信用分析、评定客户信用等级、如何利用信用等级确定信用额度、制定销售策略和结算方式、建立客户档案等方面做制度规定。

赊销申报管理制度主要对赊销申报审批流程、赊销应收款项的后期跟踪管理、赊销责任考核等方面做制度规定。

销售合同管理制度主要对销售合同签订审批流程、付款形式、账期和延期付款的违约责任等方面做制度规定。

应收账款日常管理制度主要对应收款项的对账、催收、坏账处理等方面做制度规定。

（四）客户信用分析和信用额度确定

1. 客户信用分析。企业应收账款管理部门要定期对客户信用状况进行分析。一般来说，可以采用以下两种方法。

（1）“5C”要素评价客户信用。5C 即客户的信用品质、偿付能力、资本、抵押品和经济状况，通过收集客户的财务报表、以往的交易信息、行业中其他同行对该客户的评价等信息，对客户的资信状况进行评价。

（2）信用评分法评价客户信用。信用评分法主要通过对企业主要财务指标的分析和模拟，预测企业的信用风险。比较著名的是奥特曼（Altman）的 Z 值分析模型。

$Z_1=1.2X_1+1.4X_2+3.3X_3+0.6X_4+0.999X_5$（适合于上市公司）

$Z_2=0.717X_1+0.847X_2+3.107X_3+0.42X_4+0.998X_5$（适合于非上市公司）

$Z_3=6.56X_1+3.26X_2+6.72X_3+1.05X_4$（适合于非制造企业）

$X_1=$（流动资产－流动负债）/资产总额

$X_2=$未分配利润/资产总额

$X_3=$（利润总额＋利息支出）/资产总额（Z_3 中 $X_3=$（利润总额＋折旧＋摊销＋利息支出）/资产总额）

$X_4=$权益市场值/负债总额（Z_2、Z_3 中 $X_4=$权益/负债总额）

$X_5=$销售收入/总资产

Z_1 值与信用的关系：$Z_1<1.8$，风险很大；$Z_1>2.99$，风险较小；

Z_2、Z_3 值与信用的关系：Z_2、$Z_3<1.23$，风险很大；$Z_1>2.9$，风险较小。

对新客户，要对其资信状况进行全面调查；对老客户，应定期做资信状况评审，及时掌握老客户的资信变化和发展情况。

2. 信用额度确定。企业应制定客户信用分析办法，并制定信用等级的划分标准，以及不同规模、不同等级客户可以给予的信用额度。客户信用额度的确定应在信用调查分析的基础上，组织企业销售副总、销售部、财务部、法律部等部门进行评审，确定客户的信用等级和信用额度，制定信用政策。信用额度是企业可赊销某客户的最高限额，即客户应收未收款的最高限额。客户信用额度确定后，销售部应在额度范围内，采取不同的赊销额度和结算方式。

（五）加强销售合同管理

企业应加强销售合同管理，销售合同特别应对付款形式、账期和延期付款的具体违约责任进行明确。同时建立合同审批制度，由销售部、财务部、信用主管部门或信用管理人员、法律部门、主管销售副总层层审核签字，销售部根据审批的赊销意见签订合同。企业还应同时做好合同的存档管理。

四、应收账款日常管理

应收账款日常管理是对已形成的应收账款进行日常有效管理，确保应收账款能及时收回。

（一）账龄分析与分级管理

1. 账龄分析。财务部每月编制账龄记录表和账龄分析表（见表 7－5－1、表 7－5－2），并及时提交给销售部，以便对不同时段的逾期应收账款采取不同的对策。

表 7－5－1　　账 龄 分 析 表

序号	客户	账面余额	未过期	已过期					备注
				1 个月内	1－3 个月	3－6 个月	6－12 个月	1 年以上	
1									
2									
3									
4									
5									
6									
7									
8									
9									
10									
11									
12									
13									
14									
15									
	总额								

表 7-5-2

账龄记录表

单位：　　　　　　　　　　年　月　日　　　　　　　　　　单位：万元

客户	合同编号	业务类别	业务日期	应收日期	金额	信用期内	已过期					备注
							1个月内	1-3个月	3-6个月	6-12个月	1年以上	
A	120001	账单	2011.6.1	2011.8.30	300000							
		账单	2011.6.15	2011.9.10	400000							
		付款	2011.8.30		300000							
		余额			400000		400000					
B												

2. 按照账龄分级管理。按照应收账款的账龄长短进行分类，采取有针对性的管理策略，如表 7－5－3 所示。

表 7－5－3　　应收账款账龄分类管理

账龄	分类等级	负责部门	采取策略
信用期内晚期	预警类应收账款	销售部门	按到期时间提前提醒
逾期 1—90 天	早期逾期应收账款	销售部门	加紧催收
逾期 91—180 天	中期逾期应收账款	销售部门	加紧催收
逾期 181—360 天	专门追账期应收账款	销售部门、法律部门	严厉催收，必要时通过法律手段解决
逾期 1 年以上	诉讼期应收账款	法律部门、销售部门	继续催收、通过法律手段解决、财务计提坏账

（二）及时与客户对账

对账是应收账款管理的一项重要基础工作，一些坏账就是因为双方未对账而产生的，特别是连续供货企业，付款和发票有时无一一对应关系，不经常对账会对收款产生一些麻烦。

企业财务部应定期与客户进行对账，对账方式可以为电话对账、寄送对账单，对账务复杂的应收款项，也可以亲自到客户单位对账，对账后应要求客户在对账单上签字和盖章，作为收款的依据之一。

（三）应收账款催收

1. 应收账款收款程序。正常应收账款程序包括发货确认、应收款到期前提醒、到期付款通知、逾期催收和同意（拒绝）客户延期支付请求等程序，经过正常收款程序未收回的逾期款项，应进入逾期应收账款催收程序。

2. 逾期应收账款催收。

（1）根据账龄分析制定催账策略。企业应综合分析应收账款的款项大小和账龄长短采取不同的催账策略，如表 7－6－4 所示。

表 7－6－4　　应收账款催账策略

应收账款特点	逾期账龄短	逾期账龄长
金额小	电话沟通提醒，业务人员催收	采取电话、传真等方式催收，一般催账程序
金额大	上门催收，如感到问题严重，立即进入重点催收程序；如果客户有理由申请延期，应进行密切监控。	进入重点催账程序，由专人负责，催账手段不断升级。

（2）催账政策与客户关系。企业应针对不同类型客户的采取不同的收账策略，如表 7－6－5 所示。

表 7－6－5　　不同客户催账策略

客户	相应策略
长期、大客户	由销售部长或主管人员亲自与客户进行商谈，尽量在保障供货的同时将款项收回，或收回部分应收款
一般客户	根据其信用限额，欠款超过一定天数停止供货
高风险客户	立即停止供货，严密监控并追讨

（3）逾期应收账款的催收方式。根据应收账款逾期的不同阶段采取不同的追账方式，如表 7-6-6 所示。

表 7-6-6 不同账龄应收账款催账策略

账龄	催账策略
早期阶段（逾期 1-90 天）	企业可以通过电话、传真或信函提醒客户货款已经逾期，并要求其遵守双方的付款条件及时付款，催款方式比较温和。
中期阶段（逾期 91-180 天）	企业应专门安排人员进行催账，采用电话、书面等多种方式，必要时前往现场进行催收。
专门追账期阶段（逾期 181-360 天）	企业应通过书面形式向客户指出货款已经严重逾期，提醒客户若再不付款，将采取必要措施，客户将因此多支付不必要的费用。严厉催收，必要时聘请专业收账公司处理。
诉讼期阶段（逾期 1 年以上）	若客户没有明确的付款回复，或对方出现破产迹象，应交由律师进行处理，通过律师向法院进行诉讼，客户可能会因惧怕法律程序而付款。

（四）坏账处理

应收账款坏账准备的提取应按照《集团公司会计核算办法》相关规定处理。企业对计提坏账后的应收账款应继续催收，尽量减少坏账损失。企业应制定应收账款责任追究制度，对非客观原因导致的应收账款损失，追究相关部门和责任人的责任。

第六章 Chapter 6 标杆价值链管理

一、概　　述

标杆价值链管理是企业将自己的产品或服务的价格、成本、生产流程、管理模式等与同行业内或行业外的先进企业作比较，通过对比，借鉴、学习先进企业的经验，改进业务流程、优化管理模式，从而降低和改善企业成本，提高竞争力，追赶和超越标杆企业的一种良性循环的管理方法①。

二、标杆价值链管理步骤

标杆价值链管理步骤为：通过对横向价值链的分析，确定企业的对标对象，搜集对标企业的成本信息和其他相关信息，分析差距和原因，确定学习和改进目标，制定改进方案并实施，实施效果评估和持续改进，通过学习和改进技术能力、生产流程和管理模式等实现成本降低和提高竞争力。实施步骤如图 7－6－1 所示。

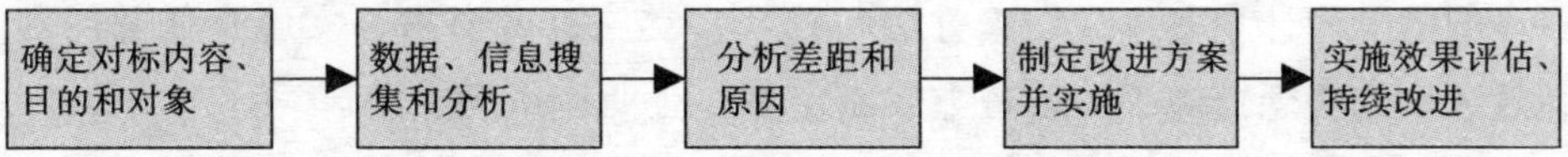

图 7－6－1　标杆价值链管理步骤

三、标杆价值链管理方法

（一）确定对标内容、目的和对象

企业实施标杆管理，首先要确定对标内容、目的和对象，不同企业优劣势不同，对标需求也不相同，企业应根据自身需求确定对标内容、目的和对象。

成本管理对标内容一般是产品成本，标杆管理的目的是通过对标，找到企业成本与先进企业成本的差距，寻找产生这些差距的原因，寻求改进措施，实现降低成本、提高收益和增强竞争力目标。对标对象可以是竞争标杆、集团标杆、功能标杆和产品标杆。

---

① 杨术、张晓磊：“标杆管理：公共服务部门绩效改进的有效途径”，《今日中国论坛》2006 年 4 月 5 日。

1. 竞争标杆：以市场上主要竞争对手作为标杆，全面对标其产品的制造成本和管理成本，谋求比竞争对手更低的成本和更高的性价比，由于是直接竞争对手，信息较难获取；

2. 集团标杆：以集团内部成本管理先进企业为对标对象，充分交流，相互取长补短，如长安汽车以集团内部长安福特马自达、长安铃木作为标杆；

3. 功能标杆：针对一项技术、流程、管理模式等某项功能开展专门对标，对标对象是行业领先者或行业外某些优秀企业，由于没有直接竞争，往往比较愿意提供和分享技术和市场信息；

4. 产品对标：针对某一具体产品，选择市场上的竞争产品，对竞争产品进行解剖分析，对比找出成本差距的原因，在成本方面超越标杆。

（二）数据、信息搜集和分析

确定了对标内容、目的和对象后，企业应搜集对标对象的相关数据和信息，并进行加工、对比和分析。一般数据搜集方法有两种：一是获得间接数据，通过各类咨询机构、行业协会、技术报告、供应商、分销商、顾客等取得；二是获得直接数据，通过现场参观与考察、调查访谈以及对竞争对手产品的检测和分析等。

数据搜集完毕，企业应将数据进行加工，将标杆企业的数据与企业自身的同类数据进行对比和分析。

（三）分析差距和原因

通过本企业数据与对标企业数据的比较和分析，分析成本差距，找出形成差距的原因，是产品设计造成的、或是固定成本居高造成的、还是采购成本过高造成的等等，通过原因分析，制定改进措施提供方向和思路。

（四）制定改进方案并实施

通过对形成差距的原因分析，围绕关键因素，制定缩小差距的具体的行动方案，方案应该包括：详细的工作计划安排、实施方法和技术、实施进度要求、实施责任部门和责任人、阶段性绩效考评和奖惩措施等。改进方案制定后，企业应组织实施。

（五）实施效果评估和持续改进

改进方案实施一段时间后，应对其效果进行定性和定量的评估，查看对标管理的目标是否实现，效果如何。标杆管理是一个长期的渐进的过程，在每一轮对标目标实现以后，应重新确定新的标杆，持续改进，形成长久的成本竞争优势。

第八部分

内部管理报告和管理模型手册

第一章 Chapter 1 内部管理报告概述

一、内部管理报告的概念

内部管理报告是管理信息的一种载体，其针对管理需要，以一定的形式为管理控制提供决策信息支持。

就企业而言，作为价值创造实体，其一切活动的最终目标都在于利用相关资源，进行决策和控制，实现价值增值。内部管理报告在财务报告的基础上，综合运用管理会计的多种方法，融合各种财务的、非财务的信息，对企业经济活动状态进行反映、预测、决策、规划与控制，协调和沟通企业董事会、管理者和相关人员，支撑企业多资源的有效调整和配置，助推企业价值创造。

综上，本手册的内部管理报告主要指企业内部管理报告，其定义为：内部管理报告是一种综合信息文件，它借助相关方法和工具，对财务信息和非财务信息进行综合加工，反映企业经营、管理及财务状况，支撑决策与控制，促进资源配置的有效性，服务价值创造。

二、内部管理报告与管理会计

会计是一个信息系统，由若干子系统组成，其中最重要的两个子系统是财务会计和管理会计[①]。财务会计与管理会计，最主要的差别之一就是服务对象不同。财务会计主要是侧重于为外部投资者以及利益相关者的评价、决策和投资提供信息服务和支撑；管理会计则侧重于为内部经营管理者的经营策略、资源配置和管理决策提供信息支撑。

管理会计信息系统为一个企业（或组织）内部的各级经理乃至普通员工的决策提供信息，在本质上他是种种创造企业价值的信息系统[②]。

内部管理报告就是对实际经济运行状况的结果进行确认、计量、记录和报告，通过内部管理报告，实现内部管理所用信息的上传下达，促使企业各项经济运营活动得以顺利开展。从这个层面来说，内部管理报告属于管理会计范畴，是管理会计信息的集中反映形式。

---

① 于增彪：《管理会计》，清华大学出版社 2014 年版。

② 余绪缨：“论知识经济与创造性人才的培养”，《中国经济问题》，1984 年。

三、内部管理报告与全面预算管理

一是内部管理报告与全面预算管理一样，是管理会计工具中能够比较综合的反映信息的工具，是平台性的管理工具。

二是内部管理报告依托于全面预算管理及其他管理会计工具，以全面预算管理为起点和基础。

三是内部管理报告服务于全面预算管理，但又不局限于全面预算管理。

四、内部管理报告与其他管理会计工具

内部管理报告作为管理会计的一部分，是管理会计信息的集中反映形式，是一种相对综合性的管理会计工具。与其他管理会计工具相比，其有以下特征：

一是内部管理报告不能完全单独存在，其他工具是内部管理报告的基础。内部管理报告作为管理会计信息的集中反映形式，其无论是编制、分析方法，还是评价、判断依据都必须以预算管理、标准成本、作业成本为基础，任何的其他工具的缺失都会导致最终的内部管理报告的缺项。

二是内部管理报告具有管理会计的基本特性：既是对过去的反映，更是对未来的预测。相比其他管理会计工具，内部管理报告实际上是对信息的加工分析，既是在说明过去，更是在判断未来。

三是内部管理报告个性化特征鲜明。内部管理报告针对的是管理需求，因此针对性直接导致其个性化特征鲜明，不同的时间，不同的环境，不同的企业，甚至不同的管理者和编制者都会影响内部管理的内容和表现。

四是内部管理报告有十分明显的时效性要求。因为内部管理报告的作用就是反映、预测、决策、规划、控制以及协调和沟通，那么对相关信息的及时处理、反映和传递就显得尤为重要。

五、内部管理报告与财务报告

会计是一个信息系统，由若干子系统组成，其中最重要的两个子系统是财务会计和管理会计①。与之相对应，会计报告也有财务报告和内部管理报告，财务报告是财务会计系统的信息载体，内部管理报告是管理会计系统的信息载体。

（一）内部管理报告与财务报告的区别

内部管理报告与财务报告二者相互区别，主要表现详见表 8 -1 -1。

（二）内部管理报告与财务报告的联系

内部管理报告与财务报告相互联系，从财务数据角度来看属于“同源分流”，两者都是会计报告的组织部分。

---

① 于增彪：《管理会计》，清华大学出版社 2014 年版。

表 8-1-1

项目	财务报告	内部管理报告
报告基础	会计信息系统，财务信息	会计信息系统和其他信息系统，包括财务信息、非财务信息
报告目的	为外部和内部使用者提供信息	内部经营管理者的经营策略、资源配置和管理决策提供信息支撑。
报告内容	整个企业经营活动的全过程的信息	企业整体，或者企业内部生产经营、管理单元信息，甚至是个体因素
报告特征	着重数据的客观性、连贯性、准确性	更强调决策的相关性，允许主观信息存在

一是内部管理报告与财务报告的边界划分是相对的，企业的内部报告中包含财务信息和非财务信息，其中的财务信息与财务报告中信息有很强的重复性；而财务报告中，也会适当披露一些内部管理计划、方案等内部管理信息。

二是内部管理报告与财务报告的使用者并非完全绝对的。因为财务报告对企业外部相关利益的决策有重大影响，内部经营管理者对财务报告也是相当关注的；而外部投资者由于投资决策的需要，除了财务报告信息，更希望得到内部管理信息，以便更多的了解企业。

六、内部管理报告的功能

内部管理报告作为财务信息和非财务信息的综合载体，综合反映了企业经营、管理及财务状况，有助于企业内部沟通、决策、控制和评价，促进企业资源有效配置，其最终目标在于促进企业价值创造。内部管理报告主要功能就是：信息沟通、预测与判断、决策支撑、管理控制以及业绩评价与激励功能。

第二章 Chapter 2 内部管理报告的分类

一、基于组织层级的内部管理报告分类

典型的企业组织和内部管理都被层级化或结构化，不同的管理结构和管理层级需要不同的决策、管理信息，这就是由使用者差异所带来的信息需求差异。这种信息需求差异从根本上决定了内部管理报告的针对性和层级区隔。

（一）组织层级分析

按照美国斯隆管理学院提出的“安东尼结构”的经营管理层次构，把经营管理分成三个层次，即战略规划层、战术计划层和运行管理层①。战略规划层：从组织根本利益出发，考虑组织全局性、战略性、方向性的问题，战略规划层的决策关乎企业兴衰成败；战术计划层：在战略、方针既定的情况下，制定、拟定和选择对应实施方案、步骤和程序，进行相应的分配和调整，对企业经营活动进行控制和评价；运行管理层：是企业日常经营活动和具体工作任务的执行单元（组织、个人），涉及范围较窄，只对组织产生局部影响。

（二）不同层级的信息需求分析

由于组织层级的区隔，带来不同组织层级对信息需求的差异。战略规划层的信息需求注重价值驱动因素分析、结果分析。重点关注宏观环境信息、资源受托责任的履行情况信息、重大财务和经营决策信息、价值贡献信息、规划或预算管理信息等；战术计划层更加关注管理和控制，对过程的认知感较强。重点关注预算管理信息、产品信息、经营管理信息、资产运营与现金流信息、绩效评价信息等；运行管理层对即时信息异常敏感，因为财务会计的确认和计量的滞后性，所以这个层面，财务会计信息往往不能满足运行管理层的需求，运行管理层信息更加关注具体生产经营中的过程信息，包括研发、品质、采购、生产、销售等。

（三）基于集团公司实际的内部管理报告分类

比照这种分类模式，内部管理报告按照使用对象对信息需求的差异也可以简单分为战略层级，战术计划层级和运行管理层级。就兵装集团实际而言，虽然也可以基本比照“安东尼结构”进行相应分类，比如，在组织层级上，分为战略规划层（主要应包括集团公司，

---

① 杨奎：“网络条件下的铁路统一调度指挥方法研究”，西南交通大学硕士论文，2012 年。

集团公司各专业公司)、战术计划层（主要包括各独立经营的企业主体)、运行管理层（主要包括企业内部的研发、采购、制造、营销等部门或分厂（车间）以及职能部门和分厂（车间）的具体管理岗位)。在管理职能上，每个企业内部基本上都有管理层（高层)、执行层（中层)、操作层（基层）的相应分类。但是由于实际经营管理中组织机构和管理职能的重叠和交叉，这种对内部管理报告组织层级的分类并不完全绝对。它更多的是提供一种参考，提示内部管理报告的编制应充分考虑使用者及其信息需求的差异。

为使内部管理报告的分类更具实操性，本手册将内部管理报告按照组织层级不同，简单分为两类：战略决策型和业务管理型。

二、内部管理报告的其他分类

1. 基于报告基础差异的内部管理报告分类。内部管理报告的基础是指内部管理报告中的分析标杆，比如基于预算管理和执行的内部报告、基于经营改善的内部管理报告或者基于过程控制的内部管理报告等。这其中，基于预算管理和执行的内部管理报告是本手册的重点，在本手册中，若无特别说明，内部管理报告手册均以预算管理和执行为基础。

2. 基于报告目的差异的内部管理报告分类。按照内部管理报告的目的不同，可以分为日常内部管理报告和专项管理报告。其中专项管理报告主要包括类似与投资报告、产品策划报告、研发立项报告等。

3. 基于时间和期间的内部管理报告分类。按照期间长短，可以分为月度报告、季度报告年度报告和长期报告。期间越短，实效性要求越高，期间越长，信息范围要求越广。

第三章

Chapter 3 内部管理报告的环境分析

内部管理报告功能和作用的发挥，需要有良好的环境，这里的环境至少包括流程与机制、组织和人员以及信息化支撑等方面的内容。

一、流程和机制

内部管理报告有效运用，要有相应的流程和机制保证，建立从使用者需求出发，建立内部管理报告信息需求的“收集—分析—反馈”机制。

1. 确定报告目的和报告主题。报告主题与报告目的是对报告信息需求的前瞻性分析，明确报告受众、信息内容，并进一步确定信息范围、信息来源，同时会相应选择或圈定报告形式。报告主题与报告目的的确定，可以加强报告的针对性和有效性，降低不必要报告产生的可能性。这是内部管理报告要解决的首要问题。

2. 信息收集、分析和整理。这是内部观报告编制的核心环节，实质上就是围绕报告主题和报告目的，针对特定的对象和范围，收集所需信息，并进行内部管理报告编制的过程。这个过程需要企业建立内外部重要信息的收集机制，需要有相应的组织职能明确和保证。

3. 信息传递。信息传递是连接信息提供者和信息使用者的过程，其传递的有效和及时对内部管理报告作用的发挥有重要作用①。企业应建立相应的制度，来明确报告的适用范围，明确相应的分工和权限，确保传递流程清晰，提高流转效率。

4. 报告使用。内部管理报告的最终目的在于报告使用，支撑决策，反馈或取得反馈信息。内部管理报告的使用既包括受众收到、理解内部管理报告信息，也包括内部管理报告涉及主体（事项）通过内部管理报告进行相应的改变和反馈。

5. 内部管理报告的档案管理。内部管理报告（包括纸质介质形式、电子信息形式）应建立类似财务报告的档案管理，纳入财务档案体系。一是便于内部管理报告的查阅、对比分析和改善，提高内部管理报告的有用性；二是企业内部的运营情况、技术水平、财务状况以及有关重大事项等通常涉及商业秘密，这些内部信息泄露可能导致企业的商业秘密被竞争对手获知，使企业处于被动境地，甚至造成重大损失。

---

① 张晓明：“企业内部管理报告研究”，财政部财政科学研究所博士论文，2011 年。

二、组织和人员

内部管理报告流程和机制的有效运行，必须以相应的管理机构和人员为支撑。组织建设和人员配置，以及相应的职责分工，明确内部管理报告信息收集、报告编制的责任主体。可参照或借用公司预算管理中预算管理委员会的设置，由公司负责人或者经营、财务负责人牵头，配置一定数量专业人员，履行相应职责。

1. 建立常用内部管理报告规范。一是根据自身的发展战略、业务模式、组织架构等特点，规范不同级次内部管理报告的指标体系，合理设置关键指标和辅助指标；二是确定内部管理报告模板，包括报告格式、报告名称、主体内容、所属类别、报送频率、报送对象以及备注说明等。

2. 明确职责、固化流程。对基础数据、业务变化、财务指标等不同类别的信息需求明确信息源、信息采集单位和报送对象，实现信息“收集—反馈”流程相对固化。

4. 信息规范。通过内部管理报告相应概念的内涵和外延规范明确，明确信息差异及使用范围，避免信息、概念混淆，造成决策误导。

5. 根据变化定期修订内部管理报告内容。

6. 负责编制内部管理报告或者指导专业对象编制内部管理报告。

三、信息化支撑

内部管理报告是财务和非财务信息的综合载体，其对信息的收集、分析和加工，横向范围越来越广，纵向深度越来越深。其收集和加工的信息量越来越大。信息化发展和建设，提高常规任务的自动化程度，将会计人员从简单核算的重复劳动中解脱出来，进行复杂的、多维度的财务与非财务分析成为可能，促使会计人员从角色转变。同时，流程固化和信息标准化也需要信息技术支撑，信息技术消除由于信息传递和意义上的错误而造成的信息扭曲和理解误差，提高信息的易传输性和易理解性。

第四章 Chapter 4 内部管理报告编制

一、内部管理报告编制原则

内部管理报告主要是为了满足内部管理与控制，为企业内部管理者提供决策有用信息。尽管企业内部管理报告的形式和作用各有不同，但有效的企业内部管理报告应当遵循以下编报原则。

1. 适用性原则。内部管理报告的内容、表现形式，应与企业组织结构和管理职能设置相适应。一是层级适应。如前文所述，不同的管理层级的信息需求应有所区别；二是职能适应。不同的管理者，如销售经理和采购经理、研发经理，其对内部管理报告信息关注度是不同的；三是目的差异，可能是揭示日常生产经营的，也可能是进行专项活动分析的。

2. 可理解性原则。内部管理报告最终目的是使用，而其使用者大多不是财务人员。因此，内部管理报告在内容、种类、格式尽可能做到清晰、简明、易懂，便于理解和利用。内部管理报告应该是已经进行整理、加工后的信息，而不是正在或尚需加工的信息。内部管理报告应该是结果性、结论性的反映。因此，内部管理报告的。

3. 重要性原则。内部管理报告的设计上，在模板内容固定化的同时，既要强调内容的覆盖性，避免错漏，更应该体现重要性。内部管理报告应该能引导管理者的注意力，使其集中于少数重要事件上，使管理者有效率的运用其有限的时间，使其有充裕的时间来解决问题。判断重要性的标准，主要是看管理信息与报告使用者经济决策的相关程度的大小，有定量和定性两种判断标准。定量标准可事先制定控制界限，控制界限可用金额或比率表示，当差异额超过此限额或差异幅度超过此比率者，均视为重要，应予追查；定性标准有两种，一种是经常需要的信息，一种是某一时期特别需要的信息①。

4. 时效性原则。对于管理控制和经营决策而言，时间是除质量之外考虑的最重要因素。在考虑成本的前提下，应尽量缩短决策与报告提供之间的时间差。遇有突发事件或意外事项时，可就所涉及的事件或部门编制非定期的个性化报告，要符合决策所需的时效性，满足管理者的快速响应需求，及时提供例外报告进行预警②。

---

① 张晓明："企业内部管理报告研究"，财政部财政科学研究所博士论文，2011 年。

② 同上。

二、内部管理报告编制的具体内容

内部管理报告分类不同，其实际内容和形式也会略有差异，但一般来说内部管理报告应包括几部分内容，如图 8－4－1。

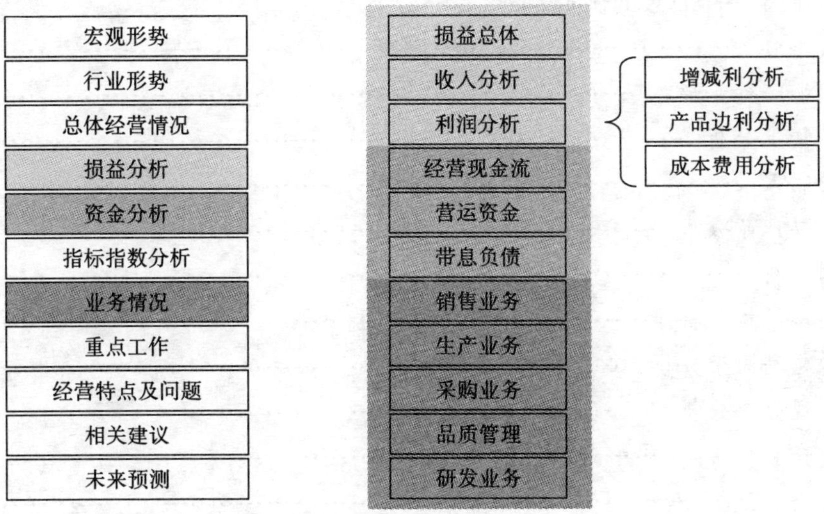

图 8－4－1

在这个内部管理报告结构下，要说明以下几点：

（1）损益分析以利润分析为主线，重视对利润影响因素分析；

（2）损益部分预算执行分析为主线，同比增减和环比增减辅之；

（3）此分类中，资金分析包含经营现金流、营运资金、带息负债；

（4）业务情况中仅是代表性列举。

三、按组织层级分类的内部管理报告模型示例

企业的内部管理报告应参考组织层级划分，对应确定各层次的管理重点和信息需求；根据各个层级管理重点和信息需求差异确定相应内部管理报告的核心内容和重点。由于在实际操作中，层级边界存在模糊性，部分信息又存在层级交叉，因此，本指导手册中按照战略决策与业务管理两个层面，对应集团公司和具体企业，分别进行内部管理报告管理模型列示，以供参考。在实际使用中，建议根据报告时间节点、报告目的、受众范围等因素进行适当的调整，以更加契合实际需求。

（一）战略决策型内部管理报告

1. 适用对象。战略决策型内部管理报告适用于集团管控型企业集团或具有相似特征的部分企业，其关注的重点是战略方向、产品产业布局、重大投资、重大风险以及集团或产业盈利能力。

2. 重点关注信息。对应内部管理报告的适用对象及其重点关注内容，战略决策型内部管理报告应包括宏观形势、行业形势、总体经营情况、主要产品发展、重点项目（工作）情况、经营特点及问题总计、相关建议、未来预计等方面内容。

3. 内部管理报告模型示例。内部管理报一般由标题（主题）、目录（报告提纲）、正文、附件等部分组成。

（1）标题：一般是把主题、单位、时间等简明信息列示于报告的封面。

（2）目录：内部管理报告应该有一个汇报提纲或目录，以便使用者从整体上把握内部管理报告。下面是一个目录的例示。

（3）正文，按照目录要求内容完成销售预测报告。正文要求简明扼要，逻辑严谨，数据准确，实事求是，尽量用表格和图表说话。

（4）附件，主要是指正文没有提及，但又与正文相关必须说明的部分，它是对正文进行详细的补充。

仍以上例目录内容为例，对报告中的各部分内容详解如下：

“3.1 宏观形势”。这里的宏观形势一般意义上主要指宏观经济形势，特定背景或者环境下也可以考虑其他情况，比如国际、国内政治形势等。宏观经济形势是指宏观经济发展状况及其趋势，影响企业运行的宏观经济指标主要有：国民生产总值及其变化、社会商品零售总值及其变化、价格水平及其变化等。

此部分分析，主要是根据经济运行各方面的内在联系，通过能够取得的经济指标，对宏观经济形势作出判断。

基于企业实际情况，此部分内容可能更多的需要借助外部资源。另外，此部分内容主要使用于长期规划、年度预算或者宏观形势已经出现或很大可能出现对企业有重大影响的特殊情况下的专题汇报。

此部分可借助 PEST 分析模型、外部因素评价矩阵等。

“3.2（产业）行业形势”。主要产业行业形势分析，是指对企业生产经营的主要产品（产业）行业整体发展状况和发展趋势的分析、判断和预测。此部分内容主要涉及行业政策分析、行业消费需求分、行业内竞争对手分析、其他相关产业的发展情况等等。主要从四个方面考虑：竞争形势、运营环境、客户和供应商：竞争形势需要考虑主要竞争者的行动、新竞争者的进入、主要兼并和收购、竞争格局的变化（例如从产品到服务）；运营环境需要考虑政策的变化（例如经济、劳动力、税收等）；客户方面主要关注主要客户的行为和计划、主要客户份额的变化、客户需求的变化、新的分销渠道，减少中间环节；供应商方面主要关注：制约因素（例如劳动力、设备、原材料），质量和价格、交货时间、信用期限和支付方式的变化。

此部分内容可以结合对标分析，对本企业主要产品在行业内的地位和发展进行判断、预测。可借助波士顿矩阵、SWOT 因素分析法、波特五力分析模型等。

“3.3 总体情况分析”。总体情况分析是通过主要财务指标的整体性概括分析，给予使用者关于企业情况的整体概念，并提示重要关注点。如表 8－4－1 所示。

表 8－4－1　主要财务指标情况表　单位：万元，%

项目	年初预算	当期				累计			
		实际	同比	环比	评价	实际	同比	完成预算	评价
主要产品销量									
营业收入									
经营性利润									
利润总额									
经济增加值									
经营性现金流									
销售净利率									
成本费用占收入比例									
应收账款周转率									
存货周转率									
资产负债率									
带息负债率									

备注：附表项目可根据实际情况略作变动。

“3.4 营业收入”。收入分析主要是通过分版块的收入明细分析，给予使用者关于目前企业内各产业发展趋势，以及反映是否按照预算执行，并提示各产业发展中的困难和问题。例见表 8－4－2。

表 8－4－2　营业收入分析表　单位：万元，%

项目	年初预算	当期				累计			
		实际	同比	环比	评价	实际	同比	完成预算	评价
合计									
板块一									
板块二									
……									

"3.4.1 主要产品分析"。主要产品分析是收入分析的延伸，整理主要产品的收入贡献、销量趋势，已经产品在行业中地位与发展，来进一步明确企业支撑产业的发展情况和存在问题，以便使用者及时进行相应决策。如表 8-4-3 所示。

表 8-4-3 产品收入贡献分析表 单位：万元,%

项目	1月	2月	3月	4月	5月	6月	7月	8月	9月	……	累计	占比	备注
合计													
一、板块一													
1. 产品1													
2. 产品2													
3. 产品……													
行业情况													
二、板块二													
1. 产品1													
2. 产品2													
3. 产品……													
行业情况													
三、……													

备注：1. 占比应分两个层面分析，一是企业内部产品结构比；二是企业产品行业占比。

2. 上表可以用其他易于理解，便于表现的形式呈现。

在产品分析中，为便于明确产品产品在行业地位，明确其发展趋势和方向，可以借助一些专门分析模型来进行分析，比如波士顿矩阵。实际中，可以通过四象限的坐标轴的不同定义，分析产品贡献能力（对内），产品盈利能力、市场竞争能力已经产品发展能力。

"3.5 利润分析"中的"3.5.1 利润结构分析"，利润结构分析主要是通过分版块的明细分析，给予使用者关于目前企业内各板块盈利状况及贡献，以及反映是否按照预算执行，并提示各产业发展中的困难和问题。利润分析中不仅仅指利润总额，可以视情况进行经营利润、净利润，或者 EVA 等分析，亦可进行相应对比分析。见表 8-4-4。

表 8-4-4 利润分析表 单位：万元,%

项目	年初预算	当期					累计				
		实际	占比	同比	环比	评价	实际	占比	同比	完成预算	评价
合计											
板块一											
板块二											
……											

"3.5.2 增减利因素分析"。增减利因素分析是运用因素分析的思路，对企业的利润按照影响企业利润因素进行解剖，以便使用者了解影响结果的各因素，实现针对性控制和决策。增减利分析可以和利润结构分析相结合，视情况进行进一步的细化分析。见表 8-4-5。

表 8-4-5 增减利表 单位：万元

项目	当期				累计				
	实际	同比	环比	评价	预算	实际	同比	比预算增减	评价
毛利									
营业税金及附加									
销售费用									
管理费用									
财务费用									
公允价值变动									
资产减值损失									
投资收益									
营业外收支									
利润总额									

备注：毛利 = 营业收入 - 营业成本

另，可视情况进行分版块利润率分析，或分板块利润排序分析，都可在利润结构分析和增减利分析基础上进行。

“3.6 经营现金流分析”。经营现金流分析可以是板块贡献分析，也可以是因素分析。但在战略决策层，侧重于板块贡献分析。见表 8-4-6。

表 8-4-6 经营现金流分析表 单位：万元，%

项目	年初预算	当期					累计				
		实际	占比	同比	环比	评价	实际	占比	同比	完成预算	评价
合计											
板块一											
板块二											
……											

“3.7 营运资金分析”。广义的营运资金又称总营运资本，是指一个企业投放在流动资产上的资金，具体包括现金、有价证券、应收账款、存货等占用的资金。狭义的营运资金是指某时点内企业的流动资产与流动负债的差额。在此，我们的营运资金指狭义营运资金。同时，在营运资金因素分析中，我们重点关注应收账款、存货和应付账款，其他营运资金视情况进行补充分析。见表 8-4-7、表 8-4-8。

表 8-4-7 营运资金分析表 单位：万元，%

项目	期初金额	当期	占比	比期初	环比	同比	评价
合计							
板块一							
板块二							
……							

表 8-4-8　营运资金主要因素　单位：万元,%

项目	期初		当期		比期初		环比		同比		评价
	金额	周转率	金额	周转率	金额	周转率	金额	周转率	金额	周转率	
一、应收账款											
板块一											
板块二											
……											
二、存货											
板块一											
板块二											
……											
三、应付账款											
板块一											
板块二											

"3.8 带息负债分析"。带息负债一般情况下包括：短期借款、一年内到期的长期负债、长期借款、应付债券和应付利息。如果有带息应付票据和带息交易性金融资产，还要考虑这两部分。

带息负债以及带息负债率既可以反映企业负债中带息负债的比重，在一定程度上体现了企业未来的偿债（尤其是偿还利息）压力，又可以在带息负债组成结构中反映企业融合结构的合理性以及偿还风险。见表 8-4-9。

表 8-4-9　带息负债分析表　单位：万元,%

项目	期初	当期	比期初	环比	同比	评价
带息负债合计						
板块一						
板块二						
……						
带息负债率						
板块一						
板块二						
……						

"3.9 财务综合指标指数"。财务指标指数是指利用目前的一些理论成果和模型，进行综合全面财务指标指数分析。这种综合性的分析和评价，能分析企业经营发展管理中各种财务指标的内在关联，在某些时候可以弥补一般分析的缺项缺陷。

这类的综合财务指标指数分析可以直接借用成熟的模型或案例，如杜邦分析法体系以及 EVA 管理。在分析中考虑内部管理报告的适用性，应进行相应点评和说明。

以下的 EVA 分析和杜邦分析仅为列示。

"3.9.1 EVA 分析"。EVA 是经济增加值（Economic Value Added）的简称，是指在扣除资本成本（包括债务成本和股本成本）之后剩余的利润。EVA 用最简单的公式和最通俗的语言，诠释了一个经济概念：剩余收益。

EVA 分析通过对 EVA 的计算、比较和分析，对企业价值创造能力进行评价和判断，经过敏感性分析找到影响 EVA 的关键项目和敏感性因素，对创造和破坏价值的因素和原因进行分析，制定 EVA 目标和提升措施，如表 8－4－10。具体参照《EVA 提升管理手册》。

表 8－4－10　　EVA 驱动路径表

单位：万元，%

序号	项目						基期值	提升目标值
	1	2	3	4	5	6	7	8
1					主营业务利润	主营业务收入	0	0
2						主营业务成本	0	0
3					0 0	主营业务税金及附加	0	0
4				营业利润	+ 其他业务利润	其他业务收入	0	0
5					0 0	其他业务成本	0	0
6				0 0	期间费用	管理费用	0	0
7			净利润		−	销售费用	0	0
8		税后净营业利润	0 0		0 0	财务费用	0	0
9				+ 非营业利润		营业外收支净额	0	0
10		0 0				投资收益	0	0
11					0 0	其他	0	0
12				− 所得税	0 0	所得税	0	0
13			+ 调整因素×(1-25%)			研究开发费用调整数	0	0
14						非经常性收益调整数	0	0
15					0 0	利息支出	0	0
16						货币资金	0	0
17						存货	0	0
18	EVA				流动资产	应收票据	0	0
19	0 0					应收账款	0	0
20						预付账款	0	0
21						其他应收款	0	0
22					0 0	其他	0	0
23						固定资产	0	0
24		−资本成本	资本占用	资本占用	+ 非流动资产	在建工程	0	0
25						无形资产	0	0
26		0 0	0 0	0 0	0 0	其他	0	0
27						应付票据	0	0
28					无息流动负债	应付账款	0	0
29					−	预收账款	0	0
30						其他应付款	0	0
31					0 0	其他	0	0
32				− 调整因素	在建工程	在建工程	0	0
33					0 0		0	0
34			×资本成本率				0	0

备注：具体填报说明见《EVA 驱动路径表填表说明及指导意见》。

EVA 驱动路径表是运用 EVA 价值驱动的运动机理，改变传统的通过计算调整净利润、负债和所有者权益来计算 EVA 的方式，从影响 EVA 的关键驱动因素出发，层层分解 EVA 的影响因素，使企业领导能很直观理解 EVA 值的来源，找到 EVA 的增长点和问题点，为领导决策提供参考依据。

“3.9.2 杜邦分析”。杜邦分析法（DuPont Analysis）是利用几种主要的财务比率之间的关系来综合地分析企业的财务状况。具体来说，它是一种用来评价公司赢利能力和股东权益回报水平，从财务角度评价企业绩效的一种经典方法。其基本思想是将企业净资产收益率逐级分解为多项财务比率乘积，这样有助于深入分析比较企业经营业绩。由于这种分析方法最早由美国杜邦公司使用，故名杜邦分析法。见图 8-4-2。

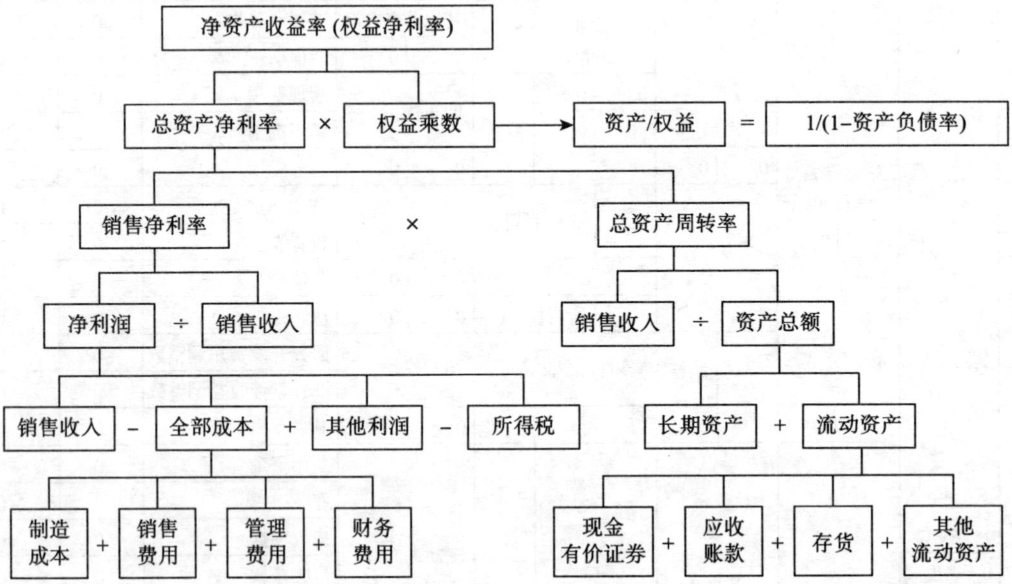

图 8-4-2 杜邦分析法

“3.10 重点项目（工作）情况”。该部分主要是应反映企业当期诸如投资、组织（人员）调整、结构性产业政策变化以及其他对企业有重点影响的事项或者工作。

此部分无形式要求，但内容上应包括项目目的（目标）、项目进展（成效）、项目问题以及项目预计。

“3.11 经营特点及问题总结”。此部分内容应是综合性对分析期间内企业在经营活动中的主要特征，如趋势、亮点进行总结，对存在问题或风险进行提示。

此部分应简洁、扼要。

“3.12 相关建议”。内部报告编制者原则上应该针对企业经营特点及问题总结，提出相应的经营建议。但实际情况做，此部分可以作为或有项目。

“3.13 未来预测”。未来预测是指部分假设或措施的前提下，按照企业前期经营，结合分析，作出对未来作出合理判断和预测。应参照经营预测的方式和内容编制本部分。

本部分内容至少包括主要产品销量、收入、利润、经营现金流、重要资产项目（如应收、存货），还可以结合企业重点项目（工作）情况，对企业产品结构、资产结构、组织（人员）结构以及其他重要事项进行预测、说明。

（二）业务管理型内部管理报告

1. 适用对象。业务管理型内部管理报告适用于各公司及其子公司或者具有公司性质的独立经营的事业部等经济实体，其关注的重点是公司产品、产业规划、产品产业生命周期、产品盈利能力、成本竞争能力、资金安全、其他财务风险以及生产、销售、采购、品质、研发等业务管控。

2. 重点关注信息。对应内部管理报告的适用对象及其重点关注内容，业务管理型内部管理报告应包括行业形势、主要经营情况、损益情况、利润增减、主要业务、主要特点及问题提示、相关建议、业务改善计划、未来预计等方面内容。

3. 内部管理报告模型示例。

内部管理报告一般由标题（主题）、目录（报告提纲）、正文、附件等部分组成。

（1）标题：一般是把主题、单位、时间等简明信息列示于报告的封面。

（2）目录：内部管理报告应该有一个汇报提纲或目录，以便使用者从整体上把握内部管理报告。举例说明：

3.1 宏观形势 ………………………………………………（　）页

3.2 主要产品（产业）行业形势 ……………………………（　）页

3.3 总体情况分析 …………………………………………（　）页

3.4 损益分析 ………………………………………………（　）页

3.4.1 增减利分析 ……………………………………………（　）页

3.4.2 产品边利分析 …………………………………………（　）页

3.4.3 固定成本费用分析 ……………………………………（　）页

3.4.4 成本管理情况 …………………………………………（　）页

3.5 经营现金流分析 …………………………………………（　）页

3.6 营运资金分析 ……………………………………………（　）页

3.7 带息负债分析 ……………………………………………（　）页

3.8 财务指标指数 ……………………………………………（　）页

3.9 业务分析 …………………………………………………（　）页

3.9.1 销售业务 ………………………………………………（　）页

3.9.2 生产业务 ………………………………………………（　）页

3.9.3 采购业务 ………………………………………………（　）页

3.9.4 品质业务 ………………………………………………（　）页

3.9.5 研发业务 ………………………………………………（　）页

3.9.6 其他说明 ………………………………………………（　）页

3.10 重点项目（工作）情况 …………………………………（　）页

3.11 子业务单元情况 …………………………………………（　）页

（3）正文，按照目录要求内容完成销售预测报告。正文要求简明扼要，逻辑严谨，数据准确，实事求是，尽量用表格和图表说话。

（4）附件，主要是指正文没有提及，但又与正文相关必须说明的部分，它是对正文进行详细的补充。

下面详解报告各部分的内容。

“3.1 宏观形势”。参照战略管理型内部管理报告。

“3.2 主要产品（产业）行业形势”。参照战略管理型内部管理报告。但本部分内容对于业务管理层面，应进一步考虑产品细分，进一步明确本企业产品梯级设置与行业产品细分的对应与取舍。

“3.3 总体情况分析”。总体情况分析主要是通过主要财务指标的整体性概括分析，给予使用者关于企业情况的整体概念，并提示重要关注点。见表8-4-11。

表8-4-11　　主要财务指标情况表　　单位：万元，%

项目	年初预算	当期				累计			
		实际	同比	环比	评价	实际	同比	完成预算	评价
主要产品销量									
营业收入									
经营性利润									
利润总额									
经济增加值									
经营性现金流									
销售净利率									
成本费用占收入比例									
应收账款周转率									
存货周转率									
资产负债率									
带息负债率									

备注：附表项目可根据实际情况进行修改变动。

“3.4 损益分析”。损益总表通过对单位主要损益项目的分析列示、分析，找出影响当期损益的关键指标和关键因素，进而展开有针对性的进一步分析。其可以达到两个目的：一是损益概况及各盈利因素（单元）贡献展示；二是主要问题点及下一步分析重点提示。见表8-4-12。

表 8-4-12　　损益分析总表　　单位：万元，%

项目	年初预算	当期				累计			
		实际	同比	环比	评价	实际	同比	完成预算	评价
一、主要产品销量									
1. 内贸									
产品系列 1									
产品系列 2									
2. 外贸									
产品系列 1									
产品系列 2									
二、收入									
1. 内贸									
产品系列 1									
产品系列 2									
2. 外贸									
产品系列 1									
产品系列 2									
三、边利（收入－变动成本－税金－变动销售费用）									
1. 内贸									
产品系列 1									
产品系列 2									
2. 外贸									
产品系列 1									
产品系列 2									
四、固定成本费用									
1. 制造折旧									
2. 固定费用									
管理费用（不含研发摊销）									
研发费用（费用化＋资本化）									
固定销售费用									
财务费用									
五、价格变动影响									
六、降成本项目									
1. 采购降成本									
2. 自制降成本									
七、经营性利润（七＝三－四＋五＋六）									
八、投资收益									
九、其他利润									
1. 其他业务利润									
2. 营业外收支									
3. 减值准备									
4. 其他									
十、利润总额									

说明：1. 本表边利＝收入－变动成本－税金－变动销售费用

2. 本表边利中反映以不变的单位预算成本计算的边利；本表的价差项目（价格差异、成本差异）单列。目的是便于责任考核与直接对比。

3. 本表的管理费用进行适当调整，将研发资本化摊销调减；本表研发费用包含所有的研发支出，包括费用化和资本化（研发投入波动较大的单位可以根据实际进行调整）。

"3.4.1 增减利分析"。增减利分析是损益分析的补充表，其主要是围绕利润这一主题，从目标利润到实际利润，分析利润目标的完成进度，对可能实现的增减利因素进行预测和分析，便于经营者及时采取干预措施，可以借助集团公司三张卡管理会计报表中的《盈利路径管理表》进行分析，也可根据企业实际，按照因素分析的思路进行（下面给出表格以供参考）。目的是找出企业利润增减的影响因素、影响原因，以便针对性地采取措施。见表8-4-13、表8-4-14。

表8-4-13　　盈利路径管理表　　单位：万元

项目	年度预算	1-＊月实际	＊-12月预计	全年预计	备注
上年利润总额					
本年利润总额					
利润总额增减					
利润增减合计					
一、减利					
（一）成本等支出增加					
1. 项目1					
2. 项目2					
3. ……					
（二）规模等来源降低					
1. 项目1					
2. ……					
（三）……					
二、增利					
（一）开源					
1. 项目1					
2. 项目2					
3. ……					
（二）节流					
1. 项目1					
2. 项目2					
3. ……					
（三）……					

表 8-4-14　　增减利表　　单位：万元

项目	上年全年实际	全年预算	全年同期	本年累计	增减利			说明
					全年预算比上年全年	本年累计比全年同期	完成预算	
	1	2	3	4	5=2-1	6=4-3	7=6/5	
一、边利（收入-变动成本-税金-变动销售费用）								
1. 内贸								
产品系列 1								
产品系列 2								
2. 外贸								
产品系列 1								
产品系列 2								
二、固定成本费用								
1. 制造折旧								
2. 固定费用								
管理费用（不含研发摊销）								
研发费用（费用化+资本化）								
固定销售费用								
财务费用								
三、价格变动影响								
四、降低成本项目								
1. 采购降成本								
2. 自制降成本								
五、经营性利润（五=一-二+三+四）								
六、投资收益								
七、其他利润								
1. 其他业务利润								
2. 营业外收支								
3. 减值准备								
4. 其他								
八、利润总额								

“3.4.2 产品边利分析”。产品边利分析，是损益总表的支撑表之一。该表主要对损益中的产品销量、收入、成本因素以及边利进行细化分析，主要是说明企业产品量、价、成本对企业产品边利的影响，分析公司产品结构、盈利水平和结构，有助于相关管理层进行产品调整、定价决策以及相应的政策安排。见表 8-4-15。

表 8－4－15

边利明细表

单位：万元

项目	单价			单位变动成本						单位税金	单位变动销售费用	销量		收入			成本			税金		变动销售费用		边利		
				预算		实际		降成本																		
	预算	实际	变动	采购成本	自制成本	采购成本	自制成本	采购成本	自制成本			预算	实际	预算	实际（按预算价）	实际（按实际价）	预算	实际（按预算成本）	实际（按实际成本）	预算	实际	预算	实际	预算	实际（按预算单位值）	实际（按实际单位值）
合计																										
一、内贸																										
1. 产品系列 1																										
其中：产品 1																										
产品 2																										
产品…																										
2. 产品系列 2																										
3. 产品系列…																										
二、内贸																										
1. 产品系列 1																										
其中：产品 1																										
产品 2																										
产品…																										
2. 产品系列 2																										
2. 产品系列 3…																										

说明：1. 实际中可内外贸或按照其他分类分开列示；当月或其他多期比较也可增加列示。

2. 边利＝收入－变动成本－税金－变动销售费用。

3. 为方便预算比较，并便于责任清晰、管理考核，单价及单位成本、单位税金、单位变动销售费用均按照预算计算；实际差额单列。

4. 案例中给出的边利明细表，可以根据企业实际进行相应修改和调整。

“3.4.3 固定成本费用分析”。固定成本费用是相对于变动成本费用的，它与变动成本费用都是成本费用的组成部分。在一定的时间和产品产销规模范围内，固定成本费用是相对稳定的，而变动成本费用将随着产销量变化而变化。变动成本费用在产品边利分析中已经有所体现，因此，此部分固定成本费用主要包括制造折旧、管理费用、研发费用、固定销售费用、财务费用。这种分类是与本案例的损益总表以及产品边利分析相对应的，在内涵上并无绝对性考虑。企业产品不同，资源配置差异以及管理模式差异都有可能导致固定与变动成本费用的分类差异，各企业可以根据实际进行适应性调整。见表 8－4－16、表 8－4－17、表 8－4－18、表 8－4－19。

表 8－4－16　　固定成本费用分析表　　单位：万元，%

项目	年初预算	当期				累计			
		实际	同比	环比	评价	实际	同比	完成预算	评价
合计									
1. 项目1									
2. 项目2									
3. 项目……									

说明：实际分析中，可以进一步将费用项目分类管理。

表 8－4－17　　管理费用分析表　　单位：万元，%

项目	年初预算	当期				累计			
		实际	同比	环比	评价	实际	同比	完成预算	评价
合计									
一、人工及薪酬									
1. 工资									
2. 福利费									
3. ……									
二、部门运营费用									
1. 招待费									
2. 差旅费									
3. 办公费									
4. ……									
三、公司运营费用									
1. 税金									
2. 无形资产摊销									
3. 绿化费									
4. 排污费									
5. ……									
四、专项费用									
1. ××项目投入									
2. 人力资源薪酬改革项目									
3. ××建设项目									
4. ……									

说明：1. 本表分类费绝对性分类。

2. 本表分类原则为：人工及薪酬是指工资或工资性支出，包括辞退福利等；部门运行费用指由于本部门存在而直接发生的相关经常性费用；公司运行费用指除部门运行费用之外的其他经常性费用；专项费用是指两个方面，一是零时性项目费用，如为实现管理提升的一些咨询性项目，二是一些对应的非经常性项目，如间隔一定的安全、卫生专项整改等。

表 8-4-18 固定销售费用分析表 单位：万元，%

项目	年初预算	当期				累计			
		实际	同比	环比	评价	实际	同比	完成预算	评价
合计									
一、人工及薪酬									
1. 工资									
2. 福利费									
3. ……									
二、机构运行									
1. 招待费									
2. 差旅费									
3. 办公费									
4. ……									
三、售后费用									
1. 三包损失									
2. 质量索赔									
3. ……									

说明：1. 本表分类费绝对性分类。

2. 虽然售后费用可能与销量有直接关系，但没有完全对应关系，因此计入固定销售费用。

表 8-4-19 研发费用分析表 单位：万元，%

项目	年初预算	当期				累计			
		实际	同比	环比	评价	实际	同比	完成预算	评价
合计									
一、人工及薪酬									
1. 工资									
2. 福利费									
3. ……									
二、日常费用									
1. 招待费									
2. 差旅费									
3. 办公费									
4. ……									
三、项目费用									
1. 项目 1									
2. 项目 2									
3. ……									

说明：1. 本表分类费绝对性分类。

2. 项目费用需要有项目费用明细表支撑，该明细表横向应包括至少以下几个方面：项目立项预算、项目本年预计进度、项目本年预算、项目当期费用、项目累计费用、项目累计进度；纵向可已根据企业实际费用设置。

“3.4.4 成本管理情况”。此部分分析称为成本管理情况而非成本分析，主要有几点原因：一是本部分成本并不关注成本发生总额，与损益总体情况并无完全对应关系，但可以相互印证；二是本部分分析主要反映企业在成本管理上的进展、效果以及问题，以供相应管理者掌握情况，及时采取控制措施和改善对策；三是本部分内容分析的可以与业务分析的生产管理和采购管理相结合。见表 8－4－20、表 8－4－21、表 8－4－22。

表 8－4－20　　采购降成本情况

单位：万元，%

项目	年初预算	当期进展情况	达成效果	存在问题	对策
合计					
一、项目 1					
二、项目 2					
三、……					

说明：1. 本表分类费绝对性分类。

2. 每个项目应付明细支撑，无固定格式要求。

表 8－4－21　　自制成本情况

单位：万元，%

项目	上年同期			上年全年			年初预算			本年累计			差异分析（可与预算、上年同期以及上年全年做水平比较）		
	费用总额	单台费用	单台费率	费用总额	单台费用	单台费率	费用总额	单台费用	单台费率	费用总额	单台费用	单台费率	费用总额	单台费用	单台费率
产量															
折合工时															
费用合计															
1. 工资及规费															
2. 燃动															
3. 辅料															
4. ……															

说明：1. 折合工时是指按照企业产品（零件）的公司定额折合的总工时；也可进一步细分为设备工时、人工工时，分列计算相关费率。

2. 本表的列数可以根据实际需要增加当月或其他期间比较。

3. 本表建议增加生产单元明细表进行支撑、比较。明细表可参照此表。

表 8－4－22　　自制成本项目情况

单位：万元，%

项目	年初预算	当期进展情况	达成效果	存在问题	对策
合计					
一、项目 1					
二、项目 2					
三、……					

说明：1. 本表分类费绝对性分类。

2. 每个项目应付明细支撑，无固定格式要求。

"3.5经营现金流分析"。经营现金流分析对业务管理而言，主要是说明经营现金的具体流向以及构成，提示经营现金的风险及问题。同时，此处的经营现金应与财务报表中的经营现金有所区别：一是此处经营现金是指经营活动产生的自有资金，与金融机构借款相对应，是融资资金以外的所有资金；二是此处的经营资金包含应收票据等等价物。见表8－4－23。

表8－4－23　　经营现金流分析表　　单位：万元，%

项目	上月实际	上月累计	当月实际	当月累计	备注
期初可用资金					
一、经营性收支					
1. 收入合计					
其中：1）国内货款					
其中：版块1					
版块2					
……					
2）国外货款					
其中：版块1					
版块2					
……					
2. 支出合计					
其中：配套货款					
原材料、工装					
工资及工资性支出					
税金					
能源费					
项目……					
二、资本性收支					
1. 资本性收入					
其中：投资分红					
……					
2. 资本性支出					
其中：固定资产					
无形资产					
股权投资					
……					
三、其他专项收支					
四、本期收支合计					
期末余额					
五、融资弥补（归还）					
期末可用资金					

备注：其他专项资金指在经营管理中需要单独反映的资金，如公司搬迁中的搬迁资金。

“3.6 营运资金分析”。可参考本部分表 8－4－7 营运资金分析表、表 8－4－8 营运资金主要因素表，在此基础上，可进一步根据业务明细分析，可借助图表进行趋势分析。

“3.7 带息负债分析”。本部分内容可以参考战略决策型内部管理报告中的相关内容。

“3.8 财务指标指数”。本部分内容可以参考战略决策型内部管理报告中的相关内容。

“3.9 业务分析”。本例中的业务分析主要是通过统计指标，对企业生产经营中的业务管理情况进行跟踪分析，这是业务管理层内部管理报告的另一重点。但由于企业生产经营及内部管理分工和模式差异较大，因此本部分主要是提示性内容，企业可根据实际，进行相应调整。

“3.9.1 销售业务”。主要分析内容（指标）：产品销售情况及趋势、市场占有率及变动、产品价格带分布与市场契合度及其对销售收入的影响、市场需求情况变化（可结合行业形势分析）、竞争对手策略等等。同时，此部分分析中也应包括销售库存变化、销售回款情况等内容。

“3.9.2 生产业务”。主要分析内容（指标）：生产饱和度、各生产线状况、主生产计划完成率、销售满足度、生产停工分析等等。如生产停工分析中应包括因素有：停工工作单元名称、停工生产线、停工时间、停工原因、停工弥补计划等。

“3.9.3 采购业务”。主要分析内容（指标）：分为四类，一是采购满足度类，如采购纳期遵守率、顺序计划物料纳期遵守率等；二是采购质量类，如入厂交验批合格率等；三是成本管控类，如采购成本控制情况；四是综合管理指标，如配套商日常监控，供应商分布及调整。

“3.9.4 品质业务”。主要分析内容（指标）：一次装配合格率、一次下线合格率、后工序不良率、翻箱次数、市场开箱合格率、制造单元过程控制评价情况等，也应包括质量成本管理情况，如“三包”索赔情况、质量损失分析等。

“3.9.5 研发业务”。主要分析内容（指标）：新产品开发节点、市场满足度、项目延期情况分析等等。

以表 8－4－24 的研发项目情况表为例。

表 8－4－24

序号	项目基本信息					项目进度情况				项目费用情况		
	项目分类	项目类型	项目名称	项目简要说明	项目级别	计划应处阶段	实际所处阶段	存在差异原因	计划小批上市时间	总费用	××年预算费用	××年实际费用

“3.9.6 其他说明”。因企业业务复杂多样，此例中不能枚举，如人力资源管理、投资业务分析等。

“3.10 重点项目（工作）情况”。该部分主要是应反映企业当期诸如投资、组织（人员）调整、结构性产业政策变化以及其他对企业有重点影响的事项或者工作。

此部分无形式要求，但内容上应包括项目目的（目标）、项目进展（成效）、项目问题以及项目预计。

“3.11 子业务单元情况”。本部分主要是对重要的子业务单元，或者企业认为有必要单独报告的子业务单元，按照主要指标覆盖性原则，进行概括性分析和介绍。对相应问题进行提示。

“3.12 经营特点、问题总结及相关建议”。参照战略决策型内部管理报告。

“3.13 业务改善计划及未来预测”中的“3.13.1 业务改善计划”。业务改善计划是根据业务分析，对相应的生产、销售、采购、研发、品质等业务提出相应的改善计划。此改善计划是对年初业务计划的补充，同年初业务计划一起，应纳入跟踪和相应考评考核。

“3.13.2 未来预测”。未来预测是指部分假设或措施的前提下，按照企业前期经营，结合分析，对未来作出合理判断和预测。应参照经营预测的方式和内容编制本部分。本部分内容至少包括主要产品销量、收入、利润、经营现金流、重要资产项目（如应收、存货），还可以结合企业重点项目（工作）情况，对企业产品结构、资产结构、组织（人员）结构以及其他重要事项进行预测、说明。

四、代表性分析方法和模型简介

本部分内容对主要分析方法和模型进行简单介绍（概念提示），在于对内部管理板报编制人员进行相应提示，有需要、有兴趣的企业可以进行相应的研究，结合企业实际运用。

（一）对标分析

对标分析实施是一种管理方法而不是分析内容。对边管理一般指指企业以行业内或行业外的一流企业作为标杆，从各个方面与标杆企业进行比较、分析、判断，通过学习他人的先进经验来改善自身的不足，从而赶超标杆企业，不断追求优秀业绩的良性循环过程。实际中，对标管理的“对标”含义比较丰富，可能是行业标杆值，也可能是设定的预算目标，还有可能是行业平均指标。

对标分析，便于直观找出差距及差距所在，明确方向，从而缩小与目标的差距。对业务管理层而言，更重要的是业务指标对标。对重点指标，对标管理应补充明细表，细化因素对比。

（二）波士顿矩阵

波士顿矩阵（BCG Matrix），又称市场增长率－相对市场份额矩阵、波士顿咨询集团法、四象限分析法、产品系列结构管理法等。其由美国著名的管理学家、波士顿咨询公司创始人布鲁斯·亨德森于1970年首创。其运用是为了使公司的发展能够与千变万化的市场机会之间取得切实可行的适应，合理地在各项业务之间分配资源。

（三）PEST分析法

PEST分析是指宏观环境的分析，P是政治（Political System），E是经济（Economic），S是社会（Social），T是技术（Technological）。在分析一个企业集团所处的背景的时候，通常是通过这四个因素来进行分析企业集团所面临的状况。

（四）SWOT分析法

SWOT（Strengths Weakness Opportunity Threats）分析法，又称态势分析法或优劣势分析法，用来确定企业自身的竞争优势（strength）、竞争劣势（weakness）、机会（opportunity）和威胁（threat），从而将公司的战略与公司内部资源、外部环境有机地结合起来。

编 后 记

中国兵器装备集团公司（以下简称“兵装集团”或“集团公司”）自2004年开始推进“SRRV”集团化财务管控模式，至今已有十余年的时间。特别是2011年以来，兵装集团财务管控工作紧紧围绕企业战略，结合企业生产经营实践，深入推进管理会计工具在成员单位的推广和运用，逐步构建起以提升企业财务管理水平和风险防控能力为抓手，以十大管理会计工具应用为主体，以提升企业竞争优势和价值创造能力为核心的集团化财务管控模式。

目前，兵装集团“价值创造型财务管理体系”已基本建成。本着深入总结实践经验、广泛听取各界意见、不断巩固提升工作成果的目的，我们将近年来兵装集团“价值创造型财务管理体系”建设中，在推进管理会计应用方面的主要做法和实践经验进行总结提炼，编写成《管理会计实战工具》和《管理会计实战案例》二书，希望能够籍此丰富管理会计运用理论和实践，同时为其他企业推动管理会计的运用提供借鉴。

兵装集团价值创造型财务管理体系建设和本书的成功出版，得到了财政部、国务院国资委领导及有关司局领导的关心关注与大力支持，财政部原部长助理、中国总会计师协会会长刘红薇同志欣然为本书作序。兵装集团主要领导唐登杰、徐留平、徐斌同志始终高度重视，并曾亲自担任价值创造型财务管理体系建设领导小组组长，鼎力支持推进相关工作。兵装集团价值创造型财务管理体系建设和本书的成功出版，还得益于兵装集团价值创造型财务管理体系建设团队和参与本书编写的全体同志的共同努力和无私奉献；得益于清华大学于增彪、对外经济贸易大学汤谷良、中央财经大学孟焰、刘俊勇、北京工商大学王斌等高等学校著名教授、学者，以及来自中国会计学会、中国总会计师协会等专业机构的知名专家的悉心指导；得益于中国财经出版社及本书出版发行团队的辛勤工作。

本书由兵装集团副总经理、总会计师李守武同志任编委会主任，财务部主任王晓翔同志任执行主编，副主任冯长军、张德勇同志任执行副主编，兵装集团价值创造管理办公室负责全书的具体编撰和统稿工作。其中，《管理会计实战工具》分别由潘锡睿、石尧祥、龚振宇、薛刚毅等负责编写；《管理会计实战案例》中，“全面预算管理”案例由张德勇、王春阳、潘锡睿、龚华萍等负责编写，“战略成本管理”案例由王锟、华駺骉、耿克成、张小全、赖帆、王宁等负责编写，“标准成本”案例由张德勇、何光盛、尹勤、潘锡睿、蒋梅等负责编写，“全价值链管理”案例由张志朴等负责编写，“平衡记分卡”案例由林莉、孔祥忠等负责编写，“滚动预测”案例由叶宇昕、周秋莲、吴妮娜等负责编写，“内部管理报告”案例由李华光、倪尔科、王国强、兰佳、胡奇、蒋理、潘江涛等负责编写，“信息技术提升企业管理”案例由重庆大江杰信锻造有限公司负责编写。

在本书付梓印行之际，谨向在兵装集团价值创造型财务管理体系建设和本书的成功出版过程中付出辛勤劳动的各位领导、专家学者、工作团队、编写团队和出版团队表示由衷的敬意，并致以最诚挚的谢意。

由于时间和水平所限，书中难免还存在许多不足甚至错误之处，恳请读者批评指正。

编　者

2015 年 3 月 23 日